EL ARTE DE CULTIVAR UNA VIDA CON SENTIDO

EMILY ESFAHANI SMITH

EL ARTE DE CULTIVAR UNA VIDA CON SENTIDO

Los 4 pilares para una existencia rica y satisfactoria

URANO

Argentina – Chile – Colombia – España
Estados Unidos – México – Perú – Uruguay – Venezuela

Título original: *The Power of Meaning – Crafting a Life that Matters*
Editor original: Crown, an imprint of the Crown Publishing Group, a division of Penguin
    Random House LLC, New York
Traducción: Alicia Sánchez Millet

1.ª edición Septiembre 2017

Copyright © 2017 by Emily Esfahani Smith
All Rights Reserved
This translation is published by arrangement with **Crown Publishers**,
an imprint of the Crown Publishing Group, a division of Random House, LLC.
© 2017 de la traducción *by* Alicia Sánchez Millet
© 2017 *by* Ediciones Urano, S.A.U.
Aribau, 142, pral. – 08036 Barcelona
www.edicionesurano.com

ISBN: 978-84-7953-994-8
E-ISBN: 978-84-16990-52-8
Depósito legal: B-18.729-2017

Fotocomposición: Ediciones Urano, S.A.U.

Impreso por: Rodesa, S.A. – Polígono Industrial San Miguel – Parcelas E7-E8
31132 Villatuerta (Navarra)

Impreso en España – *Printed in Spain*

A mis padres, Tim y Fataneh, y a mi hermano, Tristan, al que cariñosamente llamamos «osito», *doostetoon daram*. Que es como en persa decimos «te queremos».

Índice

¿Qué sentido tiene la vida? Eso era todo: una sencilla pregunta; que con los años tendía a hacerse más acuciante. Nunca se había producido la gran revelación. La gran revelación quizá no llegaría nunca. En su lugar estaban los pequeños milagros cotidianos, las iluminaciones, cerillas que de repente iluminaban la oscuridad; y aquí había una.

VIRGINIA WOOLF

Introducción

Los jueves y los domingos por la tarde, un grupo de buscadores se reunían en una gran sala en casa de mis padres, situada en el centro de Montreal, donde celebraban reuniones en las que realizaban sus prácticas sufíes. El sufismo es la escuela de misticismo que se asocia al islam y mi familia pertenecía a la Orden Nematollahí, que se originó en Irán en el siglo XIV. En la actualidad existe este tipo de centros de meditación en las casas de los devotos por todo el mundo. Dos veces a la semana, los *darvishes*[1] o miembros de la orden se sientan en el suelo a meditar durante varias horas. Con los ojos cerrados y las barbillas recogidas apuntando al pecho, repiten en silencio un nombre o atributo de Dios mientras suena música sufí iraní.

Pasar mi infancia en un centro de meditación sufí fue maravilloso. Las paredes de nuestro hogar estaban decoradas con motivos de caligrafía árabe que mi padre había tallado en madera. Siempre había té en el fuego, perfumando el aire con su esencia de bergamota. Los sufíes, después de meditar, beben té, que mi madre servía con dátiles o dulces típicos iraníes hechos con agua de rosas, azafrán, cardamomo y miel. A veces, era yo quien servía el té intentando guardar el equilibrio con la bandeja llena de vasos, platillos y terrones de azúcar, cuando me inclinaba ante cada *darvish*.

A los *darvishes* les encanta mojar el terrón de azúcar en el té, ponérselo en la boca y bebérselo a través del azucarillo. Les entusias-

---

1. Puede que los lectores estén más familiarizados con la palabra «derviche», como en «derviches giróvagos». *Darvish* es la transliteración del persa.

ma cantar los poemas de los sabios y santos sufíes medievales. Como Rumí: «Desde que fui arrancado de mi hogar de juncos, cada una de mis notas han hecho llorar a muchos corazones».[2] Como Attar, que escribe sobre el buscador: «Puesto que el amor ha hablado a tu alma, rechaza al Yo, ese remolino donde naufragan nuestras vidas».[3] También les gustaba sentarse en silencio todos juntos y recordar a Dios mediante la contemplación silenciosa.

Los *darvishes* llaman al sufismo «el sendero del amor». Los que están en el camino[4] han emprendido un viaje hacia Dios, el Amado, que les pide que renuncien al yo y que recuerden y amen constantemente a Dios en cada paso. Para los sufíes, amar y adorar a Dios significa amar y adorar a toda la creación y a todo ser humano que forma parte de la misma. *Mohabbat* o el amor altruista es uno de los puntales de su práctica. Cuando nos trasladamos a nuestro nuevo hogar en Montreal, vinieron sufíes de toda Norteamérica y se quedaron varios días para ayudar a mis padres a convertir el antiguo despacho de abogados de arenisca marrón en un espacio apto para los *majlis*, nombre que reciben las reuniones quincenales para meditar. Cuando un sin techo llamó a nuestra puerta una noche para pedirnos comida y un lugar para dormir, le acogimos. Y cuando mi padre le dijo a otro *darvish* que llevaba una bufanda muy bonita, éste se la regaló con gusto. (Después de esa anécdota, mi familia entendió que hay que tener mucho cuidado al alabar las posesiones de otro *darvish*.)

---

2. Pertenece a la obra poética *El Masnavi*. En las reuniones que se hacían en mi casa siempre se cantaba en persa, pero esta traducción es cortesía de mis padres, Tim y Fataneh Smith.

3. Farid ud-Din Attar, *The Conference of the Birds,* traducido por Afkham Darbandi y Dick Davis, Nueva York, Penguin Classics, 1984, p. 30. (Edición en castellano: *El lenguaje de los pájaros: La conferencia de las aves*, Barcelona, Humanitas, 2007.)

4. Para más información sobre el sufismo, véase Javad Nurbakhsh, *Discourses on the Sufi Path*, Nueva York, Khaniqahi Nimatullahi Publications, 1996; y *The Path: Sufi Practices*, Nueva York, Khaniqahi Nimatullahi Publications, 2003 (Edición en castellano: *En el camino sufí*, Madrid, Nur, 2014); Seyyed Hossein Nasr, *The Garden of Truth*, PT Mizan Publika, 2007; Robert Frager y James Fadiman, *Essential Sufism*, Nueva York, Harper-Collins, 1999.

En ocasiones especiales, como la visita de algún jeque o la iniciación de un *darvish* en la orden, sufíes de Canadá y de Estados Unidos se quedaban en casa durante algunos días, dormían en delgados cojines en la sala de meditación, en la biblioteca y en cualquier sitio donde cupieran. Por la noche se oían muchos ronquidos y durante el día había cola para ir al baño, pero eso no parecía molestarle a nadie. Los *darvishes* eran muy alegres y amables. Aunque durante esas semanas pasaban muchas horas meditando, también tocaban música sufí clásica con instrumentos persas, como una pandereta llamada *daf* y el instrumento de cuerda *tar*, siempre acompañada del canto de poesías sufíes. Yo me sentaba a escuchar sobre una desgastada alfombra persa, mojando mi terrón de azúcar en el té, como lo hacían ellos, e intentando meditar, también como hacían ellos.

Los rituales formales también formaban parte de la vida sufí. Cuando los *darvishes* se saludan entre ellos, dicen *Ya Haqq*, «La Verdad», y se saludan con la mano de una forma muy especial, uniendo sus manos formando un corazón para luego besarlo. Cada vez que entraban o salían de la sala de meditación, «besaban» el suelo tocándolo con los dedos y llevándoselos a los labios. Cuando mi madre y otros sufíes preparaban comidas iraníes, los *darvishes* se sentaban alrededor de un mantel extendido en el suelo. Yo ayudaba a organizar los lugares donde sentarse y esperaba junto con mis padres a que todos se hubieran sentado, antes de buscar un lugar para sentarnos nosotros. Comían en silencio. Normalmente nadie hablaba, a menos que el jeque lo hiciera primero, y se daba por hecho que todo el mundo debía acabar su comida antes que él, para que no tuviera que andar esperando a nadie. (Aunque, habitualmente, el jeque comía despacio para que ningún rezagado se sintiera incómodo.) Estos rituales de humildad eran importantes para ellos, les ayudaban a romper su yo, que según la enseñanza sufí se considera una barrera para amar.

A los *darvishes*, muchos de los cuales habían abandonado Irán y otras sociedades represivas para irse a vivir a Canadá y Estados Unidos, les atraía esta forma de vida. Algunos musulmanes consideran a los sufíes místicos herejes, y actualmente sufren persecución en Oriente Próximo. Pero, a pesar de que la vida de muchos de los sufíes que conocía no había sido fácil, siempre tenían esperanza en el futuro. Su rigurosa práctica espiritual, con su énfasis en la autonegación, el servicio y la compasión por encima del propio provecho, comodidad y placer, les ayudaba a elevarse. Hacía que sus vidas tuvieran más sentido.

Los sufíes que meditaban en nuestro hogar pertenecían a una larga tradición de buscadores espirituales. Desde los albores de la humanidad, el ser humano ha anhelado conocer qué es lo que hace que la vida valga la pena. La primera gran obra de la literatura, de cuatro mil años de antigüedad, *La epopeya de Gilgamesh*,[5] trata sobre la búsqueda de un héroe que intenta descubrir cómo ha de vivir sabiendo que va a morir. Y, desde los tiempos en que se empezó a narrar la leyenda de Gilgamesh hasta nuestros días, el imperativo de esta búsqueda sigue siendo el mismo. El surgimiento de la filosofía, la religión, las ciencias de la naturaleza, la literatura e incluso el arte se puede explicar parcialmente como una respuesta a estas dos preguntas: «¿Cuál es el sentido de la existencia?» y «¿Qué puedo hacer para que mi vida tenga sentido?»

La primera pregunta aborda grandes temas.[6] ¿Cómo se creó el universo? ¿Cuál es el sentido y el propósito de la vida? ¿Existe algo trascendente —un ser divino o espíritu divino— que dé sentido a nuestras vidas?

La segunda pregunta es sobre encontrar el sentido dentro de la propia vida. ¿Cuáles son los valores por los que he de regirme? ¿Qué

---

5. Gracias al investigador sobre psicología y experto en el tema del sentido, Michael Steger, por indicarme la conexión entre *La epopeya de Gilgamesh* y la búsqueda del sentido.

6. Aunque diferentes, estas preguntas están relacionadas entre sí. Conocer el sentido de la vida puede ayudar a las personas a encontrar el sentido en la vida, y vivir con sentido puede hacer que la vida, en general, parezca más significativa. Por ejemplo, según muchas tradiciones religiosas y culturales, vivir con sentido acercará a las personas y las ayudará a entender el sentido *de* la vida, que se define como Dios, Amor o Ser. Y no conocer cuál es el sentido de la vida, según otros, hace prácticamente imposible que se pueda vivir una vida con sentido.

proyectos, relaciones y actividades harán que me sienta realizado? ¿Qué camino he de escoger?

A lo largo de la historia, la religión y los sistemas espirituales han sido los que han respondido a estas preguntas. En la mayoría de estas tradiciones, el sentido de la vida se encuentra en Dios o en alguna realidad última con la que el buscador anhela unirse. Seguir un código moral y realizar prácticas como la meditación, el ayuno y las obras de caridad ayudan al buscador a acercarse a Dios o a esa realidad y es lo que hace que su vida cotidiana cobre importancia.

Por supuesto, todavía hay miles de millones de personas que encuentran el sentido en la religión. Pero, en el mundo desarrollado, la religión ya no tiene la autoridad que tuvo en el pasado.[7] Aunque en Estados Unidos la mayoría de los ciudadanos siguen siendo creyentes y muchos se interesan en la espiritualidad, cada vez hay menos que van a la iglesia, que rezan regularmente o que confiesan tener alguna afiliación religiosa, y ha descendido el número de personas que considera que la religión es un componente importante en sus vidas.[8] Si en el pasado la religión fue el camino habitual hacia el sentido de la vida, en la actualidad es uno más, lo que supone una transformación cultural que ha dejado a muchas personas a la deriva.[9] Para millones de perso-

---

7. Charles Taylor, en *A Secular Age*, Cambridge, Belknap Press, 2007 (Edición en castellano: *La era secular*, Barcelona, Gedisa, 2014), aborda el tema de cómo en el transcurso de la historia de Occidente, la autoridad incuestionable de la religión acabó dando paso a la secularización, donde la práctica religiosa se ha convertido en una opción, en un camino entre muchos otros que conducen a encontrar el sentido de la vida.

8. Tobin Grant, «Graphs: 5 Signs of the "Great Decline" of Religion in America», *Religion News Service*, 1 de agosto de 2014. Grant escribe: «La religiosidad en Estados Unidos se encuentra en medio de lo que podríamos denominar "El Gran Declive". Los declives anteriores en la religión no fueron nada en comparación con el actual. En los últimos quince años, el descenso en la religiosidad se ha duplicado con respecto al gran declive que se experimentó en las décadas de 1960 y 1970 (...) en 2013 se produjo el nivel más bajo de religiosidad que ningún otro año medido hasta la fecha». Véase Tobin Grant, «The Great Decline: 61 Years of Religiosity in One Graph, 2013 Hits a New Low», *Religion News Service*, 5 de agosto de 2014. Para una exploración más profunda y mayor rigor académico del tema del declive de la religión, véase Tobin J. Grant, «Measuring Aggregate Religiosity in the United States, 1952-2005», *Sociological Spectrum* 28, n.º 5, 2008, pp. 460-476.

9. Taylor, *La era secular*: «Existe el sentimiento generalizado en nuestra cultura de que, con el eclipse de la trascendencia, puede que hayamos perdido algo», p. 107.

nas, creyentes y no creyentes, la búsqueda de sentido aquí en la tierra se ha convertido en una prioridad cada vez más escurridiza.

Mi familia al final se mudó del centro de meditación sufí. Nos trasladamos a Estados Unidos, donde la vida cotidiana se impuso a los rituales de la meditación, el canto y el té. Sin embargo, nunca abandoné mi búsqueda. De adolescente, fue esa búsqueda la que me dirigió a la filosofía. La pregunta de cómo vivir con sentido fue el eje alrededor del cual giraba esa disciplina, con pensadores como Aristóteles o Nietzsche, que ofrecían sus propias visiones de lo que consideraban necesario para el buen vivir. Pero, cuando llegué a la universidad, pronto me di cuenta de que hacía mucho tiempo que la filosofía había abandonado esa búsqueda.[10] Por el contrario, pude observar que abordaba temas recónditos o técnicos, como la naturaleza de la conciencia o los principios filosóficos de la computación.

Entretanto, me vi inmersa en una cultura de campus donde no se tenía demasiada paciencia para las preguntas que me habían conducido a la filosofía. Muchos de mis compañeros la estudiaban con la finalidad de tener éxito en su carrera. Se habían educado en un mundo sumamente competitivo para conseguir las insignias del mérito que les abrirían las puertas de las mejores universidades, y luego pasarían a una escuela profesional o para posgrados de elite

---

10. Aunque esto era así cuando yo estaba en la universidad, y sigue siéndolo en muchos departamentos de Filosofía, también es cierto que en la última década ha habido un renacimiento del trabajo sobre el sentido, la buena vida y las virtudes de la filosofía académica. Véase, por ejemplo, el trabajo de Julia Annas, Susan Wolf, Kristján Kristjánsson, Nancy Snow y Franco Trivigno. El extenso tema del abandono por parte de la filosofía (y las humanidades en general) de la cuestión del sentido es tratado por Anthony T. Kronman en *Education's End: Why Our Colleges and Universities Have Given Up on the Meaning of Life,* New Haven, Yale University Press, 2007. El científico social Jonathan Haidt, que escribe sobre filosofía y psicología en su libro *The Happiness Hypothesis,* Nueva York, Basic Books, 2006 (edición en castellano: *La hipótesis de la felicidad: la búsqueda de verdades modernas en la sabiduría antigua,* Barcelona, Gedisa, 2006), ha escrito que él fue a la universidad «dispuesto a descubrir el sentido de la vida y pensé que estudiar filosofía me ayudaría. Me sentí decepcionado. La filosofía trataba muchos temas fundamentales de la existencia y del conocimiento, pero la pregunta "¿Cuál es el sentido de la vida?" nunca se planteó». Citado por Susan Wolf en *Meaning in Life and Why It Matters,* Princeton, Princeton University Press, 2010, p. 93.

o directamente a un trabajo en Wall Street. Cuando eligieron las asignaturas y actividades lo hicieron pensando en todas esas metas. Cuando se licenciaron, sus agudas mentes ya habían adquirido conocimiento especializado en campos todavía más específicos que sus asignaturas principales. Conocí a personas que compartían sus reflexiones sobre cómo mejorar el sistema de salud pública en países del tercer mundo, cómo usar un modelo estadístico para predecir los resultados de una elección y cómo «deconstruir» un texto literario. Pero poco o nada sabían sobre qué da sentido a la vida, o cuál era su principal propósito, además de ganar dinero o tener un trabajo de prestigio. Aparte de alguna que otra conversación con sus amigos, no tenían con quién hablar o reflexionar a fondo acerca de estas preguntas.

No eran los únicos. Cuanto más se disparan los precios de las matrículas y los títulos universitarios se consideran una apuesta segura hacia la estabilidad económica, hoy en día muchas personas creen que la educación es fundamental, que es un paso hacia un trabajo, más que una oportunidad para el desarrollo moral e intelectual.[11] El estudio American Freshman[12] lleva registrando los valores de los estudiantes universitarios desde mediados de la década de 1960. A finales de los sesenta, la prioridad de los alumnos de primero era «desarrollar una filosofía de vida que tuviera sentido». Casi todos ellos (86%) dijeron que era una meta «esencial» o «muy importante» en su vida. Cerca del año 2000, su prioridad se había transformado en «lograr una muy buena posición económica», mientras que sólo el 40% dijo que su meta principal era una vida con sentido. Por supuesto, todavía la mayoría de los estudiantes anhelan fuertemente

---

11. Véase este artículo para dos puntos de vista sobre la finalidad de la universidad: utilitarismo o desarrollo del alma: Kwame Anthony Appiah, «What Is the Point of College?», *New York Times*, 8 de septiembre de 2015.

12. John H. Pryor, Sylvia Hurtado, Victor B. Saenz, José Luis Santos y William S. Korn, «The American Freshman: Forty Year Trends», Los Ángeles, UCLA Higher Education Research Institute, 2007.

encontrar el sentido.[13] Pero esa búsqueda ya no es el motor principal de su educación.

Tiempo atrás, enseñar a vivir a los estudiantes fue una de las principales misiones de las universidades y centros de educación superior en Estados Unidos.[14] En los primeros tiempos de la historia de nuestra nación, los alumnos universitarios recibían una rigurosa educación basada en los clásicos y en la teología. Seguían un programa que estaba diseñado para enseñarles lo que importa en la vida, y sus creencias comunes en Dios y en los principios cristianos eran el pilar de esa labor. Pero, ya en la década de 1800, la fe religiosa que era la base de sus estudios empezó a decaer gradualmente. Entonces surgió naturalmente la pregunta de «si es posible explorar el sentido de la vida de una forma deliberada y organizada, incluso cuando sus fundamentos religiosos hayan sido puestos en tela de juicio», escribe Anthony Kronman, profesor de Derecho y crítico social de la Universidad de Yale.

Muchos profesores no sólo pensaron que era posible, sino que tenían la obligación de conducir a los estudiantes hacia esa búsqueda. Es cierto que la religión ya no ofrecía a todos los alumnos respuestas convincentes sobre la pregunta esencial acerca de la vida, pero algunos educadores creían que las humanidades podían tomar el relevo. En vez de dejar que los estudiantes buscaran el sentido por sí solos, intentaron introducirlos en una larga y duradera tradición de artes y letras. Y de este modo, desde mediados hasta finales del siglo XIX, muchos estudiantes universitarios siguieron un programa que hacía hincapié en las obras maestras de la literatura y la filosofía, como la *Ilíada* de Homero,

---

13. Véase Alexander W. Astin, Helen S. Astin, J. A. Lindholm, A. N. Bryant, K. Szelényi y S. Calderone, «The Spiritual Life of College Students: A National Study of College Students' Search for Meaning and Purpose», Los Ángeles, UCLA Higher Education Research Institute, 2005.

14. Los siguientes párrafos han sido extraídos principalmente de Kronman, que en *Education's End* arguye que el tema del sentido de la vida «ha sido expulsado de nuestras facultades y universidades, bajo la presión del ideal de la investigación y las exigencias de lo políticamente correcto», p. 46. Parte del material procede también de Alex Beam, *A Great Idea at the Time: The Rise, Fall, and Curious Afterlife of the Great Books*, Nueva York, PublicAffairs, 2008.

los diálogos de Platón, la *Divina comedia* y las obras de Cervantes, Shakespeare, Montaigne, Goethe y otros.

Al leer estos textos, los alumnos escuchaban y acababan contribuyendo al «gran diálogo» que tenía lugar desde hacía miles de años. Cuando se encontraban ante puntos de vista diferentes respecto al concepto del buen vivir, los estudiantes podían sacar sus propias conclusiones sobre cómo querían vivir. ¿Es el modelo de Aquiles impulsado por la gloria, de la *Ilíada* de Homero, mejor que el del peregrino del poema de Dante? ¿Qué podemos aprender sobre el propósito de nuestra vida en los escritos sobre ética de Aristóteles? ¿Qué puede revelarnos *Madame Bovary* de Gustave Flaubert sobre el amor y el romance? ¿Qué pasa con el personaje de *Emma* de Jane Austen? No había una única respuesta válida. Pero, al recurrir a estos pilares culturales, los alumnos desarrollaban un lenguaje común con el cual poder hablar y debatir sobre el sentido de la vida con sus compañeros, profesores y miembros de su comunidad.

Sin embargo, a principios del siglo XIX, la situación volvió a cambiar. Después de la conclusión de la Guerra Civil aparecieron las primeras universidades, con departamentos dedicados a la investigación, en el panorama educativo estadounidense. Estas instituciones, que seguían el modelo de las universidades alemanas, daban prioridad a la creación de becas. Para promocionar dichas becas, se crearon campos de estudios diferenciados, cada uno con sus propios «métodos» rigurosos, sistemáticos y objetivos. Los profesores se entregaban a áreas de investigación altamente especializadas dentro de esos campos, y los estudiantes, a su vez, elegían una asignatura principal en la cual concentrarse que les ayudara a prepararse para su carrera profesional después de la graduación. Al final, el programa orientado hacia las humanidades se desintegró, dejando a los estudiantes libertad absoluta para seleccionar y escoger sus asignaturas de un menú de opciones, que, como es natural, sigue siendo lo que sucede en la mayoría de universidades.

El ideal de la investigación asestó un duro golpe a la idea de que se podía enseñar a vivir con sentido o que eso se podía aprender en el ámbito académico.[15] El énfasis en la especialización supuso que la mayoría de los profesores consideraran que la cuestión del sentido de la vida estaba fuera de su competencia:[16] no creían que tuvieran autoridad o conocimientos para guiar a los estudiantes en esta búsqueda. Otros tacharon el tema de ilegítimo, ingenuo o incluso embarazoso. A fin de cuentas, la cuestión de cómo vivir exige un debate sobre valores abstractos, personales y morales. Estos profesores arguyeron que no era un asunto que fuera de la competencia de las facultades y las universidades, que están entregadas a la acumulación de conocimiento objetivo. Como escribió un profesor hace algunos años: «Aumenta el consenso entre los académicos sobre el tema de que los docentes no deberían ayudar a los estudiantes a discernir una filosofía significativa de la vida o a desarrollar su carácter, sino que deben ayudarles a dominar el contenido y la metodología de una disciplina en concreto y a aprender el pensamiento crítico».[17]

Pero en los últimos años ha sucedido algo interesante. El sentido ha recobrado su puesto en las universidades estadounidenses y, especialmente, en una rama inesperada: las ciencias.[18] En las

---

15. Según Kronman y Beam, el aumento de lo políticamente correcto, el multiculturalismo y el relativismo moral han sido algunas de las otras razones por las que la búsqueda de sentido ha desaparecido del mundo académico.

16. Existen excepciones a la tendencia descrita en este párrafo, por supuesto. Algunas instituciones siguen ofreciendo a sus alumnos una educación basada en las humanidades. Véase, por ejemplo, el programa básico de la Universidad de Columbia, el programa de Estudios Dirigidos de Yale y el programa del St. John's College. Para más información sobre cómo intentaron los reformadores de la educación resistirse al ideal de la investigación que debilitaba el programa docente orientado hacia las humanidades, véanse los libros de Beam y de Kronman.

17. Mark W. Roche, «Should Faculty Members Teach Virtues and Values? That Is the Wrong Question», *Liberal Education* 95, n.º 3, verano de 2009, pp. 32-37.

18. Véase Dan Berrett, «A Curriculum for the Selfie Generation», *The Chronicle of Higher Education*, 6 de junio de 2014. También entrevisté al catedrático de la Universidad de Yale Miroslav Volf, director del Centro Yale para la Fe y la Cultura y fundador, dentro de ese mismo centro, del «Programa para una Vida que Vale la Pena Vivir», acerca del resurgir del interés sobre el sentido en el ámbito universitario (el 24 de septiembre de 2014). El tema del buen vivir también ha recuperado cierta relevancia en la filosofía y la literatura. Véase, por ejemplo, James O. Pawelski y D. J. Moores (editores), *The Eudaimonic Turn: Well-Being in Literary Studies*, Madison, New Jersey, Fairleigh Dickinson University Press, 2013.

últimas décadas, un grupo de científicos sociales empezó a investigar sobre el tema del buen vivir.

Muchos de ellos trabajan en un campo que se denomina psicología positiva,[19] una disciplina que, como suele suceder con las ciencias sociales, es un producto de la investigación universitaria y basa sus descubrimientos en estudios empíricos, pero que también bebe de las fuentes de la rica tradición de las humanidades.[20] La psicología positiva la creó el psicólogo Martin Seligman, de la Universidad de Pensilvania, quien, tras décadas de trabajo de investigación, llegó a la conclusión de que este campo estaba en crisis.[21] Él y sus colaboradores podían curar la depresión, el sentimiento de indefensión y la ansiedad, pero se dio cuenta de que ayudar a las personas a vencer a sus demonios no era lo mismo que ayudarlas a vivir bien. Aunque los psicólogos se encargaban del cuidado y el estudio de la psique humana, sabían muy poco sobre el florecimiento humano. Por eso, en

---

19. No todas las nuevas investigaciones sobre el bienestar se realizan en el ámbito de la psicología positiva. Una parte tiene lugar en el campo más amplio de la psicología, en las ciencias económicas y en otros campos. Asimismo, cabe destacar que un grupo de psicólogos ya estaban estudiando el bienestar antes de que se creara la psicología positiva y algunos de ellos recurrían a las humanidades como guía. Véase, por ejemplo, Carol D. Ryff y Corey Lee M. Keyes, «The Structure of Psychological Well-Being Revisited», *Journal of Personality and Social Psychology* 69, n.º 4, 1995, pp. 719-727; y Alan S. Waterman, «Two Conceptions of Happiness: Contrasts of Personal Expressiveness (Eudaimonia) and Hedonic Enjoyment», *Journal of Personality and Social Psychology* 64, n.º 4, 1993, pp. 678-691. Véase también, Richard M. Ryan y Edward L. Deci, «Self-Determination Theory and the Facilitation of Intrinsic Motivation, Social Development, and Well-Being», *American Psychologist* 55, n.º 1, 2000, pp. 68-78. También había investigadores que estudiaban el sentido, como Roy Baumeister, Laura King, Brian Little, Dan McAdams y Paul Wong.

20. La creación de la psicología positiva y el desarrollo de su visión no sólo involucró a científicos sociales sino a filósofos entre los que se encontraban Robert Nozick y Daniel Robinson. Un fantástico ejemplo de la fusión de las humanidades y la ciencia en la psicología positiva es el libro de Christopher Peterson y Martin E. P. Seligman, *Character Strengths and Virtues: A Handbook and Classification*, Nueva York, Oxford University Press, 2004. Véase también la obra de James Pawelski.

21. Para unos buenos resúmenes sobre lo que es la psicología positiva y su desarrollo, véase Martin E. P. Seligman, *Authentic Happiness: Using the New Positive Psychology to Realize Your Potential for Lasting Fulfillment*, Nueva York, Free Press, 2002 (Edición en castellano: *La auténtica felicidad*, Barcelona, Grupo Z, 2011) y *Flourish: A Visionary New Understanding of Happiness and Well-Being*, Nueva York, Free Press, 2011 (Edición en castellano: *La vida que florece*, Barcelona, Grupo Z, 2011); y el artículo de Seligman y Mihaly Csikszentmihalyi, «Positive Psychology: An Introduction», *American Psychologist* 55, n.º 1, 2000, pp. 5-14.

1998, Seligman pidió a sus colaboradores que investigaran qué era lo que hacía que una vida fuera satisfactoria y valiera la pena vivirla.

Los científicos sociales se pusieron manos a la obra, pero muchos de ellos se centraron en un tema que era tan obvio como aparentemente fácil de medir: la felicidad. Algunos investigadores estudiaron los beneficios de la felicidad.[22] Otros estudiaron sus causas, mientras que otros investigaron cómo podemos incrementarla en nuestra vida cotidiana. Aunque la psicología positiva se creó para estudiar el buen vivir en términos más generales, lo que destacó fue la investigación empírica sobre la felicidad y se convirtió en la cara visible de este campo. A finales de la década de 1980 y a principios de la década de 1990, cada año se publicaban varios centenares de estudios sobre la felicidad; en 2014 ya se publicaban más de 10.000 anuales.[23]

Supuso un gran cambio para la psicología, al cual, por cierto, el público respondió de inmediato. Los principales medios de comunicación se peleaban por difundir los resultados de las nuevas investigaciones.[24] Los emprendedores no tardaron en sacarle partido económico, montando nuevas empresas y programando aplicaciones que ayudaran a las personas normales y corrientes a poner en práctica los descubrimientos de este campo. A esto se apuntaron un aluvión de celebridades, *coaches* personales y oradores motivacionales,

---

22. Para un buen resumen de las investigaciones sobre la felicidad, recomiendo el libro de Sonja Lyubomirsky, *The How of Happiness: A New Approach to Getting the Life You Want*, Nueva York, Penguin Books, 2008, (Edición en castellano: *La ciencia de la felicidad: un método probado para conseguir el bienestar*, Barcelona, Urano, 2008) y *The Myths of Happiness: What Should Make You Happy, but Doesn't, What Shouldn't Make You Happy, but Does*, Nueva York, Penguin Books, 2014, (Edición en castellano: *Los mitos de la felicidad: descubre las claves de la felicidad auténtica*, Barcelona, Urano, 2014).

23. Ed Diener, pionero en la investigación sobre la felicidad, me envió un gráfico por correo electrónico para mostrarme el aumento de las investigaciones sobre la felicidad (que los investigadores denominan subjetivamente bienestar) el 16 de abril de 2014.

24. Para un libro que en el que se expone más extensamente el espíritu del tiempo de la felicidad, véase John F. Schumaker, *In Search of Happiness: Understanding an Endangered State of Mind*, Westport, Connecticut: Praeger, 2007. Para una historia breve sobre la idea de la felicidad y sobre cómo en Estados Unidos se convirtió en un fenómeno cultural, véase Shigehiro Oishi, Jesse Graham, Selin Kesebir y Iolanda Costa Galinha, «Concepts of Happiness across Time and Cultures», *Personality and Social Psychology Bulletin* 39, n.º 5, 2013, pp. 559-577.

todos ellos dispuestos a compartir el evangelio de la felicidad. Según la revista *Psychology Today*,[25] en 2000, el número de libros publicados sobre la felicidad fue la modesta cifra de cincuenta. En 2008, el número se había disparado a 4.000. La gente siempre ha estado interesada en la felicidad, por supuesto, pero toda esa atención ha tenido un efecto: desde mediados de la década de 2000 se ha triplicado el interés en la felicidad, según mis búsquedas realizadas en Google.[26] «El atajo hacia cualquier cosa que desees en la vida es ¡SER y SENTIRTE feliz ahora!», escribe la autora Rhonda Byrne en su superventas de 2006, *El Secreto*.[27]

Sin embargo, hay un gran problema con el frenesí de la felicidad, y es que no ha cumplido su promesa. Aunque la industria de la felicidad continúa creciendo, como sociedad somos más desdichados que nunca.[28] De hecho, los científicos sociales han descubierto una triste ironía: perseguir la felicidad hace desgraciadas a las personas.[29]

---

25. Carlin Flora, «The Pursuit of Happiness», *Psychology Today*, 1 de enero de 2009.

26. De mi propio análisis medido con Google Trends en 2013.

27. Rhonda Byrne, *The Secret*, Nueva York, Atria Books, 2006, p. 100. (Edición en castellano: *El Secreto*, Urano, Barcelona, 2007, p. 103.)

28. Véase el capítulo 1, para el tema del aumento de la depresión y el suicidio, y el capítulo 2, para el aumento de los índices de aislamiento social y sus consecuencias.

29. Véase Iris B. Mauss, Maya Tamir, Craig L. Anderson y Nicole S. Savino, «Can Seeking Happiness Make People Unhappy? Paradoxical Effects of Valuing Happiness», *Emotion* 11, n.º 4, 2011, pp. 807-815. Mauss también realizó investigaciones que le llevaron a la conclusión de que la búsqueda de la felicidad conduce a la soledad: Iris B. Mauss, Nicole S. Savino, Craig L. Anderson, Max Weisbuch, Maya Tamir y Mark L. Laudenslager, «The Pursuit of Happiness Can Be Lonely», *Emotion* 12, n.º 5, 2012, p. 908. Para más información sobre cómo buscar activamente la felicidad te hace desgraciado, véase la sección cuatro de Jonathan W. Schooler, Dan Ariely y George Loewenstein, «The Pursuit and Assessment of Happiness Can Be Self-Defeating», en Isabelle Brocas y Juan D. Carrillo (editores), *The Psychology of Economic Decisions: Volume 1: Rationality and Well-Being*, Oxford, Oxford University Press, 2003, pp. 41-70. Para un debate sobre los beneficios de la felicidad, junto con Las desventajas de anteponerla a todo lo demás, véase June Gruber, Iris B. Mauss y Maya Tamir, «A Dark Side of Happiness? How, When, and Why Happiness Is Not Always Good», *Perspectives on Psychological Science* 6, n.º 3, 2011, pp. 222-233. En otro informe donde se detallaban los descubrimientos de ambos estudios, los científicos sociales señalaban que «el omnipresente valor cultural de hallar la felicidad puede representar un factor de riesgo en los síntomas y en el diagnóstico de la depresión»: Brett Q. Ford, Amanda J. Shallcross, Iris B. Mauss, Victoria A. Floerke y June Gruber, «Desperately Seeking Happiness: Valuing Happiness Is Associated with Symptoms and Diagnosis of Depression», *Journal of Social and Clinical Psychology* 33, n.º 10, 2014, pp. 890-905.

Esto no debería sorprender a los estudiantes de humanidades. Los filósofos siempre se han cuestionado el valor de la felicidad por sí sola. «Es mejor ser un humano insatisfecho que un cerdo satisfecho; es mejor ser Sócrates insatisfecho que un estúpido satisfecho», escribió el filósofo del siglo xix John Stuart Mill.[30] A lo cual el filósofo de Harvard del siglo xx, Robert Nozick, añadió: «Y, aunque lo mejor sería ser Sócrates satisfecho, si tuviéramos ambas, felicidad y profundidad, valdría más renunciar a un poco de felicidad para ganar en profundidad».[31]

Nozick era un escéptico de la felicidad. Para demostrar su opinión proponía lo siguiente: «Imagina que pudieras vivir en un tanque que te concediera cualquier experiencia que desearas», planteó Nozick. Parece inspirado en *Matrix*: «Unos neuropsicólogos fuera de serie son capaces de estimular tu cerebro para hacerte creer y sentir que estás escribiendo una gran novela, entablando amistad con alguien o leyendo un libro interesante. Durante todo ese tiempo estás flotando en el tanque con electrodos en tu cabeza». Entonces, se pregunta: «¿Deberías estar conectado a esta máquina de por vida, preprogramando las experiencias de tu vida?»

Si la felicidad fuera la verdadera meta final de la existencia, la mayoría de las personas elegirían ser felices en el tanque. Sería una vida fácil, donde no habría traumas, tristeza ni pérdida. Siempre te sentirías bien, incluso importante. De vez en cuando podrías salir del tanque y programar experiencias nuevas en tu cabeza. Si dudas o te inquieta la decisión de conectarte, no tienes por qué. «¿Qué son unos pocos momentos de agitación en comparación con toda una vida de dicha (si es eso lo que has elegido), y por qué sentir

---

30. John Stuart Mill, *Utilitarianism*, Indianapolis, Hackett Publishing Company, 2001, p. 10. (Edición en castellano: *Utilitarismo y derechos humanos: la propuesta de John Stuart Mill*, Madrid, Consejo Superior de Investigaciones Científicas, 2015.)

31. Ésta es una cita de Robert Nozick, *The Examined Life: Philosophical Meditations*, Nueva York, Touchstone, 1989, p. 100. El resto de la información sobre la máquina de las experiencias la he extraído de *The Examined Life*, pp. 99-108, y de Nozick, *Anarchy, State and Utopia*, Nueva York, Basic Books, 2013, pp. 43-45. (Edición en castellano: *Anarquía, estado y utopía*, Madrid, Innisfree, 2015.)

inquietud alguna si tu decisión *es* la mejor?», se pregunta Nozick de nuevo.

Si optaras por vivir en el tanque y ser feliz en cada instante, durante todos los momentos de tu vida, ¿considerarías que sería una buena vida? ¿Sería ésa la vida que elegirías para ti y para tus hijos? Si decimos que la felicidad es nuestro valor principal en la vida, como hacemos la mayoría, ¿no satisfaría entonces nuestra vida en el tanque todos nuestros deseos?[32]

Debería. No obstante, la mayoría de las personas rechazarían una vida de bienestar en el tanque. La cuestión es: ¿por qué? La razón por la que nos horroriza la idea de vivir en un tanque, según Nozick, es porque la felicidad que en él encontramos está vacía y no nos la hemos ganado.[33] Puede que seas feliz en el tanque, pero no tienes razón para serlo. Puede que te sientas bien, pero no es un buen vivir. Una persona «flotando en el tanque es una masa amorfa indeterminada», según Nozick. Carece de identidad, proyectos y metas que den valor a su vida. «Hay más cosas que nos preocupan, aparte del hecho de lo que sentimos en nuestro interior. La vida es algo más que simplemente ser feliz», concluye Nozick.

En 2002, antes de morir, Nozick trabajó con Martin Seligman y otros colaboradores para perfilar las metas y la visión de la psicología

---

32. Véase Ed Diener y Shigehiro Oishi, «Are Scandinavians Happier than Asians? Issues in Comparing Nations on Subjective Well-Being», en Frank Columbus (editor), *Asian Economic and Political Issues: Volume 10*, Hauppauge, Nueva York, Nova Science, 2004, pp. 1-25; Shigehiro Oishi, Ed Diener y Richard E. Lucas, «The Optimum Level of Well-Being: Can People Be Too Happy?», *Perspectives on Psychological Science* 2, n.º 4, 2007, pp. 346-360; y Schumaker, *In Search of Happiness*.

33. El análisis de este párrafo procede principalmente de Nozick, *The Examined Life*. Allí escribe: «Nos importa cuál es el caso en realidad(...) Queremos estar conectados significativamente a la realidad, no vivir en una ilusión». En *Anarquía, estado y utopía* da tres razones relacionadas entre ellas para no conectarse. En primer lugar, «queremos *hacer* ciertas cosas»; en segundo lugar, «queremos *ser* de cierta manera»; y, en tercer lugar, «conectarnos a una máquina que nos proporciona experiencias nos limita a (...) un mundo más superficial y menos importante que el que las personas podemos construir», p. 43.

positiva. Ya desde el principio, reconocieron que una investigación sobre la felicidad resultaría atractiva y llamaría la atención de los medios, así que intentaron deliberadamente evitar que su campo se convirtiera en lo que Seligman llamó «felicidología». Por el contrario, se propusieron explicar, a través de la ciencia, qué es lo que han de hacer las personas para que su vida sea más profunda y satisfactoria. Y, durante los últimos años, eso es justamente lo que han estado haciendo un número creciente de investigadores. En su búsqueda sobre qué es lo que hace que la vida valga la pena, han estado investigando más allá de la felicidad. Uno de sus principales descubrimientos ha sido que no es lo mismo una vida feliz que una vida con sentido.[34]

Esta diferencia no es nueva para la filosofía, que desde hace miles de años reconoce que hay dos caminos para el buen vivir.[35] El primero es *hedonia* o lo que hoy llamamos felicidad, siguiendo los

---

34. Véase, por ej., Richard M. Ryan y Edward L. Deci, «On Happiness and Human Potentials: A Review of Research on Hedonic and Eudaimonic Well-Being», *Annual Review of Psychology* 52, n.º 1, 2001, pp. 141-166; Veronika Huta y Alan S. Waterman, «Eudaimonia and Its Distinction from Hedonia: Developing a Classification and Terminology for Understanding Conceptual and Operational Definitions», *Journal of Happiness Studies* n.º 6, 2014, pp. 1425- 1456; y Corey L. M. Keyes y Julia Annas, «Feeling Good and Functioning Well: Distinctive Concepts in Ancient Philosophy and Contemporary Science», *The Journal of Positive Psychology* 4, n.º 3, 2009, pp. 197-201.

Los investigadores también señalan que nuestras motivaciones difieren; algunas personas están motivadas por la búsqueda de la felicidad, mientras que a otras les motiva la búsqueda del sentido, lo cual tiene implicaciones en su conducta y sus sentimientos. Para más información sobre nuestras distintas orientaciones respecto al bienestar, véase Christopher Peterson, Nansook Park y Martin E. P. Seligman, «Orientations to Happiness and Life Satisfaction: The Full Life Versus the Empty life», *Journal of Happiness Studies* 6, n.º 1, 2005, pp. 25-41; Veronika Huta, «The Complementary Roles of Eudaimonia and Hedonia and How They Can Be Pursued in Practice», en Stephen Joseph (editor), *Positive Psychology in Practice: Promoting Human Flourishing in Work, Health, Education and Everyday Life*, segunda edición, Hoboken, Nueva Jersey, John Wiley & Sons, 2015, pp. 159-168; Veronika Huta, «An Overview of Hedonic and Eudaimonic Well-Being Concepts», en Leonard Reinecke y Mary Beth Oliver (editores), *Handbook of Media Use and Well-Being*, capítulo 2, Nueva York, Routledge, 2015; y Veronika Huta, «Eudaimonic and Hedonic Orientations: Theoretical Considerations and Research Findings», en Joar Vittersø (editor), *Handbook of Eudaimonic Well-Being*, Dordrecht, Holanda, Springer, 2016.

35. Gran parte del material de este párrafo procede de Darrin M. McMahon, Happiness: A History, Nueva York, Grove Press, 2006. (Edición en castellano: Una historia de la felicidad, Barcelona, Taurus, 2006.) También entrevisté a McMahon y nos comunicamos sobre este tema a través del correo electrónico entre 2014 y 2016.

pasos de Sigmund Freud.[36] «Los seres humanos se esfuerzan por lograr la felicidad; quieren llegar a ser felices y serlo por siempre jamás», escribió, y este «principio del placer», como él lo llamó, es lo que «decide el propósito de la vida» para la mayoría de las personas. El filósofo griego Arístipo, que fue alumno de Sócrates, consideraba que la búsqueda de la *hedonia* era la clave para vivir bien. «El arte de la vida consiste en disfrutar de los placeres a medida que se van presentando, y los mejores placeres no son siempre intelectuales, ni tampoco morales», escribió Aristipo.[37] Algunas décadas más tarde, Epicuro popularizó una idea semejante, arguyendo que la buena vida se halla en el placer, el cual definió como la ausencia de sufrimiento físico y mental, como la ansiedad. Esta idea perdió fuerza durante la Edad Media, pero volvió a cobrar popularidad en el siglo XVIII, con Jeremy Bentham, el fundador del utilitarismo. Bentham creía que la búsqueda del placer era la principal fuerza que impulsaba al ser humano, y escribió: «La naturaleza ha puesto a la humanidad bajo el mando de dos amos soberanos: el *dolor* y el *placer*. Éstos son los únicos que nos indican qué es lo que deberíamos hacer, a la vez que determinan lo que vamos a hacer».[38]

Siguiendo esta misma tradición, muchos psicólogos actuales definen la felicidad como un estado mental y emocional positivo. Por ejemplo, una técnica que se suele utilizar en las investigaciones de ciencias sociales para evaluar la felicidad es pedirle a una persona que reflexione sobre la frecuencia con la que siente emociones positivas como el orgullo, el entusiasmo y la consideración, y cuán-

---

36. Sigmund Freud, *Civilization and Its Discontents,* Nueva York, W. W. Norton & Company, 1989, p. 25. (Edición en castellano: *El malestar en la cultura,* Madrid, Alianza Editorial, 2014.) El propio Freud no creía que la felicidad fuera el propósito de la vida, pero pensaba que la mayoría de la gente sí lo creía.

37. Citado en Michael F. Steger, Todd B. Kashdan y Shigehiro Oishi, «Being Good by Doing Good: Daily Eudaimonic Activity and Well-Being», *Journal of Research in Personality* 42, n.º 1, 2008, pp. 22-42.

38. Citado en McMahon, *Happiness,* 218 *(Una historia de la felicidad).*

tas veces siente emociones negativas como el miedo, el nerviosismo y la vergüenza.[39] Cuanto más alto es el promedio de emociones positivas respecto a las negativas, más feliz eres.

Pero nuestros sentimientos son fugaces, por supuesto. Y, como reveló lo que proponía Nozick, no lo son todo. Puede que nos encante leer la prensa del corazón y que nos estresemos cuidando a un pariente enfermo, pero la mayoría estaríamos de acuerdo en que la segunda actividad es más importante. Puede que al principio no nos sintamos bien haciéndola, pero, si no la hacemos, más tarde lamentaremos nuestra decisión. Es decir que vale la pena hacerla, porque es significativa.

---

39. Hay varias formas en que los científicos sociales miden la felicidad. Una de las herramientas más comunes es la llamada Escala del Bienestar Subjetivo, que se entiende como una medición de la felicidad hedónica por parte de los investigadores, como indican Ryan y Deci en «On Happiness and Human Potentials»; y Todd B. Kashdan, Robert Biswas-Diener y Laura A. King, «Reconsidering Happiness: The Costs of Distinguishing between Hedonics and Eudaimonia», *The Journal of Positive Psychology* 3, n.º 4, 2008, pp. 219-233. La Escala del Bienestar Subjetivo se compone de dos escalas. Una es la denominada PANAS (o Calendario de la Afectación Positiva y Afectación Negativa), que mide tu estado emocional o afectivo. La segunda es la Escala de la Satisfacción con la Vida, en la que se pide a los individuos que valoren temas como «las condiciones de mi vida son excelentes» y «hasta el momento he conseguido todas las cosas importantes que deseaba en la vida». Para otras formas de medir la felicidad, véase Sonja Lyubomirsky y Heidi S. Lepper, «A Measure of Subjective Happiness: Preliminary Reliability and Construct Validation» *Social Indicators Research* 46, n.º 2, 1999, pp. 137-155; Daniel Kahneman, Alan B. Krueger, David A. Schkade, Norbert Schwarz y Arthur A. Stone, «A Survey Method for Characterizing Daily Life Experience: The Day Reconstruction Method», *Science* 306, n.º 5702, 2004, pp. 1776-1780; Daniel Kahneman, «Objective Happiness» en Daniel Kahneman, Edward Diener y Norbert Schwarz (editores), *Well-Being: The Foundations of Hedonic Psychology*, Nueva York, Russell Sage Foundation, 1999, pp. 3-25; y Mihaly Csikszentmihalyi y Jeremy Hunter, «Happiness in Everyday Life: The Uses of Experience Sampling», *Journal of Happiness Studies* 4, n.º 2, 2003, pp. 185-199. Estas mediciones de la felicidad son hedonistas, pero hay otros investigadores que definen la felicidad de un modo más amplio. Por ejemplo, en *La auténtica felicidad*, Seligman arguye que la felicidad tiene su origen en tres pilares: las emociones positivas, el compromiso y el sentido. Posteriormente, amplió su definición del buen vivir incluyendo el pilar de las relaciones y los logros, y a este nuevo modelo lo llamó «teoría del bienestar» o «florecimiento» en vez de «felicidad auténtica» (véase Seligman, *La vida que florece*). Curiosamente, cuando los psicólogos expanden su definición de bienestar más allá de los estados y emociones positivas, suelen llamar a ese concepto con otro nombre que no es felicidad, como florecimiento o bienestar psicológico.

El sentido[40] es el otro camino hacia el buen vivir, y lo entenderemos mejor recurriendo al filósofo griego Aristóteles[41] y a su concepto de *eudaimonia*, la antigua palabra griega para «florecimiento humano». *Eudaimonia* se suele traducir como «felicidad»,[42] y a Aristóteles se le suele atribuir la frase de que la felicidad es el bien supremo y la meta de nuestras vidas. Pero Aristóteles dedicaba palabras bastante duras a los que perseguían el placer y «la vida del disfrute».[43] Llamaba a esas personas «esclavas» y «vulgares», arguyendo que la vía de sentirse bien para lograr una buena vida, que según él era la que perseguían «la mayoría de los hombres», era «más apta para las bestias» que para los seres humanos.

Para Aristóteles, *eudaimonia* no es una emoción positiva pasajera. Es, más bien, algo que haces. Una vida eudemonista, argüía Aristóteles, exige cultivar en tu interior las mejores cualidades morales e intelectuales y vivir de acuerdo con tu potencial.[44] Es una vida activa, en la que haces tu trabajo y contribuyes a la sociedad, en la que estás implicado en tu comunidad, una vida en la

---

40. Puede que algunas personas digan que la diferencia entre hedonia y eudaimonia es realmente una diferencia entre dos tipos de felicidad, una basada en el placer y otra en el sentido. No obstante, puesto que culturalmente compartimos la comprensión de que la felicidad es un estado de sentirse bien, de emociones positivas y de placer, mientras que eudaimonia o vivir una vida con sentido es algo que hacemos y que puede ser estresante y estar cargado de emociones negativas, he optado por diferenciarlas. También uso los términos *sentido* y *eudaimonia* indistintamente, puesto que la definición de sentido básicamente engloba los distintos aspectos de eudaimonia, tal como se define en las distintas fuentes que cito en esta sección.

41. Para la sección sobre Aristóteles, me he remitido a Aristóteles en *The Nicomachean Ethics*, traducción de David Ross, Oxford, Oxford University Press, 2009 (Edición en castellano: *Ética a Nicómaco*, Madrid, Visión Libros, 2002); *Stanford Encyclopedia of Philosophy* la entrada «Aristotle's Ethics» de la plato.stanford.edu/entries/aristotle-ethics/; la entrevista de la autora a la filósofa Julia Annas, el 23 de septiembre de 2014, y la correspondencia por correo electrónico con la misma; y McMahon, *Happiness* (*Una historia de la felicidad*).

42. Como señaló Julia Annas en una entrevista que le hice, los filósofos suelen pensar que la palabra *felicidad* no es apropiada para hablar de lo que Aristóteles quería decir con *eudaimonia*. Véase también, Rosalind Hursthouse, *On Virtue Ethics*, Oxford, Oxford University Press, 1999, donde escribe: «'[F]lorecer' es una traducción más apropiada para eudaimonia que 'felicidad'», p. 10.

43. Aristóteles, *The Nicomachean Ethics*, 6 (*Ética a Nicómaco*).

44. Aristóteles también creía que había ciertas condiciones externas, como tener dinero, amigos, suerte y salud, que debían satisfacerse mínimamente para que una persona pudiera florecer.

que, ante todo, desarrollas tu potencial, en vez de malgastar tus talentos.

Los psicólogos han utilizado la distinción aristotélica.[45] Si *hedonia* se define como «sentirse bien»,[46] luego *eudaimonia* se definirá como «estar bien y hacer el bien»[47] y como «intentar utilizar y desarrollar lo mejor de uno mismo»,[48] de modo que sea afín con «tus propios principios más profundos». Es una vida de buen carácter, que tiene sus recompensas. Como dicen tres expertos: «Cuanto más claramente intente alguien ensalzar el placer y evitar el dolor, más fácil es que su vida esté desprovista de profundidad, sentido y pertenencia a una comunidad».[49] Mientras que los que eligen el sentido se sienten más realizados (y felices) en sus vidas.

No cabe duda de que no es fácil medir un concepto como el sentido en un laboratorio, pero, según los psicólogos, cuando las personas dicen que sus vidas tienen sentido, se debe a que se han cumplido tres condiciones:[50] consideran que sus vidas son importantes y que valen la pena, es decir, que forman parte de algo más grande; creen que sus vidas tienen sentido; y, por último, sienten que les guía un propósito. Sin embargo, todavía hay algunos cien-

---

45. Véase, por ejemplo, Ryan y Deci, «On Happiness and Human Potentials»; Huta y Waterman, «Eudaimonia and Its Distinction from Hedonia»; Carol D. Ryff, «Psychological Well-Being Revisited: Advances in the Science and Practice of Eudaimonia», *Psychotherapy and Psychosomatics* 83, n.º 1, 2013, pp. 10-28; y Steger y col., «Being Good by Doing Good».

46. Específicamente, los psicólogos lo definen como placer, sentimientos positivos, comodidad, ausencia de aflicción, de emociones negativas, y disfrute.

47. Véase, Steger y col., «Being Good by Doing Good».

48. Veronika Huta y Richard M. Ryan, «Pursuing Pleasure or Virtue: The Differential and Overlapping Well-Being Benefits of Hedonic and Eudaimonic Motives», *Journal of Happiness Studies* 11, n.º 6, 2010, pp. 735-762.

49. Richard M. Ryan, Veronika Huta y Edward L. Deci, «Living Well: A Self-Determination Theory Perspective on Eudaimonia», en Antonella Delle Fave (editora), *The Exploration of Happiness: Present and Future Perspectives*, Dordrecht, Holanda, Springer Science+Business Media, 2013, p. 119.

50. Véase: Michael F. Steger, «Meaning in Life: A Unified Model», en Shane J. Lopez y Charles R. Snyder (editores), *The Oxford Handbook of Positive Psychology*, tercera edición, Oxford, Oxford University Press; y Roy Baumeister, *Meanings of Life*, Nueva York, The Guilford Press, 1991.

tíficos sociales que son escépticos en cuanto a que exista alguna diferencia entre la felicidad y el sentido.[51] Por otra parte, las investigaciones parecen indicar que en la vida no es tan fácil combinar el sentido con la felicidad.[52] Las diferencias entre ambos conceptos quedaron patentes en un estudio realizado en 2013, en el que un equipo de psicólogos dirigido por Roy Baumeister,[53] de la Universidad Estatal de Florida, preguntó a casi 400 estadounidenses de edades comprendidas entre los 18 y 78 años, si eran felices y si pensaban que su vida tenía sentido. Los científicos sociales analizaron sus respuestas junto con otras variables, como sus niveles de estrés, sus patrones de gasto y si tenían hijos o no. Lo que descubrieron fue que, mientras el sentido y la felicidad en la vida se solapan en ciertos aspectos y «se retroalimentan, tienen orígenes esencialmente diferentes».[54]

Baumeister y su equipo descubrieron que una vida feliz es una vida fácil, en la que nos sentimos bien la mayor parte del tiempo y tenemos menos estrés o preocupación. También se asocia a una buena salud física y a la capacidad para poder adquirir las cosas que ne-

---

51. Véase, por ejemplo, Kashdan y col., «Reconsidering Happiness».

52. En los siguientes ensayos, Huta hace un gran trabajo desarrollando la distinción entre sentido y felicidad. Tanto *hedonia* como *eudaimonia*, indica ella, se relacionan con la salud psicológica de distintas formas, y ambas pueden llevarse a extremos, aunque las investigaciones muestran que el sentido proporciona una forma de bienestar más elevado y prosocial que la *hedonia*. Huta, «The Complementary Roles of Eudaimonia and Hedonia and How They Can Be Pursued in Practice»; Huta, «An Overview of Hedonic and Eudaimonic Well-Being Concepts»; y Huta, «Eudaimonic and Hedonic Orientations».

53. Roy F. Baumeister, Kathleen D. Vohs, Jennifer L. Aaker y Emily N. Garbinsky, «Some Key Differences between a Happy Life and a Meaningful Life», *The Journal of Positive Psychology* 8, n.º 6, 2013, pp. 505-516.

54. Los investigadores no tomaron mediciones a personas que tenían un concepto del sentido muy elevado, pero bajo en lo que respecta a la felicidad; o elevado en felicidad y bajo en sentido. Por el contrario, midieron cuánta felicidad y sentido manifestaba cada participante y observaron a qué correspondía cada una de esas variables. Escriben: «El sentido y la felicidad están relacionadas positivamente; por consiguiente, tienen mucho en común. Hay muchos factores, como sentirse conectado con los demás, sentirse productivo y no estar solo o estar aburrido, que contribuyen igualmente a ambos. No obstante, los dos son distintos y esta investigación se centró en identificar las principales diferencias entre las correlaciones de la felicidad (como sentido) y las del sentido (como felicidad)».

cesitamos y deseamos. Hasta aquí, nada de particular. Sin embargo, lo sorprendente fue que la búsqueda de la felicidad se asociaba a una conducta egoísta, a ser un «tomador» en vez de un «dador».

«Cuando la felicidad no va acompañada del sentido, se caracteriza por una vida relativamente superficial, egocéntrica o incluso egoísta, en la que todo va bien, las necesidades y los deseos se ven fácilmente satisfechos, y en la que se evitan las dificultades o los enredos que producen desgaste», escribieron los investigadores.

Una vida con sentido, por el contrario, era la que correspondía al «dador» y su principal característica era conectar y contribuir con algo superior a uno mismo. Ese tipo de vida se relacionaba con actividades como comprar regalos a los demás, cuidar de los hijos e incluso discutir, que para los investigadores era un indicativo de tener convicciones e ideales por los que estás dispuesto a luchar. Puesto que estas actividades requieren una inversión en algo más grande, la vida con sentido se asociaba a niveles más altos de preocupación, estrés y ansiedad que la vida feliz. Tener hijos, por ejemplo, era uno de los distintivos de una vida con sentido, pero también se ha relacionado con niveles más bajos de felicidad, hallazgo que confirmaron los padres de este estudio.

En resumen, el sentido y la felicidad puede que sean opuestos.[55] Sin embargo, las investigaciones han demostrado que actuar con sentido también puede propiciar un bienestar más profundo a lo largo del camino. Ésa fue la conclusión de un estudio realizado en 2010 por Veronika Huta y Richard Ryan, de la Universidad de Ottawa y de la Universidad de Rochester, respectivamente.[56] Huta y Ryan dieron instrucciones a un grupo de alumnos universitarios para que durante

---

55. En un análisis de cinco conjuntos de datos que comprendían casi 3.000 personas, Veronika Huta descubrió que el 33% de los encuestados valoraban mucho la felicidad y poco el sentido, el 26% valoraba mucho el sentido y poco la felicidad, el 20% valoraba ambas cosas y otro 20% valoraba poco las dos cosas, lo que indica que existe una distinción real entre el sentido y la felicidad. Correo electrónico a la autora, 28 de octubre de 2014.

56. Huta y Ryan, «Pursuing Pleasure or Virtue», estudio 4.

diez días buscaran el sentido o la felicidad, haciendo al menos una cosa cada día para fomentar la *eudaimonia* o la *hedonia*. Al final de cada día, los participantes informaban a los investigadores sobre las actividades que habían elegido realizar. Algunas de las más populares entre los alumnos que buscaban el sentido era la de perdonar a un amigo, estudiar, pensar en sus propios valores y ayudar o animar a otra persona. Los que buscaban la felicidad, por el contrario, mencionaban actividades como dormir, jugar a algo, ir de compras y comer golosinas.

Al finalizar el estudio, los investigadores charlaron con los participantes para descubrir de qué forma les había afectado en su bienestar. Descubrieron que los alumnos que buscaron la felicidad experimentaron más sentimientos positivos, y menos negativos, inmediatamente después del estudio. Pero, a los tres meses, la felicidad había desaparecido. El segundo grupo que se centró en el sentido no se sentía tan feliz después del experimento, aunque sus integrantes dijeron que sus vidas habían cobrado más sentido. Sin embargo, a los tres meses su situación era distinta. Estos últimos dijeron que se sentían más «enriquecidos», «inspirados», y que «formaban parte de algo superior a ellos». También informaron que habían tenido menos estados de ánimo negativos. A largo plazo, parecía que la búsqueda del sentido propiciaba la buena salud mental.

Al filósofo John Stuart Mill no le habría sorprendido.[57] «Sólo son felices aquellos cuyas mentes están centradas en un objeto externo que no es su propia felicidad; en la felicidad de los demás, en mejorar la humanidad, incluso en algún arte o meta que no se realice como un medio, sino que sea el fin en sí mismo. Al concentrarse en otra cosa, encuentran la felicidad por el camino.»

Psicólogos como Baumeister y Huta forman parte de un nuevo movimiento que no deja de crecer y que básicamente está redefiniendo

---

57. John Stuart Mill, *Autobiography*, Londres, Penguin Books, 1989, p. 117.

nuestra visión del buen vivir. Su trabajo demuestra que buscar el sentido es infinitamente más gratificante que la búsqueda de la felicidad y pone de manifiesto cómo pueden las personas encontrar sentido en sus vidas.[58] A través de sus estudios pretenden responder a grandes preguntas: ¿es necesario que cada persona encuentre el sentido por su cuenta, o existen algunas fuentes universales de sentido a las que todos podemos recurrir? ¿Por qué hay personas en algunas culturas y comunidades que son más propensas que otras a considerar que sus vidas tienen sentido? ¿Cómo afecta a nuestra salud vivir una vida con sentido? ¿Cómo encontramos o podemos encontrar sentido ante la muerte?

Su investigación refleja un cambio de grandes dimensiones en nuestra cultura. Por todo Estados Unidos (y por el resto del mundo), educadores, líderes empresariales, médicos, políticos y gente ordinaria están empezando a alejarse del evangelio de la felicidad y a concentrarse en el sentido. A medida que fui profundizando en la investigación psicológica, empecé a buscar a esas personas. En las páginas siguientes presentaré al lector a algunas de esas personas destacables. Conoceremos a un grupo de entusiastas de la Edad Media que se siente realizado en la idiosincrasia de su comunidad. Sabremos por boca de una cuidadora de un zoológico qué es lo que da sentido a su vida. Conoceremos cómo un parapléjico utilizó su traumática expe-

---

58. Véase, tal como he mencionado, Huta y Ryan, «Pursuing Pleasure or Virtue»; Peterson y col., «Orientations to Happiness and Life Satisfaction»; y Steger y col., «Being Good by Doing Good». Véase también Keyes y Annas, «Feeling Good and Functioning Well», donde los descubrimientos indican que el sentido es más eficaz para proteger contra las enfermedades mentales que la felicidad, como me explicó Keyes en un correo electrónico el 31 de marzo de 2016. También me dijo que la *eudaimonia* es más eficaz para proteger contra la muerte que la *hedonia*. En otro estudio se observó que la *eudaimonia* estaba relacionada con una genética más saludable que la *hedonia*. Barbara L. Fredrickson, Karen M. Grewen, Kimberly A. Coffey, Sara B. Algoe, Ann M. Firestine, Jesusa M. G. Arevalo, Jeffrey Ma y Steven W. Cole, «A Functional Genomic Perspective on Human Well-Being», *Proceedings of the National Academy of Sciences* 110, n.º 33, 2013, pp. 13684-13689. También, tal como ya se ha dicho, la búsqueda de la felicidad puede hacer desgraciadas a las personas. Por otra parte, hay una investigación que demuestra que la búsqueda de acciones con sentido, como realizar actos de amabilidad, expresar gratitud, fijarse metas importantes y cuidar las relaciones sociales, incrementan la felicidad. Para un resumen de esta investigación, véase Lyubomirsky, *The How of Happiness (La ciencia de la felicidad: un método probado para conseguir el bienestar)*.

riencia para redefinir su identidad. Seguiremos a un astronauta retirado al espacio, que fue donde descubrió su verdadera vocación.

Algunas de sus historias son ordinarias, otras son extraordinarias. Pero, a medida que iba siguiendo a estos buscadores en sus viajes, fui descubriendo que todas sus vidas tenían cualidades comunes, incluían una visión que ahora están confirmando las investigaciones: hay fuentes de sentido por todas partes, y si conectamos con ellas nuestra vida puede ser más enriquecedora y satisfactoria, y podemos ayudar a otros a que hagan lo mismo. En este libro revelaré cuáles son esas fuentes de sentido y cómo podemos utilizarlas para que nuestra vida sea más profunda. Entretanto, iremos conociendo los beneficios que tiene para nosotros, nuestras escuelas, lugares de trabajo y sociedad en general, vivir con sentido.

Cuando entrevistaba a los investigadores e iba a la caza de historias de personas que hubieran buscado y encontrado el sentido, me acordaba de los sufíes, que fueron los primeros en indicarme este viaje. La mayoría de las veces, la vida de estos modelos del sentido era humilde. Muchos se habían esforzado en buscar el sentido. Sin embargo, su principal objetivo era mejorar el mundo para los demás. Un gran sufí dijo una vez que, si un *darvish* daba aunque sólo fuera el primer paso en el camino del amor altruista y no avanzaba más, habría contribuido a la humanidad al haberse dedicado a los demás; lo mismo sucede con las personas que se concentran en encontrar el sentido de sus vidas. Son las que transforman el mundo, en mayor o en menor medida, al perseguir sus nobles metas e ideales.

Del mismo modo que los nuevos descubrimientos científicos nos han devuelto a la sabiduría de las humanidades, escribir este libro me ha confirmado las lecciones que aprendí de pequeña cuando vivía en una casa donde se practicaba la meditación sufí. Aunque la vida de los *darvishes* era aparentemente normal, con sus distintas profesiones de abogados, albañiles, ingenieros y con familias a su cargo, adoptaban la actitud mental de infundir sentido a todo lo que hacían; tanto si se trataba de ayudar a limpiar la mesa después de cenar, como si cantaban los poemas de Rumí o Attar y vivían siguiendo sus enseñanzas. Para los *darvishes*, perseguir la felicidad personal era algo totalmente secundario. Más bien, siempre intentaban averiguar cómo podían ser útiles a los demás y ayudar a otras personas a que fueran más felices y a que se sintieran más realizadas. Creaban vidas que tenían sentido, lo que nos conduce a la pregunta: ¿cómo podemos nosotros hacer lo mismo?

1

La crisis del sentido

Un día de otoño de 1930, el historiador y filósofo Will Durant[1] estaba rastrillando hojas en el jardín de su casa en Lake Hill, Nueva York, cuando se le acercó un hombre bien vestido. Éste le dijo que tenía pensado suicidarse, a menos que el popular filósofo le «diera una buena razón» para vivir.

El estupefacto Durant intentó darle una respuesta que pudiera consolar a aquel hombre, pero no estuvo muy inspirado: «Le sugerí que buscara un trabajo, pero ya tenía uno; le dije que se fuera a tomar una buena comida, pero no tenía hambre; al final, se marchó visiblemente indiferente ante mis argumentos».

Durant, escritor e intelectual, que falleció en 1981, a la edad de 96 años, es más conocido por acercar la filosofía y la historia, a través de sus libros, al público en general. *La historia de la filosofía*, publicado en 1926, se convirtió en un superverntas, y su obra de varios volúmenes *Historia de la civilización*, coescrita con su esposa, Ariel Durant, en el transcurso de cuarenta años, recibió el premio Pulitzer por su décimo volumen, *Rousseau y la revolución*. Durante su vida fue un pensador con una extensa gama de intereses. Escribió ampliamente sobre literatura, religión y política, y en 1977 recibió la mayor condecoración que el gobierno de

---

1. Para el resumen biográfico de Durant, he recurrido a Will Durant, *Fallen Leaves: Last Words on Life, Love, War, and God*, Nueva York, Simon & Schuster, 2014; *On the Meaning of Life*, Dallas, Texas, Promethean Press, 2005; *Transition: A Mental Autobiography*, Nueva York, Touchstone, 1955; y Will y Ariel Durant, *A Dual Autobiography*, Nueva York: Simon & Schuster, 1977.

Estados Unidos concede a un civil, la Medalla Presidencial de la Libertad.

Recibió una educación cristiana, fue a un colegio jesuita y estuvo a punto de ingresar en la orden. Pero en la universidad se volvió ateo después de leer las obras de Charles Darwin y Herbert Spencer, cuyas ideas «disolvieron» su «heredada teología». Tras la pérdida de su fe religiosa le dio «muchas vueltas» a la idea del sentido, pero nunca halló una respuesta satisfactoria. Más adelante, como filósofo agnóstico y empírico, tuvo que reconocer que no estaba seguro de qué era lo que daba una razón a las personas para seguir viviendo, incluso cuando estaban desesperadas. Este sabio de su época fue incapaz de ofrecer una respuesta convincente al suicida que fue a verle en 1930, un año después de que se desplomara la bolsa, el acontecimiento que dio comienzo a la Gran Depresión.

Así que Durant decidió escribir a los grandes de la literatura, la filosofía y la ciencia de su tiempo, desde Mohandas Gandhi y Mary E. Woolley hasta H. L. Mencken y Edwin Arlington Robinson, para preguntarles cómo encontraban ellos el sentido y la realización personal durante ese tumultuoso período de la historia. «¿Interrumpiría usted su trabajo un momento —comienza la carta de Durant— y jugaría al juego de la filosofía conmigo? Estoy intentando hacer una pregunta que quizá nuestra generación, más que ninguna otra, parece estar siempre dispuesta a plantear pero que no es capaz de responder: ¿Cuál es el sentido o el valor de la vida humana?» Recopiló sus respuestas en un libro que lleva por título *On the Meaning of Life* ['Sobre el sentido de la vida'], que fue publicado en 1932.

Las cartas de Durant exploran por qué muchas personas de su época sentían que vivían en un vacío existencial. Al fin y al cabo, los seres humanos han creído durante miles de años en la existencia de un reino trascendente y sobrenatural, poblado por dioses y espíritus, que está más allá de nuestro mundo sensorial de las experiencias cotidianas. Sentían con regularidad la existencia de este mundo espiritual, que daba sentido al mundo ordinario. Pero Durant argüía que la filosofía y la ciencia moderna habían demostrado que la creencia en dicho mundo —un mundo que no se puede ver ni tocar—, en el mejor de los casos, se podía considerar inocente, y en el peor, una superstición. Con ello, han llevado a la humanidad a un estado de desencanto generalizado.

En su carta explica por qué es tan trágica la pérdida de esas fuentes de sentido tradicionales. «Los astrónomos nos han dicho que los asuntos humanos no suponen más que un momento en la trayectoria de una estrella; los geólogos, que la civilización no es más que un precario interludio entre eras glaciares; los biólogos, que la vida es una guerra, una lucha por la existencia entre individuos, grupos, naciones, alianzas y especies; los historiadores, que el "progreso" es ilusorio, cuya gloria termina en una inevitable decadencia; los psicólogos, que la voluntad y el yo son meros instrumentos de la herencia y el entorno, y que lo que una vez fue un alma incorruptible no es más que una incandescencia del cerebro», escribe Durant. Los filósofos, entretanto, en su empeño por razonar el camino a la verdad, han razonado la verdad de que la vida no tiene sentido: «La vida se ha convertido, según la perspectiva general que es la filosofía, en una pululación intermitente de insectos humanos sobre la tierra, en un eccema planetario que pronto será curado».

Durant, en su libro, narra la vieja historia de un oficial de policía que intentó evitar el suicidio de un hombre que iba a saltar desde un puente. Los dos se pusieron a hablar. Después, ambos se tiraron desde el puente. «A esto es a lo que nos han llevado la ciencia y la filosofía», dice Durant. Con su iniciativa de escribir a los grandes pensadores buscaba una respuesta al nihilismo de su tiempo; una respuesta para el apesadumbrado desconocido que le había dejado sin palabras. Durant les suplicó una respuesta para la pregunta sobre qué era lo que hacía que la vida valiera la pena; qué impulsaba a las personas a seguir adelante, qué les proporcionaba inspiración y energía, esperanza y consuelo.

* * *

Las preguntas de Durant adquieren hoy mayor relevancia que nunca. La desesperanza y la desdicha no sólo van en aumento, sino que se han convertido en una epidemia. En Estados Unidos el índice de personas que padecen depresión ha crecido de forma espectacular desde 1960,[2] y entre 1988 y 2008, el uso de antidepresivos ha aumentado en un 400%.[3] Estas cifras no pueden sólo atribuirse a la mayor disponibilidad de atención psicológica profesional. Según la Organización Mundial de la Salud,[4] se ha disparado la tasa global de suicidios hasta el 60%, desde la Segunda Guerra Mundial. Algunas poblaciones han sido especialmente vulnerables. En Estados Unidos, la incidencia de suicidios entre los jóvenes de 14 a 24 años se triplicó en la segunda mitad del siglo xx.[5] En 2016, el índice de suicidios alcanzó su punto álgido en casi treinta años entre la población general, y entre los adultos de mediana edad ha aumentado más del 40% desde 1999.[6] Cada

---

2. Martin E. P. Seligman, *The Optimistic Child: A Proven Program to Safeguard Children Against Depression and Build Lifelong Resilience,* Boston, Houghton Mifflin, 2007. (Edición en castellano: *Niños optimistas: cómo crear las bases para una existencia feliz,* Barcelona, Debolsillo, 2011.)

3. Laura A. Pratt, Debra J. Brody y Qiuping Gu, «Antidepressant Use in Persons Aged 12 and Over: United States, 2005-2008», National Center for Health Statistics Data Brief n. 76, octubre de 2011.

4. Citado en T. M. Luhrmann, «Is the World More Depressed?», *New York Times,* 24 de marzo de 2014.

5. David M. Cutler, Edward L. Glaeser y Karen E. Norberg, «Explaining the Rise in Youth Suicide» en Jonathan Gruber (editor), *Risky Behavior Among Youths: An Economic Analysis,* Chicago, University of Chicago Press, 2001, pp. 219-270.

6. Sabrina Tavernise, «U.S. Suicide Rate Surges to a 30-Year High», *New York Times,* 22 de abril de 2016. En la actualidad, el índice de suicidios es de 13 por 100.000. De acuerdo con el contexto, el índice de suicidios alcanzó su punto más alto en Estados Unidos en 1932, durante la Gran Depresión (22,1 por 100.000), y el más bajo en el año 2000 (10,4 por 100.000). Véase también: «CDC: US Suicide Rate Hits 25-Year High», Associated Press, 8 de octubre de 2014; Feijun Luo, Curtis S. Florence, Myriam Quispe-Agnoli, Lijing Ouyang y Alexander E. Crosby, «Impact of Business Cycles on US Suicide Rates, 1928-2007», *American Journal of Public Health* 101, n.º 6, 2011, pp. 1139-1146; y Tony Dokoupil, «Why Suicide Has Become an Epidemic–And What We Can Do to Help», *Newsweek,* 23 de mayo de 2013.

año, cuarenta mil estadounidenses se quitan la vida,[7] y en el resto del mundo, la cifra se acerca al millón.[8]

¿Qué está pasando?

Un estudio de 2014, que realizaron Shigehiro Oishi de la Universidad de Virginia y Ed Diener de Gallup, da una respuesta a esta pregunta.[9] Aunque fue un estudio de gran magnitud, con casi 140.000 personas de 132 países, también fue muy claro. Algunos años antes, los investigadores de Gallup habían preguntado a los participantes si estaban satisfechos con sus vidas y si sentían que éstas tenían un propósito o un sentido importante. Oishi y Diener analizaron esos datos por países y correlacionaron los grados de felicidad y sentido con variables como la riqueza, tasas de suicidios y otros factores sociales.

Sus hallazgos fueron sorprendentes. Las personas de zonas más ricas, como Escandinavia, eran más felices que las de regiones más pobres, como el África subsahariana. Pero cuando hacían referencia al sentido cambiaba la historia. Zonas ricas como Francia y Hong Kong eran algunos de los lugares con los niveles más bajos de sentido, mientras que países pobres como Togo y Níger se encontraban entre los que tenían niveles más altos, aunque las personas que vivían allí eran de las más infelices del estudio. Uno de los datos más inquietantes fueron los índices de suicidios. Resultó que los países más ricos tenían índices significativamente más altos de suicidios que los más pobres. Por ejemplo, la tasa de suicidios de Japón,[10] donde la renta per cápita era de 34.000 dólares, era más del doble que el de Sierra Leona, donde la renta per cápita era de 400 dólares. Esta tendencia, aparentemente, no tenía sen-

7. «Suicide: Facts at a Glance», Centers for Disease Control, cdc.gov/violenceprevention/pdf/suicide_factsheet-a.pdf.

8. La Organización Mundial de la Salud calcula que hay más de 800.000 personas que se quitan la vida cada año. Véase: «Suicide Data», who.int/mental_health/prevention/suicide/suicideprevent/en/.

9. Shigehiro Oishi y Ed Diener, «Residents of Poor Nations Have a Greater Sense of Meaning in Life than Residents of Wealthy Nations», *Psychological Science* 25, n.º 2, 2014, pp. 422-430.

10. Los datos sobre los índices de suicidios son de la OMS, «Suicide Rates Data by Country», http://apps.who.int/gho/data/node.main.MHSUICIDE?lang=en.

tido. Las personas de los países ricos solían ser más felices y sus condiciones de vida se podían calificar casi de celestiales, en comparación con las de lugares como Sierra Leona, que está asolada por enfermedades endémicas, pobreza extrema y el legado de una devastadora guerra civil. Entonces, ¿qué razones podían tener para quitarse la vida?

La extraña relación entre felicidad y suicidio también se ha confirmado en otras investigaciones.[11] En los países felices, como Dinamarca y Finlandia, también hay índices muy altos de suicidios. Algunos científicos sociales creen que esto se debe a que es especialmente doloroso ser desgraciado en un país donde hay tanta gente feliz; mientras que otros sugieren que se ha exagerado sobre el grado de felicidad que existe en estos países porque las personas desgraciadas se autoexcluyen de la población.

Pero el estudio de Oishi y Diener ofrece otra explicación. Cuando cruzaron datos descubrieron una tendencia que les sorprendió sobremanera: la felicidad o la infelicidad no predicen el suicidio. La variable que marcaba la diferencia era el sentido o, para ser más exactos, la falta del mismo. Los países con los índices más bajos de sentido, como Japón, también contaban con las tasas más altas de suicidios.

El problema al que se enfrentan estas personas es el mismo al que, hace más de ochenta años, se enfrentaba el suicida que le pidió a Durant que le diera una razón para seguir viviendo. Aunque tenía unas buenas condiciones de vida, creía que la vida no valía la pena. En la actualidad, hay millones de personas que comparten esa creencia. Cuatro de cada diez estadounidenses no han descubierto un propósito satisfactorio para sus vidas.[12] Y casi

11. Maia Szalavitz, «Why the Happiest States Have the Highest Suicide Rates», *Time*, 25 de abril de 2011.

12. Estos hallazgos pertenecen a un estudio de los CDC (Centros para el Control de las Enfermedades) y se basan en una muestra representativa de adultos estadounidenses. Los investigadores descubrieron que una cuarta parte de los estadounidenses estaban en total desacuerdo, discrepaban moderadamente o eran neutrales respecto a la afirmación «Tengo muy claro qué es lo que hace que mi vida tenga sentido». Y un 40% estaba en total desacuerdo, discrepaba moderadamente o era neutral respecto a la afirmación «He descubierto un propósito en mi vida que realmente me satisface». Véase Rosemarie Kobau, Joseph Sniezek, Matthew M. Zack, Richard E. Lucas y Adam Burns, «Well-Being Assessment: An Evaluation of Well-Being Scales for Public Health and Population Estimates of Well-Being among US Adults», *Applied Psychology: Health and Well-Being* 2, n.º 3, 2010, pp. 272-297.

la cuarta parte de los estadounidenses, aproximadamente unos cien millones de personas, carecen de una firme convicción respecto a qué es lo que da sentido a sus vidas.

La solución a este problema, evidentemente, no es que Estados Unidos se parezca más a Sierra Leona. La modernidad, a pesar de que pueda restarle sentido a la vida, tiene sus ventajas. Pero ¿cómo pueden las personas que viven en las sociedades modernas encontrar sentido a su vida? Si no podemos cruzar el puente entre vivir con sentido y la modernidad, pagaremos un precio muy alto por ir a la deriva. «Hay momentos en los que todos nos planteamos si la vida vale la pena, que equivale a preguntarse si, cuando las cosas se ponen difíciles, tiene sentido seguir viviendo. Los que llegan a la conclusión de que no lo tiene se rinden, aunque no sea de manera tajante, suicidándose; lo hacen rindiéndose diariamente a la devastadora desolación del paso de los años», escribió el académico Huston Smith;[13] es decir, se rinden a la depresión, el hastío y la desesperación.

Esto fue lo que le sucedió al famoso novelista ruso León Tolstói.[14] En la década de 1870, al cumplir los cincuenta, Tolstói cayó en una depresión existencial tan grave y debilitadora que empezó a sentir el deseo constante de acabar con su vida. Llegó a la conclusión de que su vida no tenía sentido, y este pensamiento le horrorizaba. La depresión del novelista podía resultar peculiar para el que la contemplara desde fuera. Tolstói era un aristócrata que lo tenía todo: era rico, famoso, estaba casado y tenía varios hijos, y sus dos obras maestras *Guerra y paz* y *Anna Karenina* habían sido publicadas con gran

---

13. Huston Smith, *The World's Religions*, Nueva York, HarperCollins, 1991, p. 276. (Edición en castellano: *Las religiones del mundo*, Barcelona, Kairós, 2014.)

14. Recurrí a las siguientes fuentes para recopilar información sobre la vida de Tolstói: León Tolstói, *Confession*, traducido por David Patterson, Nueva York, W. W. Norton & Company, 1983 (Edición en castellano: *Confesión*, Barcelona, Acantilado, 2014); Rosamund Bartlett, *Tolstoy: A Russian Life*, Nueva York, Houghton Mifflin Harcourt, 2011; A. N. Wilson, *Tolstoy*, Nueva York, W. W. Norton & Company, 1988; y Gary Saul Morson, «Leo Tolstoy», Britannica.com.

éxito en 1869 y 1878, respectivamente. Tolstói, reconocido internacionalmente como uno de los grandes novelistas de su tiempo, tenía bastante claro que sus obras se convertirían en clásicos de la literatura mundial.

Muchas personas se conformarían con bastante menos. Pero, en la cima de su fama, llegó a la conclusión de que estos logros no eran más que trampas en una vida que carecía de sentido; o sea que, para él, no significaban nada.

En 1879, cuando ya estaba desesperado, empezó a escribir *Confesión*, una obra autobiográfica de su crisis espiritual. La obra empieza relatando su vida primero como estudiante universitario y luego como soldado, y cuenta que vivió de un modo depravado. «Mentir, robar, todo tipo de promiscuidad, embriaguez, violencia, asesinato, no hubo delito que no cometiera; sin embargo, a pesar de todo fui alabado, y mis compañeros me consideraban y todavía me consideran un hombre relativamente honesto»,[15] escribe, quizás exagerando un poco. Fue durante ese período de su vida que empezó a escribir, motivado, según él, por «la vanidad, el interés propio y el orgullo», el deseo de conseguir dinero y fama.

No tardó en enamorarse de los círculos literarios e intelectuales de Rusia y de Europa, que habían construido una iglesia secular en torno a la idea de progreso. Tolstói se convirtió en uno de sus feligreses. Pero, entonces, dos dramáticas experiencias le demostraron la superficialidad de creer en la perfectibilidad del hombre y de la sociedad. La primera fue ser testigo en París de la ejecución de un hombre en la guillotina, en 1857. «Cuando vi cómo se separaba la cabeza del cuerpo y escuché el ruido sordo de la misma cayendo en la cesta, comprendí no con mi intelecto, sino con todo mi ser, que no existe ninguna teoría sobre la racionalidad de la existencia o el pro-

---

15. En su biografía de Tolstói, Wilson advierte que deberíamos tomarnos con ciertas reservas las reflexiones de Tolstói sobre su vida en *Confesión*. Es evidente que Tolstói ya se había debatido con las preguntas sobre el sentido y la moralidad antes de su crisis, aunque es innegable que padeció algún tipo de crisis de sentido en esa etapa de su vida.

greso que pueda justificar semejante acto», escribe Tolstói. La segunda, fue la injustificada muerte de su hermano Nikolai, a causa de la tuberculosis. «Padeció durante casi un año y murió sufriendo sin tan siquiera llegar a entender por qué había vivido y mucho menos por qué se estaba muriendo.»

Estos acontecimientos afectaron a Tolstói pero no le hundieron. Se casó en 1862 y la vida familiar le distrajo de sus dudas. Como lo hizo ponerse a escribir *Guerra y paz,* tarea que inició al poco de contraer matrimonio.

Tolstói siempre había tenido interés por el sentido de la vida, que es un tema recurrente en sus obras. Levin, que se cree que es un personaje autobiográfico de Tolstói, lucha contra este problema en *Anna Karenina.* Al final, llega a la conclusión de que su vida por fin tiene sentido: «Mi vida, toda mi vida, independientemente de lo que pueda sucederme, en cada uno de sus momentos, ya no es fútil como antes, sino que tiene el incuestionable sentido de bondad que yo tengo el poder de investirle».

Pero, poco después de haber finalizado *Anna Karenina,* adoptó una visión más radical. La cuestión del sentido le acechaba en todo lo que hacía. Una voz en su cabeza empezó a preguntarle: «¿Por qué?», «¿Por qué estoy aquí?», «¿Cuál es el propósito de todo lo que hago?», «¿Por qué existo?» Y con el paso de los años esa voz se fue dejando oír con más fuerza e insistencia: «Antes de poder ocuparme de mi finca de Samara, de la educación de mi hijo o de escribir libros, tenía que saber por qué estaba haciendo esas cosas», escribe en alguna parte de *Confesión.* En otra parte del libro plantea la pregunta de distintas maneras: «¿Qué resultará de lo que hago hoy y mañana? ¿Qué resultará de toda mi vida…? ¿Por qué he de vivir? ¿Por qué he de desear o hacer algo?» O, dicho con otras palabras: «¿Hay algo en mi vida que tenga sentido que no se destruirá con mi inevitable y cercana muerte?» Puesto que no pudo hallar respuesta al «porqué» de su existencia, llegó a la conclusión de que su vida no tenía sentido.

«Muy bien, serás más famoso que Gogol, Pushkin, Shakespeare, Molière, el escritor más famoso del mundo, ¿y qué?», escribe Tolstói. Se sentía como el profeta del Eclesiastés: «Vanidad de vanidades, ¡todo es vanidad! ¿Qué provecho saca el hombre de todo el trabajo que realiza bajo el sol? Una generación se ha ido y ha llegado otra, mas la tierra siempre permanece». Según Tolstói, la única verdad que podemos conocer realmente es que la vida termina con la muerte y que está salpicada de sufrimiento y pesar. Nosotros y todo lo que más queremos, nuestros seres queridos, logros e identidades, acabarán pereciendo.

Tolstói, al final, consiguió salir de su nihilismo. Empezó a buscar personas que estuvieran en paz consigo mismas para descubrir dónde habían encontrado el sentido. La mayoría de las personas de su propio entorno (aristócratas y elite literaria) vivían de un modo superficial y no sabían nada sobre el sentido de la vida, decía Tolstói. Así que salió de su núcleo social, y se quedó estupefacto al ver que había millones de personas corrientes a su alrededor que parecían haber hallado una solución al problema que le estaba consumiendo. Estas «personas sencillas», como las llamaba Tolstói, los incultos campesinos, encontraban el sentido en la fe: en la fe en Dios y en el cristianismo.

Tolstói abandonó la religión cuando fue a la universidad, pero su búsqueda del sentido en la mitad de la vida le devolvió a la misma. Inducido por su curiosidad sobre por qué la fe parecía ser tan indispensable para los campesinos, estudió varias religiones y tradiciones espirituales, incluidos el islamismo y el budismo. En el transcurso de ese viaje espiritual se convirtió en cristiano practicante. Al principio, encontró su lugar en su iglesia ortodoxa rusa nativa, pero luego rompió con la misma y empezó a vivir de acuerdo con su propia versión simplificada del cristianismo, que se concentraba en ceñirse a las enseñanzas de Cristo en el Sermón de la Montaña.

Su definición de *fe* es un tanto imprecisa, la contempla como un «conocimiento del sentido de la vida» básicamente irracional.

No obstante, lo que está claro es que estaba convencido de que la fe vinculaba al individuo a algo más grande o incluso «infinito» que trascendía al yo. «No importa qué respuestas pueda aportarnos una fe en concreto, cada respuesta de la fe aporta sentido infinito a la existencia finita del hombre, un sentido que el sufrimiento, la privación y la muerte no pueden destruir.» Aunque no creía en los milagros ni en los sacramentos de la iglesia, encontró el sentido viviendo «como a Dios le gustaría», como dice uno de sus biógrafos, lo que para Tolstói significaba una devoción crística hacia los demás, especialmente, hacia los pobres.

Escribir *Confesión* no supuso el fin de la búsqueda del sentido para Tolstói. En las últimas décadas de su vida, siguió con la misma. Adoptó un estilo de vida sencillo, dejó de beber y de comer carne, rechazó sus títulos aristocráticos de «señor» y «conde», aprendió el oficio de zapatero, convencido de que el trabajo manual era virtuoso. Dedicó gran parte de su tiempo a mejorar las condiciones de vida de los campesinos de su comunidad, y hasta intentó donar todas sus propiedades a los pobres (plan al que su esposa se opuso amargamente). También tenía ideas progresistas, como la abolición de la propiedad privada, el pacifismo y la doctrina de la resistencia pasiva frente al mal. Estas creencias de Tolstói atrajeron a un grupo de discípulos que seguían sus enseñanzas como si fuera un gurú.

Paralelamente, sus últimos años no fueron fáciles. Sus intentos de vivir con sentido trastocaron su vida. El gobierno ruso le acusó de radical, la iglesia ortodoxa le excomulgó y su matrimonio quedó destrozado. Sus constantes peleas con su esposa y su anhelo de vivir de un modo más espiritual le llevaron a abandonar su finca en octubre de 1910, para dirigirse en tren al Cáucaso. Tenía la esperanza de pasar los últimos años de su vida en soledad devocional. No pudo ser, porque murió de pneumonía durante el viaje. No obstante, sus ideas siguieron influyendo en el mundo y no sólo a través de sus novelas. Su doctrina de la resistencia pasiva al mal inspiró la campaña política de Gandhi en la India, que a su vez fue la inspiración para el movimiento de los derechos civiles de Martin Luther King Jr.

Para Tolstói la fe era lo que daba sentido a la vida. Pero hay muchas personas que no creen en Dios o a las que las enseñanzas religiosas no les inspiran lo más mínimo. Otras tienen fe pero siguen buscando la respuesta a cómo vivir con sentido en la Tierra. Estas personas puede que no encuentren la respuesta sólo en la religión. Parafraseando a Tolstói: ¿se puede encontrar el sentido de la vida sin depender de la fe en algo infinito que dé sentido a nuestra existencia finita? Ésta es la pregunta que se hacen hoy en día muchas personas.

Según parece Tolstói creía que no. Pero podría haber otras vías que nos condujeran al sentido que, o bien complementaran las que ofrece la fe, o bien, para los no creyentes, les ayudaran a sustituirlas. Quizá nuestras vidas podrían tener sentido, aunque todo aquello por lo que trabajamos, todas las personas y las cosas que amamos, y todo lo que somos y esperamos ser (nuestro legado), algún día desaparezca y sea olvidado. Esto es lo que el novelista e intelectual francés Albert Camus se propuso demostrar en su ensayo *El mito de Sísifo*.[16]

No es de extrañar que Camus, que escribió el ensayo a punto de cumplir los treinta, se hubiera sentido atraído por el problema del sentido. A diferencia de Tolstói, no había nacido en una familia rica. Su padre, Lucien Camus, era granjero. Su madre, una mujer medio sorda y analfabeta llamada Catherine, trabajó en una fábrica durante la Primera Guerra Mundial y posteriormente, limpiando casas. Se casaron en 1910, el mismo año en que murió Tolstói. Tres años

---

16. Para la historia y las ideas de Camus, he recurrido básicamente a Robert Zaretsky, *A Life Worth Living: Albert Camus and the Quest for Meaning*, Cambridge, Massachusetts, Belknap Press, 2013; Olivier Todd, *Albert Camus: A Life*, Nueva York, Carroll & Graf, 2000 (Edición en castellano: *Albert Camus: una vida*, Barcelona, Tusquets Editores, 1997); y Albert Camus, *The Myth of Sisyphus and Other Essays*, Nueva York, Vintage International, 1991. (Edición en castellano: *El mito de Sísifo*, Madrid, Alianza Editorial, 2006.)

después, Catherine dio a luz a Albert en una pequeña ciudad de la costa argelina llamada Mondovi (actualmente Dréan). Tras el inicio de la Primera Guerra Mundial, Lucien fue reclutado por el ejército francés. No luchó mucho: un mes más tarde fue herido en la carnicería de la batalla del Marne y pronto murió a causa de sus heridas. Albert Camus tenía apenas un año de vida cuando su padre murió en la guerra.

Unos dieciséis años después, la vida de Camus volvió a sufrir otro revés. En 1930 le diagnosticaron tuberculosis, que en su pobre vecindario de la ciudad argelina solía significar la muerte. Ya desde adolescente, se vio obligado a lidiar con su propia mortalidad y con el frágil y arbitrario control que tenemos sobre nuestra vida. Mientras estaba en la cama leyó al filósofo estoico Epicteto, que meditaba frecuentemente sobre el tema —«Pues no es a la muerte o al dolor a lo que hemos de temer, sino al miedo al dolor o a la muerte», escribió Epicteto—, y durante su recuperación intentó descubrir el sentido de lo que le estaba sucediendo. Camus llegó a la conclusión de que el aspecto positivo de su enfermedad era que le estaba preparando para el inevitable final que le esperaba y que nos espera a todos.

Cuando regresó a la escuela estaba convencido de que la vida no tenía sentido, opinión que expresó en un relato autobiográfico que publicó en una revista literaria llamada *Sud*: «Ya no me queda nada, no creo en nada y me es imposible vivir así, habiendo acabado con la moralidad en mi interior. Ya no tengo ningún propósito ni razón para vivir, y voy a morir». Tras matricularse en la Universidad de Argel, mejoró su estilo de escritura y siguió explorando el sentido estudiando filosofía. Se licenció en 1936. Esa primavera escribió una nota en su diario donde manifestaba su interés en escribir una «obra filosófica» sobre el «absurdo».

Camus empezó a escribir *El mito de Sísifo* mientras otra guerra mundial asolaba Europa. Vivía en París cuando los aviones nazis dejaron caer sus bombas sobre la ciudad a principios de junio de 1940. A mediados de mes, las fuerzas alemanas entraron en la capital, marcando el inicio de la ocupación totalitaria de Francia durante cuatro años. Camus huyó unos pocos días antes de que llegaran. Estuvo trabajando en su ensayo durante el gélido invierno de 1940, en un piso sin calefacción de la ciudad de Lyon, escribiendo a mano partes del mismo «con los dedos congelados y llenos de ampollas», como describió uno de sus biógrafos, y lo terminó en 1941.

Aunque el interés de Camus por el sentido forma parte de una larga tradición en la filosofía y en la literatura, la época en que le tocó vivir hizo que su búsqueda fuera especialmente acuciante.[17] En el caos de la caída de Francia, la cobardía del gobierno de Vichy y los primeros triunfos del fascismo en Europa, el mundo parecía absurdo y sin sentido. *El mito de Sísifo* trata de cómo podemos vivir en semejante mundo. «Sólo existe un problema filosófico realmente serio: el suicidio. Juzgar si la vida vale o no vale la pena vivirla equivale a responder a la pregunta fundamental de la filosofía», así empieza el famoso ensayo de Camus. «Nunca vi morir a nadie por el argumento ontológico, prueba de la existencia de Dios, dice bromeando. Pero muchas personas mueren por el sentido: algunas se quitan la vida porque consideran que ésta no tiene sentido, mientras que otras la sacrifican por sus ideales. La cuestión de si la vida tiene sentido es la única pregunta vital que se ha planteado e intentado responder la filosofía. Por consiguiente, es la más importante».

Como escribe Camus, buscamos explicaciones racionales del mundo y el orden y la unidad, pero el mundo es caótico, desordenado y absurdo; carece de «principio racional y razonable». Nos preguntamos el porqué de nuestra existencia, cómo hemos llegado hasta aquí y con qué fin, pero el mundo responde con el silencio. Podemos intentar satisfacer nuestro anhelo recurriendo a Dios, a la religión o a alguna otra fuente trascendental de sentido que acepta-

---

17. Como indica Terry Eagleton, citado por Zaretsky en *A Life Worth Living*.

mos por la fe. Pero si aceptamos como cierto sólo aquello que sabemos realmente, entonces, como dice Camus, existen «verdades», pero no una Verdad única.

Para Camus, el hecho de que los seres humanos busquen incesantemente el sentido, pero que no puedan encontrarlo en ningún lugar del mundo, hace que la vida sea absurda; todo, desde los grandes acontecimientos históricos hasta el propio esfuerzo que realizamos para seguir viviendo, parece inútil. Darnos cuenta de que no existe una fuente de sentido externo, un propósito o fin superior para todo lo que hacemos, nos provoca «náuseas», palabra que utilizaba quien durante un tiempo fue amigo de Camus, el filósofo existencialista Jean-Paul Sartre.

Está claro que no has de ser un existencialista francés, ni tampoco un novelista ruso, para sentir la carga de lo absurdo sobre ti. En 2013, en el programa de Conan O'Brien, el cómico Louis C. K. describió haber sentido algo parecido a la náusea de Sartre, lo absurdo de Camus y el horror de Tolstói. Como todos los grandes humoristas, C. K. es un filósofo disfrazado de cómico: «En todas las cosas de tu vida, existe ese algo subyacente, ese vacío, el eterno vacío. Sabes que todo es por nada y que estás solo. Está ahí en el fondo. Y a veces, cuando se aclaran las cosas, no estás mirando nada, estás en tu coche y arrancas, "¡Oh, no, ya está aquí de nuevo! Estoy solo". Empieza a visitarte. Sólo hay tristeza. La vida es inmensamente triste, por el mero hecho de estar en ella», le dijo a O'Brien.

Cuando el inconsolable Tolstói alcanzó este punto en su razonamiento, llegó a la conclusión de que el suicidio era la única salida razonable al absurdo de la vida. Por supuesto, Tolstói, al final, tomó otro camino. Encontró el sentido en la fe. Pero Camus rechaza ambas opciones, la fe y el suicidio, como soluciones al problema del sinsentido de la vida. Para Camus es imposible saber si Dios existe o si algunas de las creencias que aceptamos por la fe son ciertas. Siendo éste el caso, hemos de aprender a vivir con sentido «sin recurrir» a Dios o a la fe. Sin embargo, suicidarse sería sucumbir a las fuerzas ciegas de un mundo sinsentido. Sería ceder al absurdo y, con ello, agravarlo.

Por funesto que pueda parecernos, según Camus, lo absurdo de la vida, no conduce inevitablemente a la desesperación. Más bien nos abre a nuevas oportunidades. «Incluso dentro de los límites del nihilismo, se pueden encontrar los medios para trascenderlo», escribe Camus. Sin una imposición externa del sentido, tenemos libertad para crearlo nosotros. Como escribió Sartre:[18] «La vida no tiene sentido a *priori*... De ti depende darle un sentido, y el valor no es otra cosa que el sentido que eliges».

Camus ilustra este punto concluyendo su ensayo con una oda al antiguo héroe griego Sísifo, que fue condenado por los dioses a subir una roca hasta la cima de una montaña, para que ésta caiga rodando cada vez poco antes de alcanzarla. El héroe realiza esta tarea durante toda la eternidad. Cuesta imaginar una existencia más inútil que la de Sísifo. Pero Camus quiere que veamos que la vida de Sísifo es de gran valor. De hecho, es un modelo para todos.

Para Camus, una vida con sentido implica adoptar una actitud de desafío a lo absurdo, que es precisamente lo que hace Sísifo. Éste, que fue castigado por engañar a los dioses e intentar huir de la muerte, no se lamenta por su destino ni espera mejor vida. Por el contrario, para indignación de los dioses que deseaban atormentarle, encarna tres cualidades que definen una vida que vale la pena: sublevación, pasión y libertad.

Cada vez que regresa al pie de la montaña, se enfrenta a una decisión: rendirse o seguir intentándolo. Sísifo siempre elige lo segundo. Acepta su tarea y se pone a realizar el penoso trabajo de subir la roca montaña arriba. Al menospreciar a los dioses, se convierte en el amo de su propio destino. «La roca es su cosa»,

---

18. Jean-Paul Sartre, *Existentialism and Human Emotions*, Nueva York, Citadel, 1987, p. 49 (Edición en castellano: *El existencialismo es un humanismo*, Barcelona, Edhasa, 2004).

como expone Camus, es lo que da sentido y propósito a su vida. Aunque su tarea pueda parecer inútil, le ha infundido un sentido gracias a la actitud triunfante con la que aborda la misma. «El esfuerzo mismo para llegar a las cimas basta para llenar el corazón de un hombre. Hay que imaginarse a Sísifo dichoso», escribe Camus.

La lucha *en sí misma*. Cuando Camus nos dice que nos imaginemos a Sísifo feliz, no se está refiriendo a la felicidad del sentirse bien. Se está refiriendo al sentimiento de logro y contentamiento que uno consigue cuando se dedica a una labor difícil pero que vale la pena. Camus quiere que veamos que, al igual que Sísifo, podemos vivir nuestra vida plenamente aceptando el esfuerzo con dignidad, aceptando, como dice en sus cuadernos, la «grandeza y la miseria del mundo».

Camus fue fiel a este principio en su propia vida. Mientras trabajaba en *El mito de Sísifo,* en el París de 1940, escribió una carta a un amigo en la que le expresaba su estado mental: «¿Feliz? No hablemos de ello... Pero, aunque mi vida sea complicada, no he dejado de amar. En este momento no existe ninguna distancia entre mi vida y mi trabajo. Hago ambas cosas a la vez y con la misma pasión». Si Tolstói encontró sentido en lo infinito, Camus lo hizo en lo finito, en la tarea diaria de vivir. En el epígrafe de *El mito de Sísifo* hay un verso de Píndaro, el antiguo poeta griego: «Oh, alma mía, no aspires a la vida inmortal, pero agota los límites de lo posible».

En lugar de rendirnos ante el mundo, podemos confrontarlo directamente y con pasión, y crear sentido del sufrimiento, la pérdida y las luchas que afrontamos. «En cuanto a la pregunta sobre cómo podemos vivir sin Dios, Camus tenía tres respuestas: vive, actúa y escribe», escribió el biógrafo de Camus, Olivier Todd.

Del mismo modo que la roca de Sísifo fue la «cosa» que dio sentido a su vida, para Camus su «cosa» fue la escritura. Camus creía que todos necesitamos alguna «cosa», algún proyecto o meta, a la cual dedicar nuestra vida, tanto si se trata de una gran roca como de una pequeña rosa. Veamos el cuento infantil *El principito*,[19] que es una maravillosa expresión de este concepto. El principito vive en un diminuto planeta donde pasa el tiempo cuidando de las plantas y flores de su jardín. «Es un trabajo tedioso, pero muy fácil», nos dice. Un día observa una rosa que está creciendo en su superficie, y que es diferente de todas las otras que había visto en su planeta. El principito se enamora de la rosa, a la que riega con esmero y resguarda del viento. Pero es una flor vanidosa y caprichosa, y al final se cansa de ella, decide abandonar su planeta y explorar el universo.

Inicia la búsqueda del conocimiento y el entendimiento, y ve muchas cosas extrañas durante sus viajes. Tras visitar algunos planetas, acaba llegando a la Tierra, donde encuentra un jardín de rosas. Aunque abandonó a su rosa, todavía se preocupa por ella y ver otras rosas le entristece mucho; él pensaba que *su* rosa era la única flor de ese tipo en el universo, pero ahora descubre que hay cientos como la suya.

Justo cuando toca fondo en su desesperación, aparece un zorro sabio. El zorro le enseña muchas lecciones, pero la más importante es la que respecta a la rosa que dejó atrás. La rosa no es sólo una más, le dice al príncipe, es especial por lo que tú le has dado: «Lo que hace a tu rosa tan importante es el tiempo que tú le has dedicado… Cuando domesticas algo te responsabilizas para siempre de ello. Eres responsable de tu rosa».

Cuando el principito regresa al campo de rosas, recuerda las enseñanzas del zorro y se dirige a ellas: «Sois muy bellas, pero estáis vacías. Nadie moriría por vosotras. Por supuesto, cualquiera que os vea puede pensar que sois iguales que mi rosa. Pero la mía, en sí misma, es más importante que todas vosotras juntas, puesto que es

---

19. Antoine de Saint-Exupéry, *The Little Prince*, traducido por Richard Hough, Boston, Mariner Books, 2000. (Edición en castellano: *El principito*, Valencia, Editorial Alfredo Ortells, 1991.) Las citas no siguen el orden. Primero se conocen el príncipe y el zorro, y el primero domestica al segundo, mientras que el zorro le explica al príncipe por qué es valioso domesticar. Luego le dice al príncipe que, si vuelve a las rosas, comprenderá por qué su primera rosa era especial. Cuando el principito regresa, el zorro le dice que es responsable de todo lo que ha domesticado. Pero el príncipe ya ha aprendido la lección cuando vuelve a ver las rosas.

la que yo he regado. La que he puesto bajo un cristal. La que he salvaguardado detrás de una pantalla. Es a la que le he matado las orugas (a excepción de dos o tres para que salieran mariposas). Puesto que es a la que he escuchado cuando se quejaba, cuando se vanagloriaba o incluso cuando, a veces, guardaba silencio. Puesto que es *mi* rosa».

En otras palabras, era la dedicación de tiempo, energía y cuidados del principito lo que la había hecho especial, y eso hacía que su relación tuviera sentido.

Esto no es una elucubración literaria o filosófica. Los científicos sociales también han descubierto que, cuando ponemos nuestro esfuerzo en hacer algo, solemos valorarlo más; se produce un fenómeno que los psicólogos llaman el «efecto IKEA».[20] Las personas valoran más los muebles que compran en IKEA porque tienen que montarlos, y lo que se puede aplicar a los muebles económicos suecos también podemos aplicarlo al resto de nuestras vidas. Cuando nos dedicamos a tareas difíciles pero que valen la pena, tanto si eso significa cuidar una rosa como perseguir un principio noble, nuestras vidas cobran sentido.

Lo contrario también es cierto, por supuesto. Las partes más importantes de nuestra vida nos exigen trabajo duro y sacrificio. Ésta es una lección que muchos aprendemos de pequeños cuando empezamos a practicar deporte, nos tenemos que esforzar en una asignatura difícil, aprendemos a tocar un instrumento o descubrimos cómo hacer buenos amigos y conservar la relación. Por desgracia, cuando nos hacemos mayores, solemos olvidarnos de la lección. El frenesí de la vida de un adulto hace que buscar soluciones rápidas y fáciles a los problemas complicados de la vida resulte atractivo. Pero para vivir bien hemos de tener presentes las lecciones que aprendimos en nuestra juventud. Sólo afrontando los retos directamente podremos encontrar el verdadero sentido de nuestra vida.

---

20. Michael I. Norton, Daniel Mochon y Dan Ariely, «The "IKEA Effect": When Labor Leads to Love», *Journal of Consumer Psychology* 22, n.º 3, 2012, pp. 453-460.

* * *

Aunque sigamos sin entender el sentido de la vida, todos podemos y debemos encontrar nuestras propias fuentes de sentido en la misma. Ésta es la gran reflexión de los pensadores existencialistas como Camus, y, una década antes de que se publicara *El mito de Sísifo*, Will Durant había llegado a la misma conclusión. Después de leer las respuestas a la carta que envió a sus amigos y compañeros de profesión, descubrió que cada uno encontraba el sentido a su manera. Gandhi escribió que había encontrado el sentido en el servicio «a todo lo que está vivo.» El sacerdote francés Ernest Dimnet lo encontró velando por los intereses ajenos. «¿Me preguntas qué es lo que la vida ha hecho por mí? Pues me ha dado una cuantas oportunidades para salir de mi egoísmo natural y le estoy muy agradecido por ello». El cineasta Carl Laemmle, uno de los fundadores de los Estudios Universal, mencionó a sus hijos: «¿Me preguntas "cuál es mi mayor tesoro"? Creo que se encuentra en mi casi frenético deseo de ver a mis hijos y a los hijos de mis hijos bien cuidados y felices». Owen D. Middleton, que cumplía una condena de cadena perpetua, encontró el sentido, simplemente, formando parte del mundo: «Desconozco a qué gran fin nos conduce el Destino, tampoco me importa demasiado. Mucho antes de que éste llegue, yo habré desempeñado mi papel, recitado mis líneas y fallecido. Lo que a mí me concierne es cómo interpreto ese papel. En el conocimiento de que soy una parte inalienable de este gran y maravilloso movimiento ascendente llamado vida, y de que nada, ni la peste, ni las aflicciones físicas, ni la depresión, tampoco la prisión, pueden arrebatarme mi papel, hallo mi consuelo, mi inspiración y mi tesoro».

En 1930, el año en que el suicida se le acercó a Durant en su jardín, algunas personas más le escribieron expresándole su deseo de acabar con sus vidas. Durant les respondió explicándoles, lo mejor que supo, las razones por las que él creía que la vida valía la pena.

Posteriormente, resumió sus respuestas en una sola frase que se encuentra al final de *On the Meaning of Life*.

Para Durant el sentido surge cuando trascendemos al yo. «Si, como hemos dicho al principio, una cosa tiene sentido sólo por su relación como parte de algo más grande, entonces, aunque no podamos concederle un sentido metafísico y universal a toda forma de vida en general, sí podemos decir de cualquier vida en particular que tiene sentido en relación con algo más grande que ella misma», escribe Durant. Cuanto más conectes con ese algo y contribuyas al mismo, creía el autor, más sentido cobrará tu vida. Para Durant, ese «algo» era el trabajo y la familia.

Algunas de las personas que escribieron a Durant se habían quedado prácticamente sin trabajo a raíz de la Gran Depresión. No eran las únicas que estaban pasando por un mal momento. El paro se disparó durante la Gran Depresión,[21] y especialmente en 1933, subiendo hasta el 25%. Asimismo, el índice de suicidios en Estados Unidos también alcanzó sus niveles más altos hasta entonces. Los investigadores han observado que, a lo largo de la historia, los índices de suicidios suelen aumentar[22] con el desempleo, y es fácil entender[23] por qué: el trabajo es una de las principales fuentes de identidad, valor y propósito para las personas. Les ofrece algo que hacer con su tiempo, les aporta mérito y una oportunidad para contribuir a la sociedad y mantener a sus familias. Cuando las personas pierden su trabajo, no sólo pierden su forma de vida, sino una importante fuente de sentido.

---

21. Gene Smiley, «Great Depression», *Concise Encyclopedia of Economics*, econlib.org/library/Enc/GreatDepression.html.

22. Luo y col., «Impact of Business Cycles on US Suicide Rates, 1928-2007».

23. La conexión entre desempleo y suicidio está bien documentada. Para algunos ejemplos de estudios que han investigado este tema, véase: Glyn Lewis y Andy Sloggett, «Suicide, Deprivation, and Unemployment: Record Linkage Study», *British Medical Journal* 317, n.º 7168, 1998, pp. 1283-1286; Stephen Platt, «Unemployment and Suicidal Behaviour: A Review of the Literature», *Social Science & Medicine* 19, n.º 2, 1984, pp. 93-115; y A. Milner, A. Page y A. D. Lamontagne, «Cause and Effect in Studies on Unemployment, Mental Health and Suicide: A Meta-analytic and Conceptual Review», *Psychological Medicine* 44, n.º 5, 2014, pp. 909-917.

Durant aconsejó a aquellos que creían que sus vidas no eran importantes que buscaran algún trabajo, aunque fuera como ayudantes en una granja a cambio de comida y alojamiento, hasta que encontraran algo mejor. Ser productivo y servir a otros era un primer paso para volver a comprometerse con la vida. «Voltaire dijo que alguna vez se habría quitado la vida de no haber tenido tanto trabajo entre manos», escribe Durant.

En 1988, unos cincuenta años después de que Durant publicara su libro, la revista *Life* emprendió una tarea similar.[24] Los editores escribieron a más de un centenar de personas influyentes de la época, desde el Dalai Lama, Rosa Parks y la doctora Ruth hasta John Updike, Betty Friedan y Richard Nixon, preguntándoles por el sentido de la vida. Los editores de la revista no se enteraron de la existencia del proyecto de Durant hasta que ya estaban en plena tarea de recopilar y editar las respuestas, pero, al igual que éste, descubrieron que los encuestados encontraban sentido en diversas fuentes.

La psicóloga y bióloga celular Joan Borysenko, por ejemplo, contó la historia de una de sus pacientes, que descubrió el sentido de la vida durante una experiencia cercana a la muerte, cuando en su mente se reprodujeron los momentos clave de su pasado como si fuera una película. «Se quedó atónita al ver que sus logros como abogada importaban muy poco; el protagonista de su "recuerdo" fue un encuentro fortuito de hacía años con un adolescente que un día le atendió en la caja del supermercado. Ella notó tristeza en los ojos del joven, le dio una palmadita en la mano y le susurró unas palabras de aliento. Se miraron con empatía olvidando momentáneamente la ilusión de que eran desconocidos y compartieron un instante de conexión profunda», escribió Borysenko. Para la abogada, el sentido estaba salpicado de chispas de amor, compasión y comprensión en la cola de la caja del supermercado.

---

24. David Friend y los editores de *Life*, *The Meaning of Life: Reflections in Words and Pictures on Why We Are Here*, Boston, Little, Brown and Company, 1991.

Jason Gaes, un niño de doce años que padecía cáncer, brindó una emotiva explicación de lo que daba sentido a su vida. «Solía preguntarme por qué Dios me había elegido a mí y me había dado el cáncer. Quizá fuera porque quería que estudiara para médico que cuida de los niños con esta enfermedad, así que, cuando estos me digan "doctor Jason, a veces tengo mucho miedo de morir" o "usted no sabe lo raro que me siento siendo el único niño calvo de la escuela", yo podré decirles: "Oh, sí que lo sé. Cuando era pequeño también tuve cáncer. Y mira qué pelo tengo ahora. Algún día también te volverá a crecer el cabello"», escribió Jason para la revista *Life*. Para Gaes, enfrentarse a la muerte le ayudó a descubrir el propósito de su vida.

La novelista Madeleine L'Engle encontraba sentido narrando historias, tomaba los hilos de la experiencia humana y los tejía en un relato coherente. Evocando a Camus, escribió: «La única certeza es que estamos aquí, en este momento, en este *ahora*. De nosotros depende: vivir plenamente, experimentar cada momento, ser conscientes, estar despiertos y atentos. Estamos aquí, todos y cada uno de nosotros, para escribir nuestra propia historia, y ¡qué fascinantes son nuestras historias!»

El rabino Wolfe Kelman escribió sobre la histórica marcha del movimiento por los derechos civiles desde Selma hasta Montgomery en 1965. Martin Luther King Jr. iba al frente, y cuando el gran grupo se disponía a cruzar el puente Edmund Pettus de Selma entonó una canción. «Con la canción nos sentimos conectados con lo trascendental, lo inefable», escribió Kelman para *Life*. «Sentimos el triunfo y la celebración. Sentimos que las cosas cambian para bien y que nada se queda estancado eternamente. Fue una experiencia espiritual trascendental y entrañable. Las palabras *sentido*, *propósito* y *misión* se quedaban cortas: el sentido era el sentimiento, la canción, el momento de abrumadora plenitud espiritual. Estábamos experimentando lo que [el rabino Abraham Joshua] Heschel denominó el sentido más allá del misterio.»

Cada una de las respuestas a la carta de Durant y a la encuesta de la revista *Life* fueron distintas; reflejaban los valores, experiencias y personalidades únicos de cada uno de los encuestados. Sin embargo, había temas recurrentes. Cuando las personas explicaban qué era lo que daba sentido a sus vidas, describían la conexión y los vínculos con otras personas de formas positivas. Hablaban de hacer algo productivo con su tiempo. Mencionaron la creación de relatos que les ayudaran a entenderse a sí mismos y al mundo. Hablaban de experiencias místicas de pérdida del yo.

Cuando inicié mi investigación para escribir este libro volvieron a salir recurrentemente esos cuatro temas, en mis conversaciones con las personas cuyas vidas tenían sentido y en las que todavía lo estaban buscando. Esas clasificaciones también las mencionaron Aristóteles y los psicólogos que he citado en la introducción, que argumentaron de diversas formas que el sentido surge de nuestras relaciones con los demás, de tener una misión que contribuya a la sociedad, de dar sentido a nuestras experiencias y a nuestra identidad a través de una narrativa y de estar conectados con algo más grande que el yo. También las he podido observar en las recientes investigaciones llevadas a cabo en el campo de las ciencias sociales sobre el sentido de la vida y cómo podemos alcanzarlo. Los he encontrado en las obras de la filosofía, la religión y la cultura popular, en las enseñanzas budistas, en el trascendentalismo americano, en novelas y en películas.

Son los cuatro pilares del sentido: pertenencia, propósito, narrativa y trascendencia.

Laemmle y la paciente de Borysenko, por ejemplo, encontraron el sentido amando a otras personas y conectando con ellas mediante la compasión y la empatía. Para Gandhi, igual que para el joven Jason, vivir con sentido conllevaba hacer algo en el mundo para que otros pudieran vivir mejor. Luego estaba L'Engle, que encontró el sentido interpretando la vida como una historia, mientras que el rabino Kelman y Middleton lo hallaron perdiéndose en algo más grande, ya fuera una realidad espiritual o el misterio del propio mundo tangible.

Estos pilares son básicos para los sistemas religiosos y espirituales, y son las razones por las que históricamente esas tradiciones han conferido (y siguen haciéndolo hoy en día) sentido a la vida de las personas. Las sitúan dentro de una comunidad. Les dan un propósito para trabajar en algo, como ir al cielo, acercarse a Dios o servir a los demás. Les ofrecen una explicación de por qué el mundo es como es y de por qué ellas son como son. Y les aportan oportunidades para experimentar la trascendencia a través de rituales y ceremonias. Cada uno de estos pilares estaba presente en la vida de los sufíes que yo conocí, que es la razón por la que sus vidas tenían tanto sentido.

Pero la belleza de estos pilares es que están al alcance de todos. Tanto las personas religiosas como las ateas pueden construir estos pilares en sus vidas. Son fuentes de sentido que se encuentran en todos los aspectos de nuestra existencia. Podemos experimentar la pertenencia en nuestro trabajo y familia, o experimentarla mientras estamos dando un paseo por un parque o visitando un museo de arte. Podemos elegir una carrera en la que tengamos la oportunidad de servir a los demás o escribir la historia de nuestra vida para entender cómo hemos llegado a ser tal como somos. Puede que vayamos de una ciudad a otra, que cambiemos de trabajo y que, con el paso de los años, perdamos el contacto con nuestros amigos, pero podemos seguir encontrando sentido cultivando los pilares de otras formas bajo nuestras nuevas circunstancias. Y si tenemos presentes los pilares encontraremos sentido en los lugares más inesperados, tanto si es de camino al trabajo como dentro de una prisión, en la cima de una montaña de Texas o en una isla de la bahía de Chesapeake.

2
La pertenencia

En la isla Tangier,[1] en Virginia, hay tumbas dondequiera que vayas. Hay tumbas en los jardines traseros y delanteros de las casitas de la isla, donde la gente entierra a sus seres queridos que han fallecido. Hay cementerios cerca de la playa, junto a la iglesia, a la sombra de la torre de color azul claro del agua, y se acercan a las callejuelas, sus lápidas se acumulan unas junto a otras. Y luego está el viejo cementerio de la isla, que ahora se encuentra a quince metros bajo el agua. Durante las tormentas fuertes, salen a la superficie los esqueletos y los restos de los ataúdes.

A diferencia de las comunidades urbanas y suburbanas, donde los cementerios están marginalizados, en Tangier éstos necesariamente forman parte de la vida cotidiana. Son un recordatorio constante del pasado. Para los casi quinientos residentes de esta diminuta isla, así es como ha de ser. Según ellos, su comunidad incluye no sólo a los vivos, sino también a los muertos. Muchos de los isleños actuales pueden identificar su linaje hasta los primeros pobladores de Tangier en el siglo XVIII. Muchos todavía llevan los apellidos de sus antepasados: Crockett, Pruitt, Park, Thomas.

---

1. He estado una par de veces en Tangier: el 27 de mayo de 2013 y el 15 y 16 de noviembre de 2014. En este escrito concentro ambas experiencias en una sola. Entrevisté a Edward Pruitt el 8 de septiembre de 2015. Para escribir sobre Tangier también recurrí a estas fuentes: Kirk Mariner, *God's Island: The History of Tangier*, New Church, Virginia, Miona Publications, 1999; Kate Kilpatrick, «Treasured Island», *Aljazeera America*, 11 de mayo de 2014; «As Bones of Tangier Island's Past Resurface, Chesapeake Bay Islanders Fret about Their Future», Associated Press, 23 de abril de 2013; y Harold G. Wheatley, «This Is My Island, Tangier», *National Geographic*, noviembre de 1973.

Tangier se encuentra situada en medio de la bahía de Chesapeake y está a una hora de ferry tanto desde la costa de Virginia como de la de Maryland. Tiene sólo 3,2 kilómetros cuadrados, es poco más que un banco de arena que emerge del agua, y su puerto está rodeado por un laberinto de muelles donde los marineros de la isla amarran sus barcos de pesca. En los muelles hay casetas destartaladas con las trampas para cangrejos de alambre o «cazuelas», como las llaman los pescadores, amontonadas desordenadamente en el exterior. Tangier, considerada la capital mundial del cangrejo azul de caparazón blando, es también una de las últimas comunidades de estas características.

La iglesia metodista Swain Memorial es el centro espiritual físico y comunitario de Tangier. Los domingos por la mañana, hileras de cochecitos de golf, el principal medio de transporte de la isla, se alinean fuera del edificio de listones blancos. La congregación, que ha ido disminuyendo con el tiempo, sigue siendo muy activa y llena la mitad de los bancos de la iglesia. Fui a un servicio para intentar hacerme una idea de cómo era la comunidad en acción, y la mañana que estuve allí el servicio empezó recordando a los que hacía poco que les habían dejado: el predicador habló del «primer cumpleaños en el cielo» de un antiguo parroquiano e invitó a los presentes a recordar a los seres queridos que ya no estaban con ellos. Todos se llamaban por su nombre de pila, igual que cuando se referían a los difuntos.

El servicio fue íntimo, se parecía más a una reunión familiar que a un servicio religioso. Como observadora, me sentía un poco cohibida y fuera de lugar. Al final, intenté salir de la iglesia sin llamar la atención. Pero, antes de que pudiera hacerlo, se me acercaron media docena de personas y formaron una cola. Todas ellas extendieron el brazo para darme la mano.

—Usted debe de alojarse en el Bay View —me dijo una mujer—. Estamos encantados de tenerla entre nosotros en Tangier.

Los extranjeros no pasan desapercibidos en Tangier. Tampoco se marchan sin que les hayan dado la bienvenida.

—Somos como una gran familia. Cuando alguien sufre una pérdida, todos sufrimos con esa persona. Cuando alguien celebra algo, también lo celebramos juntos. Cuando hay una recolecta de fondos, todos asistimos. Cuando hay una fiesta para entregarle los regalos a una novia, todos contribuimos. Aunque sea sólo con veinte dólares, pero todos colaboramos. Para los que residimos aquí es inconcebible que en tierra firme la gente tenga vecinos que ni siquiera sabe cómo se llaman. Somos 480 personas en esta isla y nos conocemos todos —dijo Peggy Gordy, una residente de toda la vida.

Los congregantes hablaban con un acento lírico único de la gente de Tangier. Aunque en el transcurso del tiempo los viajeros han atribuido su acento a los últimos vestigios de la Inglaterra isabelina, la explicación más probable es sencilla: aislados físicamente del mundo, la idiosincrasia de las tradiciones populares de Tangier ha podido sobrevivir a las homogeneizadoras mareas lingüísticas y culturales.

Pero, a pesar de lo aislado que pueda estar Tangier, las fuerzas culturales y económicas han desembarcado en sus orillas en los últimos años. La distancia entre la isla y tierra firme es mucho más fácil de salvar actualmente que en el pasado, gracias, en gran parte, a la reciente introducción de Internet sin cable y a la expansión de la televisión vía satélite. La influencia de los medios no sólo expone a los isleños a nuevas ideas, sino que también les aporta otra visión de lo que es vivir bien. Las nuevas generaciones ven en la televisión que las personas van a centros comerciales y se desplazan en sus coches y aunque adoran Tangier, llegan a la conclusión de que ése es el tipo de vida que desean. Para bien o para mal, Tangier está entrando en la era moderna.

La economía tampoco está a favor de la isla. Su principal industria es la pesca y la captura del cangrejo. Pero el estado de Virginia ha puesto el veto a las licencias de pesca y dictado leyes sobre los límites de pesca, para conservar las especies de peces y cangrejos, lo que hace prácticamente imposible que los aspirantes a pescadores entren en el negocio.

—Los jóvenes no pueden conseguir licencias de pesca de cangrejo a menos que se jubile algún pescador —me dijo el alcalde de Tangier, James «Ooker» Eskridge.

Así que se marchan. Los jóvenes que se gradúan en el instituto suelen encontrar trabajo en los remolcadores de los puertos de grandes ciudades como Baltimore, mientras que muchas de las jóvenes van a la universidad. Pocos vuelven a casa. Antes, las personas que se habían criado en Tangier vivían toda su vida en la isla. Pero, cada año que pasa, eso es menos frecuente. Hace cincuenta años había unos 900 residentes y más de 100 estudiantes en la única escuela de enseñanza primaria y secundaria de la isla. En la actualidad hay menos de 500 isleños y sólo 60 alumnos de primaria.

A Tangier se le llama «la isla que desaparece»» debido a que la erosión se ha engullido casi 8 metros de orilla en los últimos años. Pero también está desapareciendo de otro modo. Su comunidad, es decir, su gente y su forma de vida, están desapareciendo lentamente.

Edward Pruitt es uno de los que se marcharon, pero en 2013 regresó para el Día de los Caídos. Esta fecha es un día muy señalado en Tangier, puesto que los residentes se reúnen para recordar a los isleños que sirvieron a su país (y murieron por él) y celebrarlo. Esa mañana ondeaban banderas estadounidenses por sus estrechas callejuelas. Había personas que ofrecían limonada en vasos de papel a los transeúntes. Unos cuantos niños vestidos de rojo, blanco y azul se abrían paso entre la multitud que se había congregado delante de la iglesia metodista Swain Memorial. Pruitt, un suboficial de la marina de treinta y dos años, que acababa de regresar de una misión en Oriente Próximo, estaba de pie en el porche de la iglesia con su uniforme blanco y gorra de marino, mirando los rostros de cientos de vecinos y amigos. Por lo visto, se habían congregado allí para escucharle.

La charla de Edward trató sobre la importancia de la comunidad. Cuando se estaba preparando para ir a la universidad, la bibliotecaria de su escuela, que ahora es la directora, le dio un consejo. Le dijo que no tuviera miedo de decirle a la gente que era de una isla y que no ocultara que era de Tangier. Por su acento, sabrían que era de algún lugar peculiar; y que, cuando le preguntaran cómo era ese lugar, les dijera orgulloso que la isla de Tangier era un lugar especial.

«No te avergüences de donde eres, porque es un lugar único que merece que se hable de él», recuerda que le dijo.

A Edward le costó un poco asimilar totalmente su consejo. Se marchó de Tangier en 1998, para ingresar en la Universidad Christopher Newport de Newport News, Virginia, que se encuentra a tres horas de viaje de la isla. Era la primera vez que salía de casa y no le resultó fácil hacer esa transición. Newport News era enorme en comparación con su isla y no estaba acostumbrado a tener tantas opciones ni tanta libertad.

—En Tangier sólo hay una tienda de comestibles. Fuera, hay un millón —dijo Edward.

Pero lo que más le costó fue aprender a hacer amigos. De pequeño conocía a todos los niños de la isla, eran como sus hermanos y hermanas. La escuela era un lugar acogedor donde se sentía respaldado. En su curso había siete alumnos, puesto que todos los niños de la isla van a la misma escuela, tenía los mismos profesores en secundaria que cuando iba a párvulos.

—Es como crecer en una familia extensa —dijo.

Pero, por maravillosa que fuera esa comunidad tan unida, tenía un grave defecto: cuando Edward fue a la universidad, no tenía demasiada experiencia en conocer personas nuevas.

—Era tímido y me avergonzaba de mi acento porque la mayoría de los compañeros empezaron a hacer bromas por mi forma de hablar.

Edward conoció a algunas personas en su primer año a través de su compañero de habitación, otro joven de Tangier, que le llevaba un par de cursos de ventaja, pero en realidad no conectó con ellas. Así que, de vez en cuando a Edward le daba «el bajón de la universidad», utilizando sus propias palabras, se sentía solo. Echaba de menos a sus amigos y a su familia. Añoraba Tangier.

En Tangier, explicaba Edward, siempre podías encontrar a alguien con quien pasar el rato. Por las tardes, los jóvenes se congregaban en el chiringuito de pescado que se llamaba Lorraine's o en la heladería Spanky's. Una vez allí, no hacían demasiado. Comían algo, se ponían al día de sus cosas y quizá más tarde, por la noche, paseaban por la isla. En la universidad, sin embargo, no existía un equivalente del Lorraine's o Spanky's, no tenía ninguna comunidad de siempre con la que pudiera sentirse cómodo.

—No eres consciente de lo importantes que son esas interacciones diarias hasta que no las tienes. Son esas conversaciones triviales que no tienen mucho sentido, las cosas de cada día, no las importantes, lo que se echa de menos. Es lo mismo que con las conversaciones que tienes cada mañana en la escuela con la misma gente. En la universidad todo eso desapareció y no sabía cómo llenar ese vacío.

Edward no desarrolló la habilidad de hacer amigos hasta que entró en la marina después de licenciarse.

—En la marina conoces gente te guste o no. Al trasladarte cada dos años, te ves obligado a iniciar nuevas relaciones constantemente.

A medida que Edward se fue haciendo mayor, ya no se sentía tan cohibido como cuando dejó su hogar por primera vez.

—Muchas personas que abandonan Tangier corrigen su acento y procuran no llamar la atención. Pero cuando terminé los estudios me di cuenta de que era una buena forma de iniciar una conversación y de romper el hielo con alguien. Te oyen hablar y te preguntan de dónde eres. Algunas personas creen que eres del sur, australiano o inglés. Entonces has de explicar que eres de una isla y empiezas a hablar de tu ciudad natal, y así se inicia una conversación. Los demás, a su vez, te hablarán de su ciudad natal, y a raíz de eso se puede entablar una amistad.

Los amigos más íntimos de Edward son de Tangier, pero se ha integrado en otras comunidades aparte de su pequeña isla. Ahora hace más de una década que está en la marina y tiene muchos y buenos amigos en ella.

—Los lazos que se crean en un barco no se pueden comparar con nada. Entiendes lo que cada uno ha dejado atrás y la dificultad de estar desplazado, pero estás con esas personas para cumplir una misión.

Debido a la experiencia que compartieron, cuando ve a compañeros de misiones anteriores siente un estrecho vínculo con ellos, aunque en el barco no fueran buenos amigos.

En 2009, se enamoró de una mujer de Iowa. Su relación ha pasado por etapas difíciles; al cabo de unas semanas de haberse comprometido en 2010, fue destinado un año a Irak. Pero, aunque les separaba medio mundo, Katie y él hablaban casi a diario. Edward dijo que eran esas conversaciones las que le ayudaban a soportar la lejanía. Se casaron en 2011. Ahora viven en Norfolk, Virginia, donde se conocieron, y tienen una niña de tres años a la que han llamado Laura.

Edward visita Tangier cada cinco o seis semanas, aunque no cree que vuelva a vivir allí. Sin embargo, dijo, «siempre es bueno estar en casa».

Todos necesitamos sentirnos comprendidos, reconocidos y afirmados por nuestros amigos, familiares y parejas sentimentales. Todos necesitamos dar y recibir afecto. Todos necesitamos encontrar nuestra tribu. En otras palabras, todos necesitamos sentir que pertenecemos a algún lugar.

Las investigaciones han demostrado que, entre los beneficios de estar integrado en un grupo o en una relación, el sentido de pertenencia es la fuente de sentido más importante.[2] Cuando la gente se siente integrada en algún lugar, según los psicólogos, se debe a que se han cumplido dos condiciones.[3] En primer lugar, que tienen relaciones con otras personas en las que se cuidan mutuamente: cada persona se siente amada y valorada por la otra, como le sucedió a Edward cuando Katie le llamó regularmente mientras estuvo destinado en el extranjero. Cuando otras personas consideran que eres importante y te tratan como corresponde, tú también te consideras importante. Segundo, suelen tener interacciones agradables frecuentes con otras personas. Esos momentos pueden ser alegres y divertidos, como cuando juegan un padre y un hijo, o algo más neutro emocionalmente, cuando una pareja ve la televisión. Pero la clave se encuentra en que se producen regularmente y no son negativas. Cuando Edward vivía en Tangier, veía a sus amigos y hablaba con ellos cada día en la escuela o en cualquier lugar de la isla. En la universidad tenía menos interacciones de ese tipo, que es la razón por la que se sentía solo.

Aunque todos necesitamos pertenecer a algún lugar, en las primeras décadas del siglo xx muchos psicólogos y médicos influyentes, los guardianes del cuerpo y de la mente, no reconocían este aspecto fundamental de la naturaleza humana.[4] La idea de que los niños necesitaban el amor y los cuidados parentales

2. Nathaniel M. Lambert, Tyler F. Stillman, Joshua A. Hicks, Shanmukh Kamble, Roy F. Baumeister y Frank D. Fincham, «To Belong Is to Matter: Sense of Belonging Enhances Meaning in Life», *Personality and Social Psychology Bulletin* 39, n.º 11, 2013, pp. 1418-1427.

3. Roy F. Baumeister y Mark R. Leary, «The Need to Belong: Desire for Interpersonal Attachments as a Fundamental Human Motivation», *Psychological Bulletin* 117, n.º 3, 1995, pp. 497-529.

4. El material de esta sección es de Deborah Blum, *Love at Goon Park: Harry Harlow and the Science of Affection*, Nueva York, Basic Books, 2011, pp. 31-60; Robert Karen, *Becoming Attached: First Relationships and How They Shape Our Capacity to Love*, Oxford, Oxford University Press, 1998, pp. 13-25; y René Spitz, *Grief: A Peril in Infancy*, a 1947 video, canal-u.tv/video/cerimes/absence_maternelle_et_traumatisme_de_l_enfance.10347. Para más información sobre *Psychological Care of Infant and Child* de John Watson, véase Ann Hulbert, «He Was an Author Only a Mother Could Love», *Los Angeles Times*, 11 de mayo de 2003.

para que su vida tuviera sentido y se desarrollara con normalidad no sólo se consideraba peligrosa médicamente, sino que era considerada inmoral y sensiblera. Pero el fruto de sus investigaciones reveló lo fundamental que es para nosotros sentir la pertenencia desde nuestros primeros momentos en la Tierra.

La desconfianza de los médicos en el cuidado parental fue una respuesta natural al horripilante hecho de que había una elevada tasa de mortalidad infantil. Desde 1850 hasta 1900, más de una cuarta parte de los niños que nacían en Estados Unidos morían antes de cumplir los cinco años. Sin embargo, gracias al revolucionario trabajo de científicos cono Louis Pasteur, los médicos empezaron a entender que diminutos patógenos eran los causantes de ciertas enfermedades, idea que se conoció como «teoría de los gérmenes». Los profesionales de la medicina «no acababan de entender cómo se propagaban esas infecciones invisibles, pero su respuesta lógica fue dificultar que esos gérmenes se contagiaran de una persona a otra», explica la escritora científica Deborah Blum. Los médicos crearon entornos antisépticos en las salas de los hospitales infantiles, donde «enfermeras con mascarillas, cabezas cubiertas y bien desinfectadas se movían con cautela para no esparcir las bacterias. Las visitas de los padres estaban totalmente prohibidas y los niños tenían un contacto mínimo con sus cuidadores», escribió un pediatra neoyorquino en 1942. También se aconsejaba a los padres que controlaran la cantidad de afecto que dispensaban a sus hijos en casa. Besos, caricias y abrazos, todo ello eran formas en que se podía contagiar la enfermedad y, por consiguiente, se les recomendaba que dejaran de proporcionárselas por la salud de sus hijos.

Entretanto, la psicología conductista empezaba a ponerse de moda y los psicólogos académicos empezaron a concentrarse en la educación de los hijos. En 1928, John B. Watson, expresidente de la Asociación Americana de Psicología y fundador del conductismo, publicó un nuevo libro importante titulado *El cuidado psicológico del niño pequeño*. En él, Watson advertía contra los «peligros del exceso de amor materno». «Excederse afectuosamente con un niño destrozará su carácter, ya que se estará fomentando la debilidad, la desconfianza, los miedos, la cautela y la inferioridad», escribió. Conductas que actualmente nos parecen normales, como abrazar, besar o dejar que el niño o la niña se siente en tu falda, fueron duramente criticadas por Watson tachándolas de «sensibleras». Tan destructivo consideraba Watson el amor parental, que «soñaba con una granja de bebés donde criar a cientos de ellos alejados de sus padres y educarles de acuerdo con los principios científicos», escribe Blum.

La gente se tomó en serio las ideas de Watson. Su libro se convirtió en un superventas y recibió muy buenas críticas de la prensa. Pero lo que no mencionaba Watson en su libro era que ya existían lugares parecidos a esas granjas de bebés. Se trataba de las inclusas, u orfanatos. A principios del siglo XX, el índice de mortalidad de los niños de los orfanatos se acercaba al 100%, es decir, casi cada niño que era abandonado en la inclusa moría al año o a los dos años. Para proteger a los bebés de los agentes patógenos que estaban convencidos que eran los que provocaban sus muertes prematuras, las cuidadoras con mente científica crearon unas condiciones de limpieza y esterilidad extremas, el mismo tipo de condiciones que los médicos estaban introduciendo en los hospitales y que la comunidad médica estaba inculcando a los padres para que las introdujeran en sus hogares. Las cuidadoras de los orfanatos aislaban a los niños de todo contacto humano. Separaron las camas de los niños, cubrieron sus cunas con mosquiteras y sólo los tocaban cuando era absolutamente necesario, que era como decir prácticamente nunca.

Los niños que se encontraban en esos entornos mejoraron. Pero, aunque los orfanatos y hospitales habían tomado esas drásticas medidas, muchos bebés todavía enfermaban y morían inexplicablemente. Estaban bien alimentados, en un buen lugar y lo más protegidos posibles de las enfermedades; sin embargo, seguían desarrollando infecciones y fiebres que no desaparecían. ¿Qué estaba pasando?[5]

Entonces fue cuando René Spitz entró en escena. En 1945, Spitz publicó los resultados de un estudio muy importante sobre el papel esencial del amor en el desarrollo saludable de los niños.[6] Spitz, que había llegado a Estados Unidos desde Europa huyendo de los nazis, no sólo era un pionero en este campo de investigación, sino que era un renegado. En el estudio que dirigió comparó a dos grupos de niños desvalidos, bebés que vivían en un orfanato despersonalizado y bebés que estaban en el jardín de infancia de una prisión del norte del estado de Nueva York, donde sus madres estaban encarceladas.

Los niños del orfanato, todos menores de tres años, estaban en un estado que Spitz denominó «confinamiento solitario». Donde se tomaban todas las precauciones para evitar el contagio de los gérme-

---

5. Un grupo de médicos y psicólogos reconoció la necesidad de afecto que tenían los niños. Uno de ellos era el pediatra Harry Bakwin, director de la unidad de pediatría del Hospital Bellevue de Nueva York en la década de 1930, donde introdujo algunos cambios que tuvieron espectaculares consecuencias sobre la salud de los bebés a su cargo. Puso carteles en lo que incitaba a dar afecto: «No entres en esta sección sin coger a un bebé en tus brazos», ponía en uno (véase Karen, *Becoming Attached*, 20), y bajo su dirección de la unidad, «a las enfermeras se las animaba a que hicieran de madres y abrazaran a los bebés, que les cogieran en brazos y jugaran con ellos, y los padres podían visitarlos. Los resultados de este cambio de orientación fueron espectaculares: a pesar de existir un mayor riesgo de infección, el índice de mortalidad de los bebés menores de un año descendió rápidamente del 30 o 35% a menos del 10%», citado en Frank C. P. van der Horst y René van der Veer, «Loneliness in Infancy: Harry Harlow, John Bowlby and Issues of Separation», *Integrative Psychological and Behavioral Science* 42, n.º 4, 2008, pp. 325-335. Todavía tendrían que pasar muchos años hasta que las ideas de Bakwin fueran aceptadas por la mayoría. Y que eso se consiguiera fue en gran parte gracias a René Spitz.

6. Véase René A. Spitz, «Hospitalism: An Inquiry into the Genesis of Psychiatric Conditions in Early Childhood», *The Psychoanalytic Study of the Child* 1, 1944, pp. 53-74; y René A. Spitz, «Hospitalism: A Follow-up Report», *The Psychoanalytic Study of the Child* 2, 1946, pp. 113-117. Como explica Karen en *Becoming Attached*, la metodología de Spitz en este estudio fue fallida, como lo fue la mayor parte de la metodología de la investigación psicológica de aquellos tiempos, pero investigaciones posteriores de personas como John Bowlby y Harry Harlow confirmaron los efectos negativos sobre los bebés de la falta de cuidados y de afecto.

nes. Con sábanas que separaban las cunas y cuidadoras con guantes y mascarillas, que rara vez tocaban a los niños.

La guardería de la prisión era todo lo contrario. Los niños podían jugar libremente entre ellos y saltar a la cuna de sus compañeros. Había juguetes por todas partes. Y lo más importante: a las madres se les permitía pasar tiempo con sus hijos en la guardería, jugaban con ellos a menudo y los consolaban.

A diferencia del orfanato, la guardería era caótica, el lugar perfecto para la incubación de enfermedades. Pero cuando Spitz comparó los índices de mortalidad de los niños de cada grupo se quedó atónito: de los 88 niños del orfanato, donde se evitaba el contacto humano, 23 habían muerto al finalizar el estudio, mientras que no había fallecido ninguno de los de la guardería de la prisión.

Este hallazgo acabó con la idea de que los niños de los orfanatos morían simplemente porque estaban expuestos a los gérmenes. Spitz, por el contrario, arguyó que morían por falta de amor, que era lo que ponía en riesgo su salud. Probablemente, también había otros factores en juego, como la falta de estímulos en su entorno, pero lo que era innegable es que los niños que estudió Spitz no tenían una persona de referencia en sus vidas con la cual crear un vínculo estrecho y duradero; alguien en cuya compañía se sintieran a gusto, a salvo, aceptados, bienvenidos y bien cuidados. Les privaban de sentir ningún tipo de pertenencia. A raíz de ello, languidecían y sufrían.

En 1947, durante una reunión en la Academia de Medicina de Nueva York, Spitz enseñó a sus colegas unas filmaciones de los niños con empobrecimiento psicológico del orfanato anónimo que había estudiado.[7] La cruda y desagradable película en blanco y negro se llamaba *Tristeza: un peligro para la infancia*. En la filmación aparecían carteles con títulos o explicaciones, en uno de los primeros po-

---

7. Puede ver este descorazonador vídeo en Internet: canal-u.tv/video/cerimes/absence_maternelle_ et_ traumatisme_de_l_enfance.10347.

nía: «Durante la primera infancia, la suma total de las relaciones humanas del bebé recae sobre la figura de la madre o de su sustituta». Entonces, los colegas de Spitz vieron a una niña llamada Jane, que acababa de ser abandonada por su madre en la inclusa. Al principio, se la veía feliz y llena de vida. Cuando Spitz se acercó a ella en su cuna sonriendo y jugando, le devolvió la sonrisa y se rió alegremente.

Luego había un corte en la película y volvía a enfocar a la niña una semana más tarde. Se había convertido en un bebé totalmente distinto, con una mirada perdida y depresiva en su rostro. Cuando una de las cuidadoras se acercó a su cuna para jugar con ella, como había hecho Spitz una semana antes, Jane la miró y empezó a llorar. Cuando se acercó Spitz para intentar consolarla, parecía inconsolable. Durante los tres meses que duró la observación, se veía a Jane en un estado de tristeza, gimiendo con lágrimas en los ojos.

Los otros niños también sufrían. Cuando ingresaban en el orfanato sonreían, jugaban y exploraban el mundo que les rodeaba, eran bebés normales. Pero, al cabo de un tiempo de estar en el orfanato, cambiaba su personalidad. Se quedaban con los ojos en blanco. Parecían asustados y preocupados. Una bebé temblaba en su cuna como si estuviera padeciendo un ataque psicótico. Otro evitaba el contacto ocular con la cuidadora que intentaba jugar con ella, escondiendo la cara en su cuna. Los bebés, en lugar de llorar, emitían un «fino gemido».

Spitz les dijo que estos bebés estaban desesperados. Era como si se estuvieran rindiendo a la muerte. Los que murieron prematuramente, seguramente se debió a que se les había roto el corazón. Las investigaciones modernas nos explican la razón: los científicos han observado que la soledad crónica deprime el sistema inmunitario y acelera la muerte.[8] Los bebés que sobrevivieron tuvieron problemas físicos y psicológicos. Eran más pequeños, más inseguros y estaban

---

8. John T. Cacioppo y William Patrick, *Loneliness: Human Nature and the Need for Social Connection*, Nueva York, W. W. Norton & Company, 2008.

socialmente más inadaptados que los que se habían criado en la guardería de la prisión.

A medida que la película iba avanzando, en otro cartel se podía leer: «La solución: devolver el bebé a su madre». Entonces volvía a aparecer Jane, esta vez, después de haberse reencontrado con su madre. La niña volvía a ser la bebé feliz de los primeros días. En lugar de rechazar el afecto del investigador cuando se puso a llorar, lo agradeció, meciéndose y sonriendo en los brazos de una cuidadora. Pero los psicólogos y los médicos que vieron el vídeo sabían que Jane era una excepción, no la regla. La mayoría de los niños de los orfanatos jamás recibirían ningún cuidado que se asemejara a los que podrían recibir de sus padres.

La película era desoladora e impactante. Consiguió hacer llorar al menos a uno de sus inconmovibles colegas. También sirvió para iniciar un cambio en la comprensión de los psicólogos sobre la naturaleza humana. Con el tiempo, a raíz de estudios como el de Spitz, los psicólogos empezaron a examinar y a afirmar la importancia vital del apego en las primeras etapas de la vida. Descubrieron que las personas, tanto jóvenes como mayores, necesitaban algo más que alimento y cobijo para vivir con plenitud y salud. Necesitan amor y cuidados. Necesitan pertenecer a alguien.

La forma en la que satisfacemos nuestra necesidad de pertenencia se va transformando con el paso de los años. En nuestros primeros días, el amor de un cuidador es esencial; a medida que vamos creciendo, experimentamos pertenencia en las relaciones con los amigos, la familia, las parejas sentimentales. Sin embargo, la esencia es la misma, es la importancia vital que tienen estos vínculos.

Pero, desgraciadamente, muchas personas carecen de los mismos. En una época en la que estamos más conectados digitalmente que nunca, los índices de aislamiento social van en aumento. Casi el 20% de las personas consideran que la soledad es una de las «principales fuentes de infelicidad en su vida», y un tercio de los estadounidenses de 45 años o más confiesan sentirse solos.[9] En 1985, cuando la General Social Survey[10] ['Encuesta General Social'] preguntó a los estadounidenses con cuántas personas habían hablado de temas importantes en los últimos seis meses, la respuesta más habitual fue tres.[11] Cuando se volvió a realizar la encuesta en 2004, la más habitual fue cero.

Estas cifras revelan algo más que un aumento del sentimiento de soledad; revelan una falta de sentido en la vida de las personas. En las encuestas citamos las relaciones como nuestra principal fuente de sentido.[12] Y las investigaciones demuestran que las personas que padecen soledad y aislamiento creen que sus vidas tienen menos sentido.[13]

Émile Durkheim, el padre de la sociología, murió hace cien años, pero sus reflexiones sobre el aislamiento social y el sentido son ahora más pertinentes que nunca. En su estudio pionero *Suicidio* (1897),

---

9. Cacioppo y Patrick, *Loneliness,* 5.

10. «Loneliness among Older Adults: A National Survey of Adults 45+», informe elaborado por Knowledge Networks e Insight Policy Research para *AARP: The Magazine,* septiembre de 2010.

11. Preguntaron concretamente con cuántas personas habían hablado de temas importantes los participantes en los últimos seis meses. Miller McPherson, Lynn Smith-Lovin y Matthew E. Brashears, «Social Isolation in America: Changes in Core Discussion Networks over Two Decades», *American Sociological Review* 71, n.º 3, 2006, pp. 353-375. Los investigadores creen que los datos podrían estar exagerando el aumento de aislamiento social, pero, aun así, posteriormente descubrieron que se había producido «un 70% de aumento en el aislamiento social desde 1985 hasta 2004», citado en McPherson, Smith-Lovin y Brashears, «Models and Marginals: Using Survey Evidence to Study Social Networks», *American Sociological Review* 74, n.º 4, 2009, pp. 670-681. Algunos investigadores se han cuestionado el grado de aislamiento hallado por McPherson y sus colaboradores, pero, en general, las fuentes coinciden en que se está perdiendo la sociabilidad. Véase Robert D. Putnam, *Bowling Alone: The Collapse and Revival of American Community,* Nueva York, Simon & Schuster, 2000.

12. Véase Nathaniel M. Lambert, Tyler F. Stillman, Roy F. Baumeister, Frank D. Fincham, Joshua A. Hicks y Steven M. Graham, «Family as a Salient Source of Meaning in Young Adulthood», *The Journal of Positive Psychology* 5, n.º 5, 2010, pp. 367-376; Peter Ebersole, «Types and Depth of Written Life Meanings», en Paul T. P. Wong y Prem S. Fry (editores), *The Human Quest for Meaning: A Handbook of Psychological Research and Clinical Applications,* Mahwah, Nueva Jersey, Lawrence Erlbaum Associates, Publishers, 1998; y Dominique Louis Debats, «Sources of Meaning: An Investigation of Significant Commitments in Life», *Journal of Humanistic Psychology* 39, n.º 4, 1999, pp. 30-57.

13. Véase Tyler F. Stillman, Roy F. Baumeister, Nathaniel M. Lambert, A. Will Crescioni, C. Nathan DeWall y Frank D. Fincham, «Alone and Without Purpose: Life Loses Meaning Following Social Exclusion», *Journal of Experimental Social Psychology* 45, n.º 4, 2009, pp. 686-694.

Durkheim investigó la razón por la que las personas se quitaban la vida.[14] «¿Por qué algunas sociedades europeas tienen índices de suicidio más altos que otras?», se preguntaba. Para responder a esa pregunta, estudió la relación entre el suicidio y las variables como el matrimonio, los niveles de educación y la orientación religiosa. Descubrió que el suicidio no era sólo un fenómeno individual que se producía como consecuencia de los problemas personales de la gente, sino que también era un problema social.

Aquí en Occidente, consideramos que el individualismo y la libertad son esenciales para vivir bien. Pero la investigación empírica de Durkheim reveló un cuadro más complejo. Observó que las personas tenían mayor tendencia a quitarse la vida cuando se sentían alienadas de sus comunidades y estaban libres de las restricciones sociales que éstas les imponen. En los lugares donde se sobrevalora el individualismo, en los que las personas son excesivamente autosuficientes, que se parecen mucho a Estados Unidos, Canadá y la Europa del siglo XXI, las personas no florecen en esos entornos, pero el suicidio sí.

Durkheim revisó las estadísticas de una serie de países europeos —incluidos Francia, Suecia, Austria e Italia— para examinar cómo se «integraban» las personas en sus distintas redes sociales. Cuando examinó la familia, comprobó que había más suicidios entre las personas solteras que entre las casadas y entre las personas que no tenían hijos que entre las que los tenían. En el ámbito religioso, observó que los protestantes se suicidaban más que los católicos y los judíos, que vivían en comunidades más unidas y tenían más obligaciones religiosas. La educación también estaba relacionada con el suicidio. Las personas cultas, como los protestantes que estudió, solían abandonar su hogar para estudiar o trabajar, y gracias a su educación también era más probable que se cuestionaran los valores tradicionales. Ir contracorriente puede hacer que las personas se sientan solas, mientras que estar integrado en

---

14. Émile Durkheim, *Suicide: A Study in Sociology*, Nueva York, Free Press, 1971 (Edición en castellano: *El suicidio*, Madrid, Editorial Losada, 2004).

una comunidad puede compensar estos efectos. Los judíos que estudió Durkheim, por ejemplo, eran muy cultos, pero sus fuertes vínculos y creencias tradicionales les protegían contra el suicidio.

Entretanto, los factores que unían a las personas y les imponían más obligaciones, como vivir en un país en guerra o tener una gran familia, estaban asociados a índices más bajos de suicidios. Sin las restricciones y las tradiciones de la comunidad, arguyó Durkheim, la sociedad delega en un estado sin normas ni propósitos que él llamó *anomia*, donde las personas han perdido el rumbo y están desesperadas.

Recientes investigaciones empíricas confirman los descubrimientos de Durkheim. En el primer capítulo he hablado de un estudio de Shigehiro Oishi y Ed Diener,[15] que demostraba que los países ricos tienen índices de suicidio más altos que los pobres, y que sus habitantes tenían la tendencia a considerar que sus vidas carecían de sentido, pero no he explicado la razón. Además de preguntar a los participantes sobre el sentido de la vida, los investigadores también recopilaron información demográfica y social de cada país sobre religiosidad, educación, fertilidad e individualismo. Cuando revisaron los datos se dieron cuenta de que Durkheim tenía razón. En los países más ricos, las personas más cultas e individualistas tenían menos hijos y eran menos religiosas, mientras que en los países más pobres se daba el patrón opuesto: la gente, en general, era más inculta y menos individualista, más religiosa, y tenía más hijos. Oishi y Diener descubrieron que esos factores, con la religiosidad en cabeza,[16] hacían que los individuos consideraran que sus vidas tenían más sentido.

---

15. Oishi y Diener, «Residents of Poor Nations Have a Greater Sense of Meaning in Life than Residents of Wealthy Nations».

16. El efecto de la religión sobre el sentido era tan fuerte que, en el caso de algunos países, se revirtió la tendencia general del estudio: que los países más ricos tuvieran índices de sentido inferiores. Algunos países ricos, como los Emiratos Árabes Unidos, tuvieron índices bastante altos, mientras que algunos de los pobres como Haití, tuvieron índices relativamente bajos, según lo religiosos que fueran sus habitantes. Dicho esto, si observamos dos personas igualmente religiosas que viven en distintos países, la del país más pobre es probable que considere que su vida tiene más sentido que la que vive en el país rico, y viceversa, debido a los otros factores sociales que hemos mencionado.

Siguiendo la misma tendencia, un estudio realizado en 2010 investigó qué era lo que estaba propiciando el aumento de las enfermedades mentales entre los estudiantes de instituto y universidad.[17] Los investigadores observaron que los jóvenes que ellos estudiaron tenían muchas más probabilidades de padecer problemas mentales que otras generaciones anteriores cuando eran estudiantes; y que esa circunstancia estaba relacionada con una menor preocupación de los estudiantes por el sentido de la vida y con el incremento del desapego social entre la sociedad. Y cuando los investigadores australianos Richard Eckersley y Keith Dear estudiaron los factores sociales que predecían la incidencia de suicidios entre los jóvenes, descubrieron que estaba relacionada con varias medidas de individualismo,[18] como la libertad y el control personal, tal como había sugerido Durkheim.

En nuestra era del aislamiento, es más necesario que nunca buscar activamente grupos sociales y esforzarnos por cultivar esas relaciones, especialmente, porque están desapareciendo muchas formas tradicionales de comunidades. Personas como Edward están abandonando sus pequeñas ciudades natales, y a veces hasta su país, para ir a estudiar o a trabajar, o porque quieren ver mundo y tener experiencias. En toda la sociedad, las personas pasan cada vez menos tiempo con sus amigos y vecinos, y más delante del televisor, al teléfono y delante de la pantalla del ordenador. Estamos «privatizando nuestro tiempo de ocio», como dice el sociólogo Robert Putnam.[19] Mientras tanto, nuestras frenéticas y nómadas vidas hacen que sea cada vez más difícil que nos integremos en grupos locales. El estadounidense me-

---

17. Jean M. Twenge, Brittany Gentile, C. Nathan DeWall, Debbie Ma, Katharine Lacefield y David R. Schurtz, «Birth Cohort Increases in Psychopathology among Young Americans, 1938-2007: A Cross-Temporal Meta-analysis of the MMPI», *Clinical Psychology Review* 30, n.º 2, 2010, pp. 145-154.

18. Richard Eckersley y Keith Dear, «Cultural Correlates of Youth Suicide», *Social Science & Medicine* 55, n.º 11, 2002, 1891-1904. La asociación entre individualismo y suicidio juvenil era especialmente fuerte entre los hombres y más débil entre las mujeres.

19. Putnam, *Bowling Alone*, p. 283.

dio se traslada unas once veces en toda su vida,[20] y muchos cambiaran de trabajo otras tantas veces,[21] si no más. Nos estamos separando los unos de los otros de muchas formas esenciales. El reto al que nos enfrentamos es averiguar cómo podemos crear relaciones a pesar de estas tendencias. Afortunadamente, sigue habiendo formas de cultivar amistades que nos ayuden a encontrar sentido.

En otoño de 2015 fui a Cleveland,[22] Ohio, para observar cómo se reúnen las personas para forjar una comunidad deliberadamente. A medida que me iba acercando a la gran iglesia gótica de San Estanislao, situada en la zona sur de la ciudad, empecé a ver varios centenares de personas en pequeños grupos riendo, hablando y saludándose alegremente entre ellos.

—¿Cuánto ha pasado? ¿Veinticinco años? —preguntó un hombre, extendiendo los brazos hacia su viejo amigo para abrazarle—. ¡Qué contento estoy de volver a verte!

Podía haberse tratado de un encuentro de compañeros de universidad, salvo porque los allí presentes iban vestidos con brocados y mallas y algunos hombres llevaban escudos. Eran miembros de la Sociedad para el Anacronismo Creativo,[23] una organización internacional de entusiastas y recreacionistas de la era medieval. Durante la semana, los miembros de la SAC viven como personas normales y

---

20. Mona Chalabi, «How Many Times Does the Average Person Move?», FiveThirtyEight, 29 de enero de 2015.

21. Carl Bialik, «Seven Careers in a Lifetime? Think Twice, Researchers Say», *Wall Street Journal*, 4 de septiembre de 2010.

22. 26 de septiembre de 2015.

23. La información de esta sección procede de una serie de entrevistas que realicé cuando estuve en Cleveland, incluida la de Howard Fein y a un hombre al que llamo James (que me pidió que no revelara su nombre ni diera ninguna información que pudiera identificarle). También realicé varias entrevistas en otoño de 2015 a miembros de la SAC en Ann Arbor, incluidas la de Kay Jarrell, el 11 de septiembre de 2015, y a Carol y Matt Lagemann, el 21 de septiembre de 2015. Entrevisté al miembro de la SAC Kat Dyer, que vive en el área de Chicago, por teléfono, el 16 de septiembre de 2015, y a Diana Paxson, una de las fundadoras de la SAC, el 23 de septiembre de 2015.

corrientes desempeñando sus funciones como contables, estudiantes, albañiles, padres y científicos. Pero muchos fines de semana se visten con elaborados trajes, adoptan personalidades medievales y se adentran en un mundo ficticio de combate armado, torneos por la corona y cortes reales. Ese día en Cleveland, unas trescientas personas habían venido de toda la región del Medio Oeste para asistir a la coronación de Nikolai y su esposa Serena como el zar y la zarina del Reino Medio.

En el interior de la iglesia, las mujeres con sus vaporosos trajes se abanicaban en los bancos mientras esperaban a que empezara la coronación. Los caballeros con espadas que colgaban de sus cinturones de piel tomaban asiento junto a las damas ataviadas con velos blancos y delicadas coronas. Un conde con mallas habló con un duque que llevaba un sombrero de ala ancha con plumas, sobre la celebración que iba a tener lugar aquella noche. Un pequeño grupo de músicos ataviados con trajes de época interpretaba música cortesana del siglo XIV con sus flautas dulces. Cerca de éstos se encontraban los dos tronos de madera de los futuros reyes. Esa misma mañana, Nikolai se arrodillaría ante la espada y haría el juramento solemne para la aceptación de su trono.

La SAC fue fundada en mayo de 1966 cuando Diana Paxson, una licenciada de la Universidad de California en Berkeley, organizó una fiesta medieval, con torneo y banquete incluidos, en el jardín de su casa. Se presentaron unas cincuenta personas ataviadas con ropa de la época o lo más parecida a la misma. Una vez proclamado un vencedor del torneo y tras coronar a su dama, la más hermosa de todas, el grupo pensó que sería apropiado hacer una manifestación; a fin de cuentas, era Berkeley en la década de 1960. Así que desfilaron por la Telegraph Avenue «para protestar contra el siglo veinte».

Ese original grupo de cincuenta personas, después de seis décadas, se ha convertido en una organización con sesenta mil socios en todo el mundo. A medida que se fue expandiendo, los miembros se dividieron en regiones geográficas o «reinos», como el Reino Medio, que incluye Ohio, Michigan, Indiana, Illinois y algunas partes de Iowa, Kentucky y Ontario. El «Mundo Conocido» está formado por veinte reinos, cada uno de ellos gobernado por un rey y una reina que son los anfitriones de acontecimientos como aquel al que yo asistí en Cleveland. Cada verano, se reúnen en Pensilvania miembros de todos los reinos del Mundo Conocido para hacer un retiro a orillas de un lago, donde acampan durante dos semanas, se baten en duelo, dan y toman clases, practican el tiro al arco y el baile, muestran sus habilidades y se reúnen con viejos amigos. Cada año, unos diez mil miembros asisten para la «Guerra Pennsic». Cuando llegan al campamento son recibidos por un maestro de ceremonias que les dice: «Bienvenidos a casa».

La SAC es una singular organización que ejerce una extraña atracción sobre sus miembros. Hay algunas razones por las que esta comunidad está tan viva, y conocerlas nos ayudará a entender cómo podemos forjar nuevas relaciones y reforzar las antiguas.

En primer lugar, la estructura de la SAC fomenta que las personas inviertan su tiempo y esfuerzo en la comunidad. Muchos miembros de la SAC llevan décadas en la misma; educan a sus hijos en su entorno y asisten a veinte o veinticinco eventos cada año. La frecuencia de los acontecimientos de la SAC es especialmente importante, porque las investigaciones han desvelado que a las personas empiezan a agradarles otras naturalmente cuando las ven con regularidad.[24] Los miembros de la SAC pasan mucho tiempo juntos, lo que favorece que estrechen sus lazos afectivos. Nuestra cultura facilita que desechemos posibles amistades o parejas basándonos en un solo encuentro: si dos personas no sienten química inmediatamente, no suelen dedicar tiempo a conocerse mejor después del mismo. Los miembros de la SAC no cuentan con ese supuesto lujo, lo cual les concede ventaja para entablar relaciones sólidas.

---

24. Véase Roy F. Baumeister y Brad J. Bushman, *Social Psychology and Human Nature: Brief Version*, Belmont, California, Thomson Wadsworth, 2008, capítulo 10.

En segundo lugar, es más probable que las personas entablen amistad con otras con las que comparten experiencias y valores.[25] Aparte de su fascinación por la historia medieval, los miembros de la SAC también comparten un conjunto de principios que se basan en las virtudes caballerescas de la cortesía, el servicio, la lealtad y el honor. Los que mejor reflejan estas virtudes caballerescas reciben premios o «títulos nobiliarios». La Orden de los Caballeros se concede a los que destacan en el combate armado. La Orden del Laurel es un reconocimiento a aquellos que han dominado algún arte o ciencia medieval, como el arte del vitral del siglo xiii. La Orden del Pelícano es para aquellos que ejemplifican la virtud del servicio. Estas virtudes inspiran a los miembros del SAC a tratar a los demás, tanto fuera como dentro del grupo, con dignidad y respeto, incluso cuando sus más bajos instintos les inciten a lo contrario. Ésta es una de las razones principales por las que tienen tan arraigado el sentido de pertenencia en su comunidad: saben que sus iguales aspiran a tratarles con dignidad y respeto, pase lo que pase.[26]

—He de recordar que mi trabajo consiste en amar a los demás aunque me critiquen o sean desagradables —me dijo una baronesa.

Howard —en ese contexto conocido como Sir Laurelen— es un óptico que vive en Cleveland. Es miembro activo de la SAC desde hace más de cuarenta años.

—Cuando era estudiante de primaria y secundaria fui un marginal, un fanático de la informática. Cuando fui a la universidad, tuve la oportunidad de preguntarme: «¿Quién quiero ser?» Me di cuenta de que podía elegir —me dijo con el ruido metálico de fondo que

---

25. Véase Baumeister y Bushman, *Psychology and Human Nature*, en particular capítulo 10; y Angela J. Bahns, Kate M. Pickett y Christian S. Crandall, «Social Ecology of Similarity: Big Schools, Small Schools and Social Relationships», *Group Processes & Intergroup Relations* 15, n.º 1, 2012, pp. 119-131. También existen otros determinantes para la creación de una amistad, como abrirse a otra persona. Véase Karen Karbo, «Friendship: The Laws of Attraction», *Psychology Today*, 1 de noviembre de 2006.

26. Un miembro de la SAC me contó un caso de otro miembro que siempre era desagradable con los compañeros de la SAC. Al final fue expulsado de la organización.

procedía del combate con armaduras pesadas que estaba teniendo lugar allí cerca.

Howard eligió ser él mismo, ser un *geek* mucho antes de que se pusiera de moda serlo. Un día durante su segundo año de carrera, regresaba a casa después de haber estado entrenando esgrima con el equipo de la universidad, cuando un hombre en el autobús se fijó en las dos espadas que sobresalían de su mochila e inició una conversación con él. El hombre pertenecía a la SAC y, después de charlar un rato sobre esgrima y lucha medieval, inmediatamente lo reclutó para que ingresara en la asociación.

—Cuando era niño le decía a la gente que de mayor quería ser científico y caballero. Hoy soy ambas cosas —me dijo Howard.

Kat, un inspector federal de bancos de Chicago, conoció a su esposa a través de la SAC. Ella llevaba treinta años en la asociación; ingresó a los quince, tres años más tarde conoció allí a su futuro esposo y se casaron cuando ella cumplió los veinticuatro.

—Si no fuera por el interés que compartimos sobre este período de la historia que recrea la SAC, nunca nos hubiéramos conocido —dijo ella.

Lo mejor de la SAC, según Kat, es que valora a las personas que se interesan por cosas que no son corrientes.

—Tengo una amiga a la que le apasiona la talla en madera del siglo xiv. A otra le apasiona la forma en que lavaban la ropa en aquel entonces. Y a otra le interesa la ceremonia japonesa del té. Sea lo que sea lo que a ti te interesa, nosotros te valoramos porque estás aprendiendo y compartiendo ese conocimiento con los demás —dijo Kat.

Otra forma en que la SAC fomenta el sentido de pertenencia es proporcionando a las personas una sólida red de amistades. En la coronación conocí a un miembro llamado James; era de San Luis, Misuri. James me dijo que antes de integrarse en la SAC era «inepto y torpe socialmente» e intentaba superar su depresión. Muchas veces se sentía fuera de lugar y fracasado. Le costó casi veinte años acabar sus estudios universitarios, y actualmente es profesor adjunto en un centro de estudios universitarios de la comunidad, «que no es donde me gustaría estar». Pero en la SAC es organizador de eventos, una función que le hace sentir que es una persona apta y que sus compañeros le aprecian. La SAC le dio la confianza de que no sólo podía relacionarse bien con un grupo de personas, sino que también podía aportarles algo.

Hace varios años, durante una de sus etapas depresivas, ingresó en un centro psiquiátrico donde se le aplicó el protocolo de vigilancia especial para suicidas. Cuando salió, una de las primeras cosas que hizo fue reunirse con sus amigos de la SAC para cenar.

—James, si alguna vez dejas esta Tierra, nos harías muy desgraciados a todos —dijo uno de ellos.

Fue una frase sencilla, un pequeño gesto de apoyo. Pero James lo tiene muy presente. Cuando empieza a dudar sobre si su vida tiene sentido, esa frase vuelve a su memoria y le sirve de consuelo, le recuerda que otras personas se preocupan por él.

Como todas las comunidades que están muy unidas, la SAC ayuda a sus miembros a desarrollar vínculos estrechos con un reducido grupo de personas. Pero también crea una red de confianza y apoyo entre todos sus miembros. Tanto si son muy buenos amigos como meros conocidos, sus miembros se toman sus relaciones mutuas muy en serio y confían los unos en los otros cuando se necesitan. Hace varios años, a uno de los miembros del Reino Medio le diagnosticaron una grave enfermedad. Tenía un seguro de salud, pero como estaba demasiado enfermo para trabajar tenía serias dificultades para pagar sus recibos. Cuando los miembros de su reino se enteraron, decidieron recaudar fondos para él a través de una subasta silenciosa de artesanías medievales hechas por ellos. Al final recolectaron más de 10.000 dólares. Cuando el huracán Katrina azotó Nueva Orleans, los miembros de la SAC de todo el país recaudaron fondos y enviaron alimentos y suministros a sus amigos desconocidos de Luisiana. Algunos miembros incluso se marcharon a Nueva Orleans a ayudar a los afectados a reconstruir sus casas y sus vidas.

El deber que sienten sus miembros de servir y ayudarse mutuamente no sólo surge de la comunidad, sino que es lo que la sustenta. Y son esos vínculos, junto con la parafernalia medieval, los que hacen que James siempre vuelva.

—Ésta es mi tribu —me dijo. Echó un vistazo al combate con floretes que estaba teniendo lugar en la sala social de la iglesia y sonrió.

Aunque las relaciones estrechas son de vital importancia para una vida con sentido, no son los únicos vínculos sociales importantes que hemos de cultivar. Los psicólogos también han descubierto el valor de los pequeños momentos de intimidad. «Las conexiones de alta calidad»,[27] como las llama una investigadora, son interacciones positivas entre dos personas, como cuando una pareja se coge de la mano al pasear o cuando dos desconocidos conversan con empatía en un avión. A veces estamos distraídos o ausentes en compañía de otra persona, pero durante una conexión de alta calidad ambas personas están en mutua sintonía y se brindan recíprocamente consideración y atención. El resultado es que ambas se sienten valoradas. Las conexiones de alta calidad ayudan a que nuestras relaciones con amigos o parejas sentimentales tengan sentido, por supuesto, pero también tienen el potencial de revelar sentido en nuestras interacciones con conocidos, compañeros de profesión y desconocidos.

Jonathan Shapiro,[28] un emprendedor de Nueva York, sigue la misma rutina todas las mañanas. Cada día de camino a su trabajo

---

27. Información sobre conexiones de alta calidad de Jane E. Dutton, *Energize Your Workplace: How to Create and Sustain High-Quality Connections at Work,* San Francisco, Jossey-Bass, 2003; Jane E. Dutton y Emily D. Heaphy, «The Power of High-Quality Connections», en Kim S. Cameron, Jane E. Dutton y Robert E. Quinn (editores), *Positive Organizational Scholarship: Foundations of a New Discipline,* San Francisco, Berrett-Koehler, 2003, pp. 263-278; y entrevista de la autora a Jane Dutton, el 2 de abril de 2014. El trabajo de Dutton se centra en las conexiones de alta calidad en el trabajo, pero dichas conexiones también pueden darse fuera del mismo.

28. Jonathan, un amigo mío y compañero de clase en el programa de psicología positiva de Penn, me contó esta historia en clase un día de 2013. Posteriormente, le entrevisté al respecto el 18 de octubre de 2015.

compra el periódico en el mismo kiosco de la calle, que está situado junto a una frecuentada estación de metro del Upper West Side. Aunque tanto Jonathan como el vendedor tienen razones más que suficientes para realizar rápidamente el intercambio de bienes y dinero y seguir con sus quehaceres, siempre dedican un momento a mantener una breve conversación.

Comprar un periódico, una taza de café o algo para comer puede ser un mero intercambio comercial y resultar impersonal. Muchas personas estamos tan absortas en nuestra propia vida, vamos con tanta prisa y estamos tan preocupadas, que tratamos a las personas con las que nos relacionamos como meros instrumentos, como un medio para conseguir un fin. No las vemos como personas. Pero Jonathan y el vendedor, a pesar de los centenares de personas que pasaban por esa céntrica calle, a esa hora del día, en una de las ciudades más grandes del mundo, se toman un momento para ir más despacio. Salen de su cascarón para crear un breve vínculo entre ellos. Cada uno de ellos le comunica al otro que está siendo escuchado, visto y valorado, es decir, que importa. Los dos hacen que cada uno de ellos se sienta un poco menos solo en la inmensa e impersonal ciudad.

Un día cuando Jonathan fue a comprar el periódico se dio cuenta de que sólo tenía billetes grandes. El vendedor no tenía cambio de 20 dólares.

—No te preocupes, ya me lo pagarás mañana —le dijo con una amplia sonrisa.

Pero Jonathan se puso tenso y sacudió la cabeza. Insistió en que quería pagarle el periódico, así que se fue a una tienda y compró algo que no necesitaba para conseguir cambio.

—Aquí tienes, es para asegurarme de que no me voy a olvidar —le dijo dándole un dólar.

En ese momento cambió la dinámica de su relación. El vendedor aceptó con desgana el dinero de Jonathan y se dio la vuelta con tristeza.

—No lo hice bien. No acepté su amabilidad. Él quería hacer algo por mí, pero yo lo traté como una transacción —dijo posteriormente Jonathan.

El vendedor no es la única persona que se ha sentido menospreciada por el rechazo. Los psicólogos han demostrado que la exclusión social,[29] incluso en el contexto de una interacción con un desconocido durante un estudio, supone una amenaza para el sentido. En un experimento, congregaron a unos estudiantes universitarios en el laboratorio,[30] los dividieron en pequeños grupos y se les dieron instrucciones para que socializaran entre ellos durante quince minutos. Luego llevaron a cada alumno a una habitación individual en la que tenía que nominar a dos de las personas con las que volvería a interactuar. Pero esas nominaciones no se utilizaron, sino que a la mitad de los estudiantes, elegidos al azar, se les dijo que todos querían volver a verles. A la otra mitad se les dijo que nadie les había seleccionado. Ya puede imaginar cómo se sintieron al escuchar esa respuesta. Aquellos a los que les hicieron sentirse rechazados y marginados, es decir, aquellos a los que les hicieron creer que no pertenecían al grupo, fueron más proclives a decir que la vida en general no tenía sentido. Otras investigaciones demuestran que los participantes rechazados también consideran que su vida es poco importante.[31]

Lo que puede que nos sorprenda es que los psicólogos también han observado que el rechazo social puede hacer que tanto el recha-

---

29. Véase Stillman y col., «Alone and Without Purpose»; y Jean M. Twenge, Kathleen R. Catanese y Roy F. Baumeister, «Social Exclusion and the Deconstructed State: Time Perception, Meaninglessness, Lethargy, Lack of Emotion, and Self-Awareness», *Journal of Personality and Social Psychology* 85, n.º 3, 2003, pp. 409-423; y Kristin L. Sommer, Kipling D. Williams, Natalie J. Ciarocco y Roy F. Baumeister, «When Silence Speaks Louder than Words: Explorations into the Intrapsychic and Interpersonal Consequences of Social Ostracism», *Basic and Applied Social Psychology* 23, n.º 4, 2001, pp. 225-243.

30. Twenge y col., «Social Exclusion and the Deconstructed State».

31. Stillman y col., «Alone and Without Purpose».

zado como el rechazador se sientan alienados e insignificantes.[32] Tal como aprendió Jonathan en una frecuentada esquina de Upper West Side, el menor momento de rechazo puede acabar con el sentido que nos proporciona una conexión con la misma facilidad con que el más breve sentimiento de pertenencia puede crearlo. Después de que Jonathan rechazara el gesto de confianza mutua del vendedor, esa mañana ambos se sintieron insignificantes.

Afortunadamente, los dos hombres pudieron restaurar su relación. La siguiente vez que Jonathan vio al vendedor, le llevó una taza de té. Y la siguiente vez que éste le ofreció un periódico, Jonathan le dio las gracias y aceptó humildemente su gesto de amabilidad. Todavía siguen compartiendo breves conversaciones todos los días.

Jane Dutton, una psicóloga organizacional de la Universidad de Michigan, acuñó la expresión «conexiones de alta calidad» junto con su colega Emily Heaphy. Dutton estudia el modo en que interactuamos en el trabajo y ha descubierto que nuestras conexiones tienen un efecto importante no sólo en la experiencia que tenemos en el mismo, sino también en el resto de nuestra vida. Puesto que el trabajo es donde muchas personas pasan el mayor tiempo de sus horas de vigilia, esto no debería extrañarnos demasiado. Pero eso significa que, si nos sentimos ajenos al mismo, tanto éste como nuestra vida, en general, tendrán menos sentido.

En un estudio, Dutton y sus colaboradores entrevistaron a celadores y a personal de limpieza de un gran hospital de la región del Medio Oeste.[33] Optaron por centrarse en el personal de limpieza

32. Kipling D. Williams, *Ostracism: The Power of Silence*, Nueva York, The Guilford Press, 2001. Aunque, tal como me dijo Williams en un correo electrónico el 1 de abril de 2016, cuando las personas se sienten motivadas y con derecho a condenar a otra al ostracismo, el rechazador puede sentir que tiene más poder.

33. Jane E. Dutton, Gelaye Debebe y Amy Wrzesniewski, «Being Valued and Devalued at Work: A Social Valuing Perspective», en Beth A. Bechky y Kimberly D. Elsbach (editores), *Qualitative Organizational Research: Best Papers from the Davis Conference on Qualitative Research*, volumen 3, Charlotte, Carolina del Norte, Information Age Publishing, 2016.

porque es esencial para el buen funcionamiento de un hospital, pero suele ser ignorado y poco respetado. Su trabajo «sucio» como se suele llamar, no está muy valorado por la sociedad. La gente habla de lo importantes que son los técnicos sanitarios para los pacientes o los médicos que salvan las vidas de las personas, pero rara vez habla de lo importante que es encontrar unos aseos limpios.

Dutton y sus colaboradores seleccionaron al azar a veintiocho personas del equipo de limpieza y las entrevistaron para preguntarles sobre sus responsabilidades laborales, qué importancia le daban a su trabajo y a sus relaciones con otros compañeros y compañeras, incluidos los médicos, los técnicos sanitarios, los pacientes y los visitantes. Los investigadores se interesaron especialmente en saber si el personal de limpieza se sentía respetado y valorado por sus compañeros y compañeras, querían saber si su trabajo satisfacía su necesidad de pertenencia.

Las personas seleccionadas narraron como unas doscientas anécdotas de su trabajo. Cuando los investigadores analizaron dichas historias se dieron cuenta de lo importante que era el papel que desempeña el sentido de pertenencia para su experiencia en el puesto de trabajo.[34] Descubrieron que las interacciones breves podían resultarles muy dolorosas. Cuando el personal de limpieza se sentía menospreciado por parte de sus compañeros, les parecía que su trabajo tenía menos sentido.

La forma más habitual en que se sentían infravalorados era que nadie les tuviera en cuenta. Los médicos solían ser los peores ofensores.

—Los médicos suelen mirarnos como si ni siquiera estuviéramos allí, como si sólo trabajáramos en los pasillos y no mereciéra-

---

34. Este estudio medía específicamente «ser valorado socialmente». Dutton marca una diferencia entre pertenencia y ser valorado, arguyendo que lo primero se relaciona con el sentimiento de formar parte de un grupo, mientras que lo segundo se refiere al sentimiento de merecimiento. Mi definición de *pertenencia* incluye dos conceptos: sientes pertenencia no sólo cuando formas parte de un grupo o de una relación, sino también cuando las personas te tratan de forma que te hacen sentir que les importas y que te lo mereces.

mos el menor reconocimiento por nuestra labor —dijo un limpiador llamado Harry.

Un limpiador está barriendo el pasillo y hay un grupo de médicos en medio, lo que significa, como dijo Harry, que «cada día has de pedirles que se muevan, todos los días, a los mismos médicos». Otros empleados de la limpieza contaron casos similares. Los limpiadores sentían que los médicos «no reconocían» su labor, ni a ellos como personas. Era como si les estuvieran diciendo que no existían y que su función no era importante.

—A veces sentimos como si ellos pensaran que son más importantes que nosotras. Sé que su trabajo es muy importante, pero limpiar el hospital también lo es —declaró Sheena a los investigadores.

El personal de limpieza hablaba mucho de cómo los médicos y las enfermeras, a los cuales veían todos los días en su trabajo, pasaban por su lado en los pasillos sin tan siquiera saludarles. Una limpiadora dijo que ser ignorada le hacía sentirse como «una persona invisible que merodea desde fuera mirando hacia dentro». Otro limpiador mencionó que los pacientes y sus visitantes tampoco les tenían en cuenta. Los visitantes suelen pisar justo por el centro de la zona que está fregando.

—Creo que esto indica que no se preocupan de las personas que están limpiando —me dijo.

Afortunadamente, estos no eran los únicos tipos de interacciones del personal de limpieza. Un «Buenos días» de un paciente podía estar cargado de sentido.

—Te miran como a una persona, ¿sabes? —dijo Kevin sobre los pacientes que le reconocen que limpie sus habitaciones. Otro mencionó lo importante que era para él que los pacientes le agradecieran su trabajo.

—No necesitan darte las gracias —dijo—. Al fin y al cabo, limpiar sus habitaciones es mi trabajo. Creo que éstas son el tipo de cosas por las que me siento valorado.

Las experiencias positivas con sus compañeros también les ayudaban a fomentar su sentido de pertenencia. Un limpiador llamado Ben explicó que un día fue a trabajar con un terrible dolor de estómago. Estaba intentando barrer el suelo, pero le dolía tanto que se quedó doblado ante su escoba. Apareció un médico y le preguntó qué le pasaba y Ben se lo dijo. El doctor le respondió que podía ser una úlcera (y así resultó ser). Fue muy amable por parte del médico pararse a preguntarle qué le pasaba, pero la historia de Ben se centraba en cómo le trató el médico después de aquel encuentro.

—Eh, Ben, ¿cómo estás? ¿Va todo mejor? —le decía cada vez que le veía por el hospital.

El médico mostraba su preocupación por Ben y éste se sentía valorado.

Otro limpiador llamado Corey habló de cómo las enfermeras con las que trabajaba le hacían sentir que formaba parte del equipo. Cuando tenían que mover a los pacientes de una cama a otra o de una habitación a otra, él las ayudaba, y éstas, a su vez, contaban con él, no sólo para las tareas profesionales, sino también para los encuentros sociales.

—Cuando hacen una comida en la que todas llevan algo o una cena, o compran donuts, bollos, un café o cualquier otra cosa, me invitan... Eso me transmite que me aprecian y que les caigo bien.

Cuando los limpiadores del hospital experimentaban estas conexiones de alta calidad, su relación con el trabajo cambiaba.[35] Se veían como cuidadores, más que como meros celadores, y se sentían más vinculados a la misión del hospital, que es curar a los pacientes. Por otra parte, los pequeños actos de desconsideración les hacían replantearse la importancia de su trabajo, su capacidad para realizar bien sus tareas y lo que es aún más grave, su propia valía como personas.

---

35. Véase también Amy Wrzesniewski y Jane E. Dutton, «Crafting a Job: Revisioning Employees as Active Crafters of Their Work», *Academy of Management Review* 26, n.º 2, 2001, pp. 179-201.

La belleza de la conexión de alta calidad es que no es necesario rehacer la cultura de tu lugar de trabajo para crear sentido. Cualquier persona, que ocupe cualquier puesto, puede cambiar cómo se siente y cómo se sienten sus compañeros y compañeras, simplemente, propiciando pequeños momentos de conexión. Los resultados serían transformadores. Dutton ha descubierto que las conexiones de alta calidad pueden revitalizar emocional y físicamente a los empleados y favorecer el funcionamiento de las organizaciones. Hacen que los empleados tengan más energía y se comprometan más en el trabajo y que tengan más resiliencia ante los contratiempos o la frustración, y fomentan la cohesión en los grupos. Sentir que se forma parte de un grupo puede hacer que hasta la tarea más mundana resulte valiosa y merezca la pena que se realice correctamente. Sí, las interacciones breves pueden ser degradantes, pero también dignificantes.

No podemos controlar si alguien va a entablar una conexión de alta calidad con nosotros, pero sí podemos elegir iniciar o corresponder a una. Podemos responder con amabilidad a un compañero molesto, en lugar de hacerlo con antagonismo. Podemos saludar a un desconocido en la calle, en lugar de desviar la mirada. Podemos valorar a las personas en lugar de desvalorizarlas. Podemos invitarlas a que sientan la pertenencia.

Las relaciones estrechas y las conexiones de alta calidad tienen una importante característica en común: las dos requieren que nos concentremos en los demás. Recordemos a René Spitz y cómo intentó consolar a la bebé Jane, o a los miembros de la SAC que apoyaron a sus compañeros de Nueva Orleans, o al médico del estudio de Dutton que le preguntaba a Ben cómo se encontraba. Todos ellos antepusieron las necesidades de los demás a las suyas y les ayudaron durante una etapa o momento difícil de sus vidas; todos se sintieron conmovidos por lo que le estaba sucediendo a otra persona e hicieron algo para ayudar a mejorar un poco su vida. A su vez, los receptores de su amabilidad también se elevaron.

La compasión es el puntal del sentido de pertenencia. Cuando abrimos nuestro corazón a los demás y nos acercamos a ellos con amor y amabilidad, ennoblecemos a los que nos rodean y a nosotros mismos, y los efectos de nuestros actos de compasión persisten mucho después de que los hayamos realizado. Una historia de la vida del Buda nos ofrece un buen ejemplo.[36] Después de que el Buda alcanzara la iluminación bajo el árbol Bodhi, se dedicó a viajar por la India enseñando a las personas todos los tipos de *dharma*, los principios básicos del budismo: que la vida es sufrimiento, cuya causa son nuestros interminables deseos, y que podemos liberarnos del sufrimiento cultivando la sabiduría, viviendo moralmente y disciplinando nuestra mente a través de la meditación.

Cuando tenía ochenta años seguía viajando por el país vestido con su hábito y con los pies descalzos, pero ya no tenía la misma energía que cuando era joven.

—Soy viejo y estoy cansado, como un carro destrozado que se mantiene unido con finas correas —dijo el Buda.

Un día, al acercarse a una pequeña aldea, se sintió débil y frágil. Cuando llegó, un herrero llamado Cunda, en un gesto de devoción y hospitalidad, le ofreció comida que, según cuenta la historia, el Buda sabía que estaba en mal estado. El Buda, sin embargo, no quería herir los sentimientos de Cunda rechazando su generosa y amable ofrenda de alimento. Así que se la comió, a pesar de que sabía que enfermaría. «Poco después de que el Bendito hubiera comido los alimentos que le había ofrecido el herrero Cunda, cayó gravemente enfermo de disentería y padeció unos agudos y mortales dolores.»

---

36. Esta información procede del documental de la PBS *The Buddha*, una película de David Grubin, que se emitió el 8 de abril de 2010; y Sister Vajirā y Francis Story, *Last Days of the Buddha: Mahāaparinibbāna Sutta*, Kandy, Sri Lanka, Buddhist Publication Society, 2007. En las citas he cambiado "Nibhana" por "Nirvana."

Cuando ya estaba claro que iba a morir, el Buda volvió a demostrar una heroica compasión por Cunda.

—Puede que alguien quiera echarle la culpa a Cunda, diciéndole: «No te beneficia en nada, amigo Cunda, sino todo lo contrario, que fuera de ti de quien el Buda aceptara su última comida y que luego llegara su fin» —le dijo el Buda a su asistente.

Así que el Buda le dio instrucciones a su asistente para que Cunda no se sintiera culpable, y que le dijera que había desempeñado un papel primordial en su vida. Al fin y al cabo, fue Cunda quien le dio su última comida:

—Ha habido dos ofrendas de alimentos en mi vida que han tenido los mismos beneficios y resultados, que superan en grandeza la fruición y el resultado de cualquier otra ofrenda de alimentos —le explicó a su asistente.

¿Cuáles son? La que el Buda ingirió antes de alcanzar la iluminación total en la Iluminación suprema e insuperable; y la que ingirió antes de pasar al estado de Nirvana, donde ya no le quedaba ningún atisbo de apego. Es decir, la comida que le había preparado Cunda fue una de las más importantes que tomó el Buda.

Pero el Buda no tenía por qué compadecerse de Cunda en los últimos momentos de su vida. Estaba mortalmente enfermo y con mucho dolor. En lugar de preocuparse por el herrero, que sin pretenderlo le había provocado una intoxicación alimentaria, podía haber dedicado su valioso tiempo a prepararse para morir, a meditar o a contemplar el legado del budismo. Pero no lo hizo. Por el contrario, dedicó su atención a Cunda y le aseguró que el vínculo que se había creado entre ambos había sido importante.

Esta historia del Buda encierra una lección universal. La búsqueda del sentido no es una iniciativa filosófica que realizamos en solitario, como suelen presentarla y como creía yo cuando iba a la universidad, y el sentido no es algo que creamos en nuestro interior y para nosotros. El sentido se encuentra en los demás. Sólo concentrándonos en otras personas podemos construir el pilar de la pertenencia para nosotros y para los demás. Si queremos encontrar sentido en nuestra vida, no podemos encerrarnos en nosotros mismos.

3

El propósito

shley Richmond se pasa la mayor parte del tiempo en su trabajo limpiando los excrementos de algunos animales.[1] Es un trabajo duro y apenas tiene días libres. Gana mucho menos dinero que la mayoría de los licenciados de su edad. Y al final del día le duele el cuerpo. Sin embargo, dice que éste es el trabajo con el que siempre había soñado.

—No me puedo imaginar trabajando en otro sitio.

Ashley es cuidadora en el zoo de Detroit, se encarga de las jirafas, los canguros y los ualabis. Desde muy pequeña supo que era eso lo que quería hacer. Uno de sus recuerdos más lejanos es el de haber ido a un parque safari en Canadá cuando tenía tres años. Mientras recorría el parque en la camioneta ranchera de sus padres, se les acercó una jirafa y de pronto introdujo su enorme cabeza por la ventanilla abierta.

—Todo el mundo (todas mis hermanas) se puso a gritar, pero yo me reía e intentaba ponerle mi mano en la boca. Siempre me han atraído mucho los animales.

Cuando tenía seis años, un vecino incubó un huevo de gallina hasta que eclosionó para un proyecto de clase. Ashley se quedó fascinada. Recuerda que pensó que quería ser mayor para estudiar biología y tener la oportunidad de cuidar de un huevo y conocer «la razón por la que eclosionaba». Unos cuantos años más tarde, se encargó de cuidar y de entrenar a los perros de la familia.

---

1. Entrevista de la autora, 8 de octubre de 2015.

Cuando cumplió los nueve, un pariente que había observado su afinidad con los animales le dijo que podría dedicarse a ser cuidadora del zoo cuando fuera adulta. Era la primera vez que oía hablar del oficio de cuidador de zoo como una alternativa profesional, pero cuando se informó más al respecto supo que ésa era su vocación. En sexto curso, un día le pusieron la tarea de escribir una redacción explicando cómo le gustaría que se desarrollara su vida en cinco, diez y quince años. Ashley escribió que quería ir a la Universidad Estatal de Michigan, graduarse en zoología y trabajar en el zoo de Detroit.

Obtuvo su grado en zoología en la Universidad Estatal de Michigan en 2006, y desde entonces trabaja en el zoo de Detroit.

Cuando conocí a Ashley en el Encuentro de Jirafas del zoo de Detroit, una plataforma elevada por encima del hábitat de las jirafas, que colocan para que los visitantes puedan alimentarlas a su misma altura, tenía las manos llenas de tierra y llevaba un puñado de ramas bajo un brazo.

—Lo siento, voy hecha un asco —me dijo. Tiró las ramas al suelo, cogió una y la puso en alto.

—Coge una de la pila y agárrala con fuerza con las dos manos.

Una jirafa llamada *Jabari* vino galopando hacia nosotros. Sus puntos geométricos eran de color marrón castaño y brillaban con el sol de octubre.

—*Jabari* es sociable. Pero no le gusta que la acaricien —dijo mientras levantaba la mano hacia su hocico.

En el otro extremo de su hábitat estaba la compañera de *Jabari*, *Kivuli*, y su hijo, una cría de un año, llamada *Mpenzi*, que significa 'amor' en swahili. *Jabari* husmeó mi rama con hojas y resopló. Luego se fue al galope.

Ashley movió su rama y llamó a *Jabari* por su nombre para hacer que volviera. Volvió y examinó la rama de nuevo. Mordisqueó las hojas de la punta, casi me la saca de la mano. En cuestión de segundos, había limpiado la rama de hojas. Dejé la rama en el suelo y cogí mi cuaderno. *Jabari* sacó la cabeza de la valla de madera de la plataforma para alimentarlas y arrimó su nariz a la página que estaba escribiendo. Levantó la cabeza y me miró directamente a los ojos, su largo y musculado cuello se curvó como una ola. La punta de su nariz estaba a un par de centímetros de mi rostro.

—Es muy curiosa —me dijo Ashley.

Este ejercicio de alimentarlas es un ejemplo de lo que en la comunidad zoológica se denomina «enriquecimiento».[2] En un entorno zoológico, la vida es fácil para animales salvajes como las jirafas. Son alimentadas regularmente, se las protege de las enfermedades y no se enfrentan a depredadores. Por consiguiente los animales viven más, pero sus vidas no son tan interesantes como lo serían en un entorno salvaje. La función de Ashley en el zoo, según me dijo, era hacer todo lo que estuviera en su mano para que la vida de los animales que supervisaba, ninguno de los cuales había elegido vivir en cautividad, fuera más rica, feliz e interesante.

—No puedo recrear su vida salvaje, pero puedo intentar ayudarles a que ésta sea lo más normal posible.

El enriquecimiento es una de las formas en que los cuidadores y el personal del zoo intentan lograr esa meta. Moviendo rocas o ramas de árboles para colocarlas en otro sitio y crear de ese modo un entorno diferente para que los animales puedan explorarlo, escondiéndoles la comida para que tengan que buscarla o dándoles objetos que puedan manipular, ayudan a que la vida en el zoo sea algo más imprevisible y por consiguiente, más estimulante. El enriquecimiento también ayuda a los animales a sentir que tienen cierto control sobre su entorno, que es un aspecto esencial para su bienestar. *Jabari* eligió participar en la actividad de ser alimentado, por ejemplo, mientras que *Kivuli* y *Mpenzi* no.

—Intentamos darles la oportunidad de que se comporten de un modo natural. Las jirafas se pasan la mayor parte del tiempo co-

---

2. Además de la entrevista a Ashley, la información para esta sección procede de una entrevista que hice a Scott Carter, supervisor del Departamento de Ciencias de la Vida del zoo de Detroit, el 8 de octubre de 2015; entrevista de la autora a Ron Kagan, director y presidente ejecutivo del zoo de Detroit, el 7 de octubre de 2015; y de Vicki Croke, *The Modern Ark: The Story of Zoos: Past, Present, and Future*, Nueva York, Simon & Schuster, 2014.

miendo, así que intento alimentarlas de formas nuevas y estimulantes —dijo Ashley.

Para Ashley también es un reto, porque siempre ha de estar ideando nuevos métodos para modificar el entorno de los animales para que no se aburran.

Los cuidadores saben que sus animales están bien cuando actúan con naturalidad. Cuando estábamos terminando nuestra conversación, por ejemplo, la cría *Mpenzi*, de un año de edad, arremetió con fuerza contra el costado de *Jabari*, el cual, a su vez, le devolvía el empujón a la pequeña. El cuello de *Mpenzi* se balanceó hacia la izquierda debido al impulso del empujón de su padre. Luego, ambas unieron sus cuellos.

—Se están mostrando su afecto. *Jabari* le está enseñando a ser un macho. Esto es lo que hacen en su entorno salvaje —respondió Ashley cuando le pregunté qué estaban haciendo.

Ashley empezó a trabajar en el zoo de Detroit en un momento crítico. En las cuatro últimas décadas los zoos han realizado un cambio de orientación fundamental. Anteriormente, su función principal era entretener al público y los animales eran un medio para ese fin. En la década de 1980, el zoo de Detroit tenía un espectáculo de chimpancés, donde los primates aparecían vestidos de payasos haciendo tonterías como montar en triciclos y beber en tazas de té, y era muy popular. En la actualidad, los zoos importantes como el de Detroit definen su misión como la de garantizar el bienestar animal y contribuir a la conservación de las especies y los hábitats naturales en todo el mundo. Un espectáculo con chimpancés, o algo por el estilo, actualmente, se consideraría una violación inaceptable de la dignidad de los animales y una distorsión de la naturaleza.

Esa misión, la de anteponer a los animales, es la que Ashley tiene siempre presente, y no es la única. Según los científicos sociales Stuart Bunderson y Jeffery Thompson, el sentido de propósito de los cuidadores del zoo es muy firme.[3] Es habitual oírles decir

---

3. Stuart J. Bunderson y Jeffery A. Thompson, «The Call of the Wild: Zookeepers, Callings, and the Double-Edged Sword of Deeply Meaningful Work», *Administrative Science Quarterly* 54, n.° 1, 2009, pp. 32-57.

que su trabajo es una vocación, algo a lo que estaban destinados desde muy jóvenes, gracias a su increíble habilidad innata de conectar con los animales, entenderlos y cuidar de ellos. Los investigadores descubrieron que los cuidadores del zoo están dispuestos a sacrificar una buena paga, su tiempo, su comodidad y su estatus porque creen que tienen el deber de utilizar sus dones para ayudar a mejorar la vida de las criaturas vulnerables que viven en cautividad. Y, para ellos, vivir para ese fin tiene mucho sentido.

Ashley comparte esta idea. Sólo dedica el 20% de su tiempo a realizar alguna labor divertida o que suponga un reto intelectual, como entrenar a los animales o enriquecer su entorno. El otro 80% de su tiempo lo dedica a tareas menos espectaculares, como limpiar su hábitat. Pero hasta las tareas rutinarias tienen sentido para ella, porque están vinculadas a un propósito más grande.

—Mantener sus habitáculos y su espacio al aire libre limpio es importante, porque eso ayuda a los animales. Los mantiene sanos. Mi finalidad todos los días es asegurarme de que se encuentran a gusto en su entorno, y una de las principales formas de hacerlo es procurando que esté limpio.

Lo de tener un propósito suena rimbombante: *acabar con el hambre en el mundo* o *eliminar armas nucleares*. Pero no tiene por qué ser así. También puedes encontrar tu propósito en ser un buen padre o una buena madre para tus hijos, creando un entorno más alegre en tu puesto de trabajo o haciendo que la vida de las jirafas sea más agradable.

Según William Damon, psicólogo del desarrollo de la Universidad de Standford, el propósito tiene dos dimensiones importantes.[4]

---

4. William Damon, Jenni Menon y Kendall Cotton Bronk, «The Development of Purpose during Adolescence», *Applied Developmental Science* 7, n.º 3, 2003, pp. 119-128. Los autores también mencionan una tercera dimensión: «A diferencia del sentido por sí solo (que puede estar orientado o no hacia una finalidad definida), el propósito siempre está orientado a la consecución de un logro hacia el cual uno puede progresar» (p. 121). En mi opinión, la primera dimensión del propósito —que es una meta a largo plazo— implica esta tercera dimensión.

En primer lugar, el propósito es una meta «estable y de largo alcance». La mayoría de nuestras metas son mundanas e inmediatas, como ser puntual en el trabajo, ir al gimnasio o fregar los platos. El propósito, por el contrario, es una meta que siempre estamos intentando alcanzar. Es la flecha que nos indica el futuro que motiva nuestra conducta y es el principio organizador de nuestras vidas.

En segundo lugar, el propósito conlleva una implicación con el mundo. «Es una parte de nuestra búsqueda personal del sentido, pero también es un componente externo, el deseo de marcar la diferencia en el mundo, de contribuir a algo que es superior a nosotros», escriben Damon y sus colaboradores. Eso podría suponer avanzar en la lucha por los derechos humanos o trabajar para superar el fracaso escolar en la educación, pero también conlleva un ámbito más cotidiano. Por ejemplo, los adolescentes que ayudan a sus familias en las tareas domésticas de limpiar, cocinar y cuidar de los hermanos también tienen más sentido de propósito.[5]

Las personas con un propósito de este tipo consideran que sus vidas tienen más sentido[6] y son más satisfactorias;[7] son más resilientes, están más motivadas y son capaces de arreglárselas, tanto en circunstancias favorables como desfavorables, para cumplir sus me-

---

5. Eva H. Telzer, Kim M. Tsai, Nancy Gonzales y Andrew J. Fuligni, «Mexican American Adolescents' Family Obligation Values and Behaviors: Links to Internalizing Symptoms across Time and Context», *Developmental Psychology* 51, n.º 1, 2015, pp. 75-86.

6. Este ensayo revisa la conexión entre las metas, el propósito y una vida con sentido: Robert A. Emmons, «Personal Goals, Life Meaning, and Virtue: Well-springs of a Positive Life», en Cory L. M. Keyes y Jonathan Haidt (editores), *Flourishing: Positive Psychology and the Life Well-Lived*, Washington, DC, American Psychological Association, pp. 105-128. Véase también David S. Yeager y Matthew J. Bundick, «The Role of Purposeful Work Goals in Promoting Meaning in Life and in Schoolwork during Adolescence», *Journal of Adolescent Research* 24, n.º 4, 2009, pp. 423-452.

7. En este estudio, una vida con sentido se asociaba a la satisfacción. Los investigadores midieron el sentido haciendo preguntas a los participantes relacionadas con el propósito como «Mi vida está al servicio de un fin superior» y «Tengo la responsabilidad de hacer que el mundo sea un lugar mejor». Peterson y col., «Orientations to Happiness and Life Satisfaction: The Full Life versus the Empty Life», p. 31.

tas.[8] Las personas que no pueden dar sentido a sus actividades cotidianas suelen andar sin rumbo por la vida. Cuando Damon revisó detenidamente los perfiles de los futuros adultos de entre 12 a 22 años, en un estudio de gran magnitud que realizó con sus colaboradores entre 2003 y 2007, descubrió que sólo el 20% de ellos tenía un propósito prosocial totalmente desarrollado en el que estuviera trabajando activamente.[9] Los jóvenes que tienen un propósito están más motivados en los estudios, obtienen mejores notas[10] y tienen menos probabilidades de caer en conductas arriesgadas como el consumo de drogas.[11] Pero 8 de cada 10 jóvenes que estudió todavía no tenían claro hacia dónde encaminar sus vidas.[12] Muchos de ellos habían hecho algún progreso en fijarse metas a largo plazo, pero no sabían cómo iban a alcanzarlas, ni si sus aspiraciones realmente tenían sentido para ellos. Una cuarta parte de los que estaban en proceso de hacerse adultos no estaban «comprometidos y, prácticamente, parecían no tener propósito alguno».[13]

Hace veinte años, Coss Marte era uno de esos jóvenes sin propósito.[14] Coss se crió en el Lower East Side de Nueva York, entre las décadas de 1980 y 1990, con sus padres y tres hermanos: dos herma-

8. Todd B. Kashdan y Patrick E. McKnight, «Origins of Purpose in Life: Refining Our Understanding of a Life Well Lived», *Psychological Topics* 18, n.º 2, 2009, pp. 303-313.

9. Describe este estudio en William Damon, *The Path to Purpose: How Young People Find Their Calling in Life*, Nueva York, Simon & Schuster, 2009.

10. David S. Yeager, Marlone D. Henderson, David Paunesku, Gregory M. Walton, Sidney D'Mello, Brian J. Spitzer y Angela Lee Duckworth, «Boring but Important: A Self-Transcendent Purpose for Learning Fosters Academic Self-Regulation», *Journal of Personality and Social Psychology* 107, n.º 4, 2014, pp. 559-580.

11. Martha L. Sayles, «Adolescents' Purpose in Life and Engagement in Risky Behaviors: Differences by Gender and Ethnicity», disertación de doctorado, ProQuest Information & Learning, 1995, citado en Damon y col., «The Development of Purpose During Adolescence».

12. Damon, *The Path to Purpose*, 60. Basado en un análisis de 2006 de la ola de datos inicial, Damon y sus colaboradores descubrieron que sólo el 20% de los jóvenes que entrevistaron tenían un propósito. Un 25% manifestó no tener ningún propósito, mientras que el resto de los participantes, o eran «soñadores», que tenían aspiraciones pero no sabían cómo conseguirlas, o «aficionados» que intentaban conseguir una serie de propósitos pero no tenían una idea clara de por qué lo hacían.

13. Damon, *The Path to Purpose*, 60.

14. Entrevistas de la autora, el 10 de diciembre de 2014 y el 15 de enero de 2015.

nas mayores y un hermano pequeño. De pequeño era travieso y se metía en líos. Fue a cuatro institutos distintos, porque le expulsaron de tres de ellos por faltas como fumar o pelearse. Aun así se graduó siendo el primero de su clase.

—Fui bueno en los estudios sin pretenderlo —dijo.

Era inteligente, ambicioso y, cuando quería, un buen trabajador.

Su padre era un inmigrante dominicano que regentaba una bodega y Coss trabajaba de cajero, limpiador y reponedor. También recogía latas y botellas para cobrar el dinero de los envases. Odiaba ser pobre y deseaba desesperadamente cambiar esa situación.

—Siempre estaba haciendo algún trapicheo. Veía que los otros muchachos tenían cosas mejores que yo y también quería tenerlas. Estaba ansioso por ganar dinero.

Con su empuje y su inteligencia podía haber ido a la universidad como sus hermanos, que terminaron trabajando en compañías como Goldman Sachs e IBM. Pero empezó a vender drogas.

En la década de los ochenta y de los noventa, se disparó el índice de criminalidad[15] en la ciudad de Nueva York y el barrio Lower East Side era uno de los epicentros del comercio de la droga.[16] Coss recuerda que la gente incluso hacía cola en las esquinas para comprar. Había un traficante en el piso superior que bajaba un cubo atado con una cuerda con la droga y el camello que estaba en la calle depositaba el dinero en el cubo y el de arriba lo volvía a subir con las ganancias.

Coss no tardó en formar parte de la banda. Había empezado a fumar hierba a los once años. A los trece ya la vendía. Unos pocos

---

15. Esta conferencia demuestra que la mayoría de los índices de delincuencia aumentaron desde la década de 1980 hasta mediados de la década de 1990. Patrick A. Langan y Matthew R. Durose, «The Remarkable Drop in Crime in New York City», conferencia dada en el Congreso Internacional sobre la Delincuencia de 2003 (3-5 de diciembre), Roma, Italia. Consultada y descargada el 10 de marzo de 2016 de scribd.com/doc/322928/Langan-rel.

16. Tal como expuso el ex inspector de policía Howard Safir: «Históricamente, en el Lower East Side siempre ha habido muchas bandas de tráfico de drogas muy bien establecidas». John Sullivan, «Once More, Lower East Side Is the Focus of Drug Arrests», *New York Times,* 7 de agosto de 1997.

años después, empezó a vender *crack* y cocaína. A los dieciséis, heredó una lucrativa esquina entre las calles Eldridge y Broome de un respetado traficante y empezó a dirigir a los otros camellos que formaban parte de la herencia de la esquina.

Coss, que tenía madera de empresario —era un perspicaz hombre de negocios—, se dio cuenta de que el Lower East Side se estaba aburguesando. Por el año 2000, su barrio se empezó a llenar de jóvenes profesionales del derecho y de las finanzas, y pensó que si se diversificaba para abastecer a ese público su negocio subiría como la espuma. Mandó hacer diez mil tarjetas de visita en las que ponía su número de teléfono debajo de una llamativa frase que decía: «Servicios de organización de fiestas: no hay evento demasiado grande o demasiado pequeño 24/7». Se compró un buen traje, se puso corbata y se dirigió al Happy Ending, un bar nuevo que estaba de moda, para repartir sus tarjetas entre los *yuppies*. Creó, como dice él, «un servicio de entrega personalizado para burgueses» de cocaína y marihuana. Los clientes hacían el pedido por teléfono y los empleados de Coss se lo entregaban en coches de lujo.

A los diecinueve años ganaba dos millones de dólares al año.[17] Tenía ropa buena, llevaba zapatos caros, conducía coches de lujo y vivía en varios apartamentos en Nueva York. Al cabo de una década de haber decidido que no sería otro niño pobre del barrio, se encontraba viviendo su sueño. Pero vivir tu sueño, como no tardó en descubrir, no necesariamente es lo mismo que encontrar tu propósito.

Su sueño terminó una noche del mes de abril de 2009. Coss, que entonces tenía veintitrés años, intentaba ponerse en contacto con sus traficantes, pero ninguno le respondía al teléfono.

—Me pregunté qué demonios estaba pasando. Salí de casa para hacer la entrega yo mismo —me dijo.

---

17. Cuando le pregunté a Coss sobre el grado de violencia que había sufrido o ejercido, me respondió: «Nunca incité a ningún tipo de violencia, pero ésta iba incluida en el lote. La gente me robaba, me maniataba, entraba en mis casas».

Los federales estaban apostados al otro lado de la puerta, listos para entrar al asalto. Intentó huir, pero los agentes le atraparon y registraron su apartamento, donde encontraron casi un kilo de cocaína y 5.000 dólares en efectivo. En esa operación le arrestaron a él y a otros ocho miembros de su banda, en una de las mayores redadas contra la droga que se realizaron ese año en Nueva York.[18]

Le condenaron a siete años de prisión. No le preocupó demasiado. Había estado entrando y saliendo de correccionales desde que tenía trece años y pensó que ése iba a ser «un viaje más». Pero, cuando llegó a la penitenciaría del norte del estado, los médicos le dieron una inquietante noticia: probablemente, moriría antes de terminar la condena. Tenía el colesterol alto e hipertensión y lo más probable es que le diera un infarto si no empezaba a comer de un modo más saludable. Coss, que medía 1,76 metros pesaba 104 kilos.

Dicha prognosis le sirvió para concienciarse. Nunca había hecho ejercicio. En Nueva York iba en coche incluso a la tienda de la esquina, que estaba sólo a seis metros de distancia, y aparcaba en doble fila.

—Pagaba las multas. Era muy arrogante.

En la cárcel empezó a hacer ejercicio y a comer mejor. Al principio los otros reclusos se reían de él, porque ni siquiera podía hacer una dominada. Pero se lo tomó en serio. Empezó haciendo cardiovasculares de diez a quince minutos cada día. En cuestión de meses, hacía sesiones de ejercicio de dos horas seguidas. Perdió 34 kilos.

Su nuevo estilo de vida saludable propició una revelación: quería un estilo de vida diferente del que había tenido hasta entonces. Pero no es lo mismo querer que hacer. En la cárcel seguía traficando con drogas y vendía *moonshine,* un licor ilegal destilado de frutas fermentadas.

Cuando no trabajaba el mercado negro, asumía el rol de entrenador personal, enseñaba a los otros reclusos ejercicios que pudieran hacer en sus celdas.

---

18. Según la página web del gobierno de la ciudad de Nueva York, fue un «Caso importante» en 2009.

—Ayudar a la gente, me daba fuerza: los reclusos venían y me pedían consejo y yo compartía mis conocimientos con ellos.

Ayudó a más de veinte reclusos a superar su obesidad. Un hombre cuyos 145 kilos de peso le valieron el apodo de «Big Papi» adelgazó 36 kilos con su ayuda.

—Hasta lloró cuando me dijo: «Gracias, nunca había estado tan en forma. Siempre he sido un chico gordo».

Estas experiencias le resultaban gratificantes, pero tuvo que tocar fondo antes de darse cuenta realmente de cuál era su propósito en la vida. Justo antes de terminar su condena, acabó recluido en una celda de castigo durante treinta días por un altercado con un funcionario de prisiones. En su aislamiento, sólo disponía de un bolígrafo, papel, un sobre y una Biblia. Usó el papel y el bolígrafo para escribir una carta de diez páginas a su familia explicándole que no iba a regresar a casa como había planeado y diciéndoles que reconocía que había «malgastado su tiempo». Pero, cuando terminó de escribirla, vio que no podía mandarla porque no tenía sello.

A medida que fueron transcurriendo los días, empezó a obsesionarse por enviar esa carta a su familia. Entonces recibió una carta de su hermana, que era católica devota. En la carta le aconsejaba que leyera el salmo 91, un hermoso poema sobre cómo Dios cuida de su rebaño en los momentos de peligro y confusión.

—No creía en Dios ni en la religión. «Demonios, no voy a leer eso. Es una pérdida de tiempo.» —Pero luego lo reconsideró—. Me di cuenta de que lo único que tenía era tiempo, así que decidí coger la Biblia. —Buscó el salmo 91—. Cuando abrí esa página, cayó un sello de la Biblia. Se me pusieron los pelos de punta. Fue algo sobrenatural para mí.

En ese momento cambió su vida.

—Me leí la Biblia de arriba abajo y me di cuenta de que la estaba fastidiando, que no estaba haciendo nada de provecho para la sociedad. Antes, no me parecía mal vender drogas. Lo veía como un trabajo más. Lo único que me importaba era que me pagaran. Pero me di cuenta de que ello afectaba a mi familia y a las personas a las que les vendía la droga. Pensé: «He destrozado tantas vidas y no sé cómo reparar el daño que he hecho».

Pero entonces se dio cuenta de que ya *estaba* empezando a repararlo, animando a otras personas a ponerse en forma y a mejorar sus vidas. Decidió que ayudar a otras personas a superarse a través del *fitness* iba a ser su contribución especial a la sociedad. Ese pensamiento le motivaba. Escribió un proyecto de negocio para un centro de *fitness*.

—Utilicé el borde de la Biblia como regla e hice una hoja de cálculo. Utilicé la información nutricional del envase de la leche que me daban para diseñar un plan nutricional para la gente.

Cuando salió de su confinamiento, se prometió a sí mismo que no volvería a vender drogas. Estuvo un año más en prisión y salió en marzo de 2013.

Cuando regresó a Nueva York no tenía nada. En la cárcel se había quedado sin dinero y el estado le había embargado la mayor parte de sus bienes. Tuvo que dormir en el sofá de su madre mientras rehacía su vida.

—Acudí a un montón de organizaciones sin ánimo de lucro a pedir ayuda, y eso que nunca había pedido ayuda a nadie. Pero fui muy humilde y empecé a hacerlo.

Consiguió un trabajo diurno en Goodwill haciendo labores administrativas y en sus ratos libres reflexionaba sobre cómo iba a poner en marcha su negocio.

Una de esas organizaciones fue Defy Ventures,[19] cuya misión es ayudar a los emprendedores de la calle a convertirse en emprendedores legales, a «transformar el trapicheo». Le ofrecieron una formación en ciencias empresariales, que Coss completó. También patrocinaron un concurso de negocios. Al cabo de sólo dos meses de haber salido de la cárcel, ganó el primer premio del concurso por la iniciativa que elaboró en la celda de aislamiento.

---

19. De la página web Defy Ventures: defyventures.org.

Con el dinero que obtuvo de ese premio abrió Coss Athletics en 2014, un estudio de *fitness* en el Lower East Side que está especializado en el tipo de ejercicio físico que se hace en prisión. Los ejercicios que ha diseñado se basan exclusivamente en el peso corporal y han sido creados para espacios reducidos, como una celda o un apartamento urbano. Cuando hablé con Coss por primera vez en 2014, tenía 350 clientes y estaba trabajando a tiempo completo en Goodwill para ganarse la vida. Un mes más tarde, cuando volví a contactar con él, había duplicado su lista de clientes y tenía la esperanza de conseguir fondos de inversores privados. En 2016, tenía más de 5.000 abonados y había recaudado 125.000 dólares. Le cambió el nombre a su gimnasio y le puso ConBody ['cuerpo de preso'], y dejó de trabajar en Goodwill para dedicarse a su empresa a tiempo completo.

—Siempre había deseado tener mi propia empresa y me salí de las drogas, pero seguía obsesionado con ganar mucho dinero.

Actualmente, se concentra en usar su talento para crear un producto que contribuya positivamente a su comunidad. Sus clientes son principalmente jóvenes profesionales, «las mismas personas a las que les vendía la droga», me dijo. Pero ahora está influyendo en sus vidas de un modo muy distinto.

La historia de Coss encierra una enseñanza importante: para vivir con un propósito hace falta autorreflexión y autoconocimiento.[20] Todos tenemos diferentes especialidades, talentos, reflexiones profundas y experiencias que nos hacen ser como somos. Y todos tendremos un propósito distinto, que encajará con nuestra forma de ser y con nuestros valores, es decir, que se corresponderá con nuestra identidad.

---

20. Véase, por ejemplo, bibliografía sobre «metas autoconcordantes», o metas que están en sintonía con nuestros valores e identidad. Kennon M. Sheldon y Andrew J. Elliot, «Goal Striving, Need Satisfaction, and Longitudinal Well-Being: The Self-Concordance Model», *Journal of Personality and Social Psychology* 76, n.º 3, 1999, pp. 482-497; y Kennon M. Sheldon y Linda Houser-Marko, «Self-Concordance, Goal Attainment, and the Pursuit of Happiness: Can There Be an Upward Spiral?», *Journal of Personality and Social Psychology* 80, n.º 1, 2001, pp. 152-165.

El famoso psicólogo del siglo xx Erik Erikson describió la identidad como algo complejo y polifacético;[21] no sólo implica a la persona en sí misma sino a sus orígenes, a su meta y a cómo encaja en la sociedad y en el mundo en general. Alguien que tiene muy clara su identidad conoce sus creencias más profundas, sus valores y sus metas en la vida, y de qué forma le han influido los grupos y las comunidades. Es capaz de responder a la pregunta esencial que surgirá cuando sea un adulto joven, que es: «¿Qué tipo de persona soy y qué tipo de persona quiero ser?» Sin embargo, la identidad no es inamovible. En cada etapa de la vida deberá revisar activamente estas preguntas. Hacia el final de la vida, en vez de preguntarse «¿Qué tipo de persona quiero ser?» tendrá que plantearse: «¿Qué tipo de persona he sido y estoy de acuerdo con ello?» Una persona que ha vivido de acuerdo con sus valores y ha cumplido las metas que se había propuesto en su vida sentirá «integridad del ego»,[22] como dijo Erikson, en lugar de «desesperación».

Investigadores de la Universidad A & M de Texas[23] han examinado la estrecha relación que existe entre identidad y propósito, y han descubierto que conocerse a uno mismo es uno de los principales indicadores del sentido en la vida. En un estudio, un grupo de psicólogos dirigido por Rebecca Schlegel[24] pidió a estudiantes universitarios que enumeraran los diez rasgos que mejor representaran

21. Véase Erik H. Erikson, *Childhood and Society*, Nueva York, W. W. Norton & Company, 1993 (Edición en castellano: *Infancia y sociedad*, Barcelona, Paidós Ibérica, 1983); e *Identity: Youth and Crisis*, Nueva York, W. W. Norton & Company, 1968 (Edición en castellano: *Identidad: juventud y crisis*, Barcelona, Taurus, 1992). Quiero dar las gracias a William Damon y a Dan McAdams por ayudarme a entender las ideas de Erikson sobre la identidad.

22. Erikson, *Childhood and Society*, p. 268.

23. Esta sección se basa en los datos que la autora ha recopilado de sus entrevistas a los investigadores Joshua Hicks, el 17 de febrero de 2015, y Rebecca Schlegel, el 9 de octubre de 2015.

24. Rebecca J. Schlegel, Joshua A. Hicks, Jamie Arndt y Laura A. King, «Thine Own Self: True Self-Concept Accessibility and Meaning in Life», *Journal of Personality and Social Psychology* 96, n.º 2, 2009, pp. 473-490, estudio 3. Para más información sobre el vínculo entre el autoconocimiento y el sentido de la vida, véase también Rebecca J. Schlegel, Joshua A. Hicks, Laura A. King y Jamie Arndt, «Feeling Like You Know Who You Are: Perceived True Self-Knowledge and Meaning in Life», *Personality and Social Psychology Bulletin* 37, n.º 6, 2011, pp. 745-756.

quiénes eran en lo más profundo de su ser, su «verdadero yo»,[25] en contraposición al falso yo con el que a veces se presentaban ante los demás.

Aproximadamente, al cabo de un mes, los estudiantes regresaron al laboratorio para completar la segunda parte del estudio. Mientras los participantes realizaban tareas en el ordenador asignadas al azar, los investigadores proyectaron en las pantallas durante 40 milisegundos, un tiempo demasiado breve como para que pudieran registrar visual y conscientemente el proceso, las palabras que habían utilizado para definir su verdadero yo. Los estudiantes a los que recordaron subconscientemente su verdadero yo[26] dieron más valor a su vida que al inicio del estudio. El recordatorio de tu verdadero yo, aunque sea subconsciente, hace que la vida parezca que tenga más sentido.

Hay una razón para ello.

—Las fuentes de sentido que compartíamos están menguando, así que la gente tiene que interiorizarse para descubrir cuál es la mejor forma de reconducir su vida. Conocer a tu verdadero yo es el primer paso en ese viaje —dijo Schlegel.

Las personas que se conocen a sí mismas pueden elegir caminos que se correspondan a sus valores y habilidades. Alguien cuyos puntos fuertes fueran el amor y el entusiasmo, por ejemplo, podría ser un

---

25. El verdadero yo, escriben los investigadores, se «define como aquellas características que poseemos y que nos gustaría expresar en la sociedad, pero no siempre podemos hacerlo, por razones diversas (...) esos rasgos que puedes expresar entre tus allegados». Según una tradición de la psicología, los psicólogos se refieren a un yo no auténtico, de un modo un tanto confuso, como «el yo funcional» y lo definen como «aquellas características que poseemos y que solemos expresar en entornos sociales». También lo llaman el «yo público». La idea es que la «gente sólo se siente cómoda expresando su verdadero yo entre sus allegados, pero las mantienen ocultas durante la mayor parte de sus actividades cotidianas». Schlegel y col., «Thine Own Self», p. 475.

26. En el grupo de control, les proyectaron los rasgos que ellos habían mencionado antes para describir a su «yo funcional» de un modo subliminal. Los estudiantes que se centraron en su yo funcional, en vez de hacerlo en su verdadero yo, no consideraron que su vida tuviera más sentido después de haber realizado la tarea.

gran educador.[27] Pero no es necesario cambiar de carrera para utilizar tus talentos. Esa misma persona podría utilizar sus dones siendo abogada, le servirían para conectar mejor con sus clientes y ayudarles en sus asuntos legales.[28] Las investigaciones han demostrado que, cuando las personas utilizan sus puntos fuertes en su trabajo, le ven más sentido al mismo y, en última instancia, rinden más.[29] Y cuando persiguen metas que coinciden con esos valores e intereses profundos se sienten más satisfechas y competentes. También es más probable que perseveren a pesar de las dificultades para alcanzar dichas metas, es decir, tienen más determinación.[30]

La historia de Manjari Sharma,[31] una fotógrafa de Brooklyn, nos revela el papel primordial que juega la identidad para ayudarnos a descubrir nuestro propósito. El propósito de Manjari como artista está estrechamente vinculado a su identidad y a sus orígenes, y su viaje puede darnos algunas pistas sobre cómo llegan las personas a conocerse a sí mismas.

Manjari nació en Bombay, India. Se crió en el seno de una familia hinduista donde la religión era omnipresente. En su casa abundaban las representaciones de deidades, igual que en los programas que veía en la televisión, por ejemplo, el *Mahabharata* y el

---

27. Existen varias evaluaciones para ayudarnos a determinar nuestros talentos, incluidos el Gallup StrengthsFinder y el VIA Survey of Character Strengths. Para más información sobre cada uno de ellos, véase Tom Rath, *StrengthsFinder 2.0*, Nueva York, Simon & Schuster, 2007, y Peterson y Seligman, *Character Strengths and Virtues: A Handbook and Classification*.

28. Según Ryan Niemiec, del Instituto para el Carácter VIA, tus talentos no te conducen a ciertas carreras en particular. Lo más importante que has de recordar respecto a tus talentos es que puedes usarlos en diferentes entornos laborales (y no laborales).

29. Véase Claudia Harzer y Willibald Ruch, «When the Job Is a Calling: The Role of Applying One's Signature Strengths at Work», *The Journal of Positive Psychology* 7, n.º 5, 2012, pp. 362-337; y Philippe Dubreuil, Jacques Forest y François Courcy, «From Strengths Use to Work Performance: The Role of Harmonious Passion, Subjective Vitality, and Concentration», *The Journal of Positive Psychology* 9, n.º 4, 2014, pp. 335-349.

30. Sheldon y Elliot, «Goal Striving, Need Satisfaction, and Longitudinal Well-Being: The Self-Concordance Model». Véase también Sheldon y Houser-Marko, «Self-Concordance, Goal Attainment, and the Pursuit of Happiness».

31. Entrevista de la autora, 6 de marzo de 2013, y 16 de octubre de 2015.

Ramayana, ambos basados en las antiguas epopeyas del hinduismo cuyos mitos la cautivaron durante su educación. Cuando iba de vacaciones con su familia a otras partes de su país, su madre siempre la llevaba a visitar los templos hinduistas, algunos de los cuales tenían más de cinco mil años de antigüedad, y se quedaba fascinada contemplando las pinturas y esculturas de deidades como Vishnu, el majestuoso protector del universo, y Shiva, el feroz destructor y transformador, al que se suele representar danzando a lomos de un demonio.

Contemplar estas figuras cuando era pequeña le inspiró un *darshan*. *Darshan* es una palabra sánscrita que significa 'destello' o 'aparición'; significa la esencia de algo. En el hinduismo, *darshan* significa tener una conexión momentánea con lo divino durante su adoración. Manjari sólo tenía ese tipo de experiencias esporádicamente, pero dejaron huella en su imaginación.

Aunque de adulta se ha dedicado al arte, cuando era más joven no tenía intención de ser artista, quería ser dietista. Pero cuando fue a la universidad en Bombay y vio lo gruesos que eran los libros que tenía que leer, con interminables listas de conteo de calorías, se quedó petrificada. Al final, decidió estudiar comunicación visual, aunque no tenía una idea clara de qué era lo que iba a hacer con su título.

Entonces se produjo la serendipia. Con la ayuda de un mentor empezó a descubrir su vocación. En primer curso, tuvo que tomar fotos de vez en cuando para una clase de fotografía. A final de año, su profesor le concedió el premio de lo que sería el equivalente de «la mejor alumna del año» en fotografía.

No se lo podía creer.

—¿De verdad? ¿Realmente soy tan buena? —se preguntaba—. Me cogió totalmente por sorpresa. Simplemente, estaba tomando fotos sin prestar demasiada atención. ¿Y si empezara a tomármelo más en serio?

Actualmente, cuando ya ha expuesto su trabajo en otros países, sigue considerando que el premio que le otorgó su profesor ha sido el reconocimiento más importante que ha recibido como artista. Con ello, no sólo consiguió despertar su vocación de artista, sino que la animó a viajar a Estados Unidos a estudiar fotografía, lo cual hizo en 2001, para asistir a la Escuela Universitaria de Arte y Diseño de Columbus, Ohio.

Una vez allí, cuenta que sufrió un «choque cultural». Por una parte, sus ideas sobre Estados Unidos procedían de lo que había visto a través de Hollywood. Cuando llegó a Columbus, miró a su alrededor y se preguntó: «¿Dónde está la gente?» Se sentía sola y añoraba su hogar, pero al final se adaptó, y no tardó en descubrir que esos sentimientos de añoranza se podían transformar en algo artísticamente productivo.

—Cuando te ves obligada a salir de tu zona de confort y te sientes alienada, suceden cosas increíbles.

Para Manjari, ir a Estados Unidos supuso desarrollar una visión artística de sus experiencias de la infancia.

Después de marcharse de casa ya no siguió practicando el hinduismo con la misma regularidad. A pesar de que los rituales religiosos ocupaban un lugar muy importante en su vida en la India, en Estados Unidos se centró en el arte, en asistir a las clases de historia del arte, en trabajar en proyectos artísticos y en visitar museos con sus compañeras de clase.

—Pasé de vivir en un país donde el arte se adoraba en los templos a uno donde se veneraba y colocaba en pedestales en los museos.

Los museos de arte le recordaban los templos hinduistas que visitaba de pequeña en sus viajes por carretera con su familia. Igual que en el templo, había un componente ritualista en lo de ir a los museos: hacer cola de pie, la expectación, la conexión con la obra de arte.

—Tenía todos los ingredientes del *darshan*.

Esa reflexión fue la que le inspiró su proyecto más ambicioso hasta la fecha. *Darshan*, como lo ha llamado, es una serie de nueve grandes representaciones fotográficas de deidades femeninas y masculinas del hinduismo. Estas imágenes, según me dijo Manjari, pretenden conmover al espectador, del mismo modo que estar en un templo, rodeado por la presencia divina, conmueve al peregrino.

La creación de *Darshan* supuso algo más que hacer fotos a nueve modelos con vestimentas exóticas. Fue un ritual en sí mismo. Para cada retrato trabajó con un equipo de más de treinta artesanos, a fin de crear un elaborado diorama que luego fotografió. Todos los objetos que aparecen en el retrato final, desde las joyas y los trajes hasta el atrezo y los escenarios, fueron hechos a mano, pintados, cosidos y ensamblados en un taller en la India, para crear una representación tradicional de la deidad. Los artesanos, los pintores, los trabajadores y los modelos no fueron sólo personas contratadas para trabajar; lo más importante para Manjari fue que todas ellas compartían su visión.

—Quería que todo el mundo tuviera una relación especial con el decorado que estábamos construyendo. De ese modo, cada miembro del equipo se involucraría personalmente en el proyecto. Muchas personas se pueden unir para crear algo más grande que ellas mismas.

La serie contiene colores intensos y brillantes e imágenes psicodélicas, y cada retrato, al igual que cada deidad, es totalmente único. El primer retrato que terminaron fue una radiante imagen de la diosa Lakshmi sentada sobre una flor de loto de color rosa con elefantes blancos enjoyados de fondo. Laskshmi es la diosa de la fortuna material y espiritual, y en la imagen caen monedas de oro de la palma de una de sus manos. En otro retrato, Maa Saraswati, la diosa de las artes, la música y la educación, está sentada sobre una roca de color arcilla en la jungla y está tocando un instrumento de cuerda con un pavo real a sus pies. Y en otro está Hanuman, el dios mono, que sostiene una montaña con una de sus manos mientras su cola se eleva hacia atrás en el aire.

Hanuman era la deidad que más le impresionaba cuando era joven. Cuenta la leyenda que Hanuman era un niño muy travieso, que usaba sus superpoderes de volar y de transformarse para colarse en los lugares donde estaban los sabios meditando y molestarles con sus travesuras. Un día, los sabios le maldijeron: éste olvidaría sus dones y poderes especiales, y sólo los recordaría cuando realmente los necesitara para hacer el bien. Ese mito le enseñó una lección importante sobre el poder del propósito.

—Todos somos capaces de hacer algo único, pero necesitamos tiempo para descubrir qué es. Tenemos muchas capas que esconden nuestro verdadero potencial, pero hasta que no llega el momento adecuado no descubrimos qué es lo que hemos de llegar a ser o en qué nos hemos de transformar, como Hanuman.

El viaje de autodescubrimiento de Manjari duró casi una década y tuvo muchos giros inesperados. Con la ayuda de un mentor, se dedicó al arte. Luego, marcharse a vivir a otro país desconocido para ella, como Estados Unidos, la ayudó a romper sus limitaciones y le dio la oportunidad de ver con mayor claridad quién era realmente, lo que a su vez, la ayudó a desarrollar una serie de temas que quería plasmar en su arte. Se dio cuenta de que era una persona que tenía una profunda conexión con el mito, la religión y la espiritualidad, y su trabajo lleva el sello de su identidad.

—He descubierto que mi sentido artístico se debe al hecho de que me encantan los mitos y las historias que narra la gente. Me gusta contarlas, escucharlas, aprender de ellas y recrearlas en mis fotos.

Manjari echó un vistazo a las fotos que tenía clavadas en la pared blanca de su estudio: fotos de su madre vestida con sari en una playa de la India, del dios Vishnu emergiendo de las nubes como Venus emergiendo de las aguas y de un padre con su recién nacido en brazos estrechándolo contra su pecho en la ducha.

—Éste es mi propósito, contar historias significativas que conmuevan a la gente, como me han conmovido a mí.

Conocerse a uno mismo no basta, por supuesto. Coss conocía sus talentos desde que era muy joven y los utilizó para lograr sus objetivos como traficante de drogas. Manjari tardó más en descubrir sus dones únicos y no descubrió su objetivo como artista hasta que vio que su trabajo inspiraba a otros. Para ambos, encontrar el propósito supuso tener que ir más allá de lo que conocían de sí mismos: tuvieron que usar ese conocimiento para averiguar de qué forma podían contribuir mejor a la sociedad. Actualmente, los dos emplean su talento para hacer que la vida de otras personas sea mejor: Coss ayudando a los demás a estar sanos y Manjari creando una experiencia sublime para los espectadores.

Aunque vivir con un propósito pueda hacernos más felices y tener más determinación, en realidad, a una persona que tiene un propósito no le preocupan los beneficios personales, sino hacer que el mundo sea un lugar mejor. De hecho, muchos grandes pensadores han dicho que, para que las personas sientan que su vida tiene sentido, han de cultivar sus puntos fuertes, talentos y capacidades innatos en beneficio de los demás.

Ésta es la idea que recalcó el filósofo alemán del siglo XVIII Immanuel Kant.[32] Éste nos pide que pensemos en un hombre —en uno como cualquiera de nosotros hoy en día— que «encuentre en sí mismo un talento que, una vez cultivado, pueda convertirle en un ser humano de provecho en todos los aspectos. Sin embargo, se encuentra en una situación cómoda y prefiere entregarse a la misma, en lugar de esforzarse para superar sus limitaciones y desarrollar sus afortunadas predisposiciones naturales». ¿Qué debería hacer ese hombre? ¿Debería abandonar la idea de cultivar sus talentos en favor de una vida sin complicaciones y agradable o debería perseguir su propósito?

Éstas son las preguntas de fondo que se plantean en la película rodada en 1997 *El indomable Will Hunting*. La historia comienza

---

32. Immanuel Kant, *Groundwork of the Metaphysics of Morals,* editado y traducido por Mary Gregor y Jens Timmermann, Cambridge, Cambridge University Press, 2012, p.35. (Edición en castellano: *Reflexiones sobre filosofía moral,* Salamanca, Sígueme, 2004). Me inspiré para hacer este comentario sobre Kant tras leer un artículo de Gordon Marino, «A Life Beyond "Do What You Love"», *New York Times,* 17 de mayo de 2014.

con Will, un joven de veinte años, de South Boston que tiene traumas psicológicos. Will anda por la vida sin ningún propósito, trabaja de conserje en el MIT y se pasa la mayor parte del tiempo bebiendo con sus amigos, a pesar de que es un genio que puede resolver complejos problemas matemáticos que ni siquiera los licenciados del MIT pueden. Llega un momento en que se mete en un lío por agredir a un oficial de policía, pero tiene suerte: un profesor del MIT, Gerald Lambeau, intercede por él. El juez accede a dejarle en libertad bajo la tutela de Lambeau con la condición de que le visitará regularmente para estudiar matemáticas.

Lambeau quiere que aproveche su talento, así que hace todo lo que puede para ayudarle, y le concierta entrevistas de trabajo con empresarios de prestigio. Pero Will tiene una conducta desafiante. No le interesa desarrollar su don para las matemáticas. Se burla de las personas que le entrevistan e insulta a Lambeau, diciéndole que su investigación es una bobada. Más adelante, cuando el mejor amigo de Will, Chuckie, le pregunta cómo le va con las entrevistas, éste le responde que no está interesado en ser una «rata de laboratorio». Prefiere vivir en South Boston y trabajar en la construcción.

Pero ni Chuckie ni Lambeau quieren que malgaste su potencial, y el primero le dice a su amigo que tiene una actitud egoísta.

—No te lo debes a ti. Me lo debes a mí. Porque mañana, cuando yo tenga cincuenta años, seguiré haciendo esta mierda. Y está bien, no pasa nada —le dice Chuckie. Pero Will tiene la oportunidad de vivir mejor desarrollando sus habilidades, talentos que sus amigos, darían lo que fuera por tener. Pero tiene demasiado miedo—. Sería un insulto para nosotros que siguieras aquí dentro de veinte años —dice Chuckie. Y una pérdida de tiempo para Will.

¿Debería Will desperdiciar su talento porque no quiere desarrollarlo o trabajar empecinadamente para perfeccionar sus habilidades y dominar su arte, como quieren que haga Lambeau y Chuckie?

Para Kant —y también para Chuckie y Lambeau— la respuesta está clara: una persona racional, explica Kant, «deseará necesariamente desarrollar todas sus capacidades, porque éstas están a su servicio y se le han concedido para todo tipo de fines diversos». Es decir, que sus talentos pueden beneficiar a otros y a la sociedad, y, por consiguiente, tiene la obligación moral de cultivarlos. Las ideas de Kant, como indica el filósofo Gordon Marino, resuenan en el imprescindible imperativo cultural actual que se suele escuchar en la temporada de graduaciones, «haz lo que te apasione». Para Kant no se trata de qué es lo que te hace feliz. De lo que se trata es de cómo cumplir con tu deber, de cómo puedes contribuir mejor a la sociedad o, como dijo el teólogo Frederick Buechner,[33] tu vocación se encuentra «donde se encuentran tu felicidad profunda y la necesidad profunda del mundo».

* * *

No todos tenemos una vocación tan clara como la de Will Hunting. En la vida real la mayoría de la gente tiene que elegir un trabajo que corresponda a su educación, con el que, con suerte, podrá mantenerse y mantener a su familia. Las cuatro ocupaciones[34] más comunes en Estados Unidos son vendedor minorista, cajero, cocinero o camarero y administrativo, todas ellas oficios en los que se suele cobrar poco y que no se caracterizan por ser un «trabajo con sentido», al menos no aparentemente.

---

33. Frederick Buechner, *Wishful Thinking: A Seeker's ABC*, Nueva York: HarperCollins, 1993, p. 119. Buechner, como teólogo, tiene una visión teísta de la vocación y la profesión. Buechner escribe: «El tipo de trabajo al que Dios suele llamarte es el tipo de trabajo que *a)* más necesitas realizar y *b)* el que más necesita el mundo que se haga (...) El lugar al que Dios te llama es donde se encuentran tu felicidad profunda y alguna necesidad profunda del mundo». De hecho, la idea de la vocación tiene un origen religioso, como expusieron Bunderson y Thompson, «The Call of the Wild». En la actualidad, los investigadores que estudian la vocación reconocen las raíces religiosas de esta idea, pero la definen como secular. Véase Amy Wrzesniewski, Clark McCauley, Paul Rozin y Barry Schwartz, «Jobs, Careers, and Callings: People's Relations to Their Work», *Journal of Research in Personality* 31, n.º 1, 1997, pp. 21-33.

34. Según la Oficina de Estadísticas Laborales en una nota de prensa de marzo de 2015, bls.gov/news.release/pdf/ocwage.pdf.

Incluso las personas que tienen más opciones se encuentran perdidas cuando han de encontrar una profesión que les llene. Amy Wrzesniewski,[35] profesora de la Escuela Superior de Administración de Empresas de Yale y una experta en encontrar sentido en el trabajo, me dijo que observa mucha ansiedad entre sus clientes y alumnos.

—Creen que su vocación se encuentra escondida debajo de una roca, y que si levantan suficientes rocas conseguirán descubrirla. Si no descubren su verdadera vocación, sienten que les falta algo en sus vidas y que nunca encontrarán un trabajo que les satisfaga.

Y, sin embargo, sólo un tercio o la mitad de las personas que han participado en los estudios de los investigadores consideran su trabajo como una vocación.[36] ¿Significa eso que el resto no encontrará sentido o un propósito para su profesión?

Adam Grant, un profesor de la Escuela de Administración de Empresas Wharton que estudia cómo encuentran sentido las personas, afirmaría que no. Grant señala que las personas que siempre consideran que su trabajo tiene sentido comparten algo:[37] ven su trabajo como una forma de ayudar a los demás. En una encuesta realizada a más de dos millones de personas de quinientos trabajos diferentes,[38] los que más respondieron que encontraban sentido a su profesión fueron clérigos, profesores de inglés, cirujanos, directores de actividades y educación en organizaciones religiosas, administradores en escuelas de primaria y secundaria, terapeutas del área de radiación, quiroprácticos y psiquiatras. Estos trabajos, escribe Grant,

35. Entrevista de la autora, el 18 de abril de 2014.

36. Citado en Ryan D. Duffy y Bryan J. Dik, «Research on Calling: What Have We Learned and Where Are We Going?», *Journal of Vocational Behavior* 83, n.º 3, 2013, pp. 428-436.

37. Adam Grant, «Three Lies About Meaningful Work», *Huffington Post,* 6 de mayo de 2015. Véase también Stephen E. Humphrey, Jennifer D. Nahrgang y Frederick P. Morgeson, «Integrating Motivational, Social, and Contextual Work Design Features: A Meta-analytic Summary and Theoretical Extension of the Work Design Literature», *Journal of Applied Psychology* 92, n.º 5, 2007, pp. 1332-1356.

38. La encuesta fue llevada a cabo por la organización PayScale en 2013, y la lista resultante de los trabajos más significativos se puede encontrar aquí: payscale.com/data-packages/most-and-least-meaningful-jobs/full-list.

«son trabajos de servicio a los demás. Los cirujanos y los quiroprácticos promueven la salud física. Los clérigos y los directores religiosos promueven la salud espiritual. Los educadores promueven la salud mental y social. Si no existieran estos trabajos, habría personas que estarían peor».

Las investigaciones de Grant nos dan una pista sobre cómo puede cualquier persona de cualquier campo descubrir el propósito de su trabajo: adoptando la actitud de servicio. En un estudio, Grant y sus colaboradores estudiaron a un grupo de teleoperadores de un centro de recaudación de fondos de una universidad.[39] Cada uno de ellos pudo conocer a un alumno cuya beca era financiada gracias a su labor. Estos teleoperadores adoptaron una actitud diferente respecto a su trabajo: ver cómo su trabajo influía en la vida de otra persona hizo que descubrieran el propósito de su labor y que fueran más eficientes que el grupo de control. Dedicaron un 142% más de su tiempo a hablar por teléfono con posibles donantes y recaudaron 171% más de fondos.

En un estudio dirigido por Jochen Menges, Grant y sus colaboradores descubrieron un fenómeno similar entre las mujeres que trabajaban en una fábrica de procesado de vales de compra en México.[40] Normalmente, este tipo de trabajadoras no encuentran interesante su trabajo, están poco motivadas y no tienen propósito; por consiguiente, son menos productivas. Procesar vales puede ser aburrido y repetitivo; por lo tanto, cabía esperar que las mujeres que encontraban aburrido su trabajo fueran menos productivas que aquellas a las que les parecía gratificante. Eso es, justamente, lo que Grant y Menges corroboraron. Pero esa tendencia se había revertido en un subgrupo

39. Adam M. Grant, Elizabeth M. Campbell, Grace Chen, Keenan Cottone, David Lapedis y Karen Lee, «Impact and the Art of Motivation Maintenance: The Effects of Contact with Beneficiaries on Persistence Behavior», *Organizational Behavior and Human Decision Processes* 103, n.º 1, 2007, pp. 53-67.

40. Jochen I. Menges, Danielle V. Tussing, Andreas Wihler y Adam Grant, «When Job Performance Is All Relative: How Family Motivation Energizes Effort and Compensates for Intrinsic Motivation», *Academy of Management Journal* (publicado en Internet, 25 de febrero de 2016).

de trabajadoras: las que habían adoptado la actitud del servicio. Las mujeres a las que su trabajo les parecía aburrido eran tan productivas y lo hacían con la misma energía que las que lo encontraban gratificante, pero sólo cuando lo veían como una forma de sacar adelante a su familia. Hasta las tareas más tediosas pueden adquirir sentido cuando nuestros seres queridos se benefician de ellas.

Los padres quizá sean los que mejor conocen el valor de la actitud del servicio. Educar a los hijos es una de las tareas más estresantes que pueda realizar una persona, y, aunque los hijos puedan darnos felicidad,[41] las investigaciones psicológicas han constatado que educar a los hijos hace desgraciados a los padres.[42] Los padres sacrifican su tiempo y espacio por sus hijos, pierden horas de sueño por ellos, y siempre están realizando tareas pesadas como cambiar pañales o disciplinar a los hijos. No obstante, también hay muchos estudios que demuestran que la crianza de los hijos es una poderosa fuente de sentido.[43] Tal como me dijo una madre,[44] «has de poner toda la carne en el asador y a veces me entran ganas de tirarme de los pelos, pero también es muy gratificante». Ser padre ofrece a la gente una oportunidad para dejar a un lado sus intereses personales por el bien de otro. Todo el trabajo difícil y tedioso de ser padre se basa en

---

41. S. Katherine Nelson, Kostadin Kushlev, Tammy English, Elizabeth W. Dunn y Sonja Lyubomirsky, «In Defense of Parenthood: Children Are Associated with More Joy than Misery», *Psychological Science* 24, n.º 1, 2013, pp. 3-10.

42. Para un resumen de las investigaciones sobre ser padres y la felicidad, véase Lyubomirsky, *The Myths of Happiness*, 85. «Aunque las pruebas están mezcladas —escribe Lyubomirksy— una serie de estudios que sólo comparan los niveles de felicidad o satisfacción de los padres y de los que no lo son, de entre todos los grupos de edad y circunstancias personales, desvelan que los padres son menos felices.» Para un buen resumen del complicado vínculo que existe entre ser padres y el bienestar, recomiendo S. Katherine Nelson, Kostadin Kushlev y Sonja Lyubomirsky, «The Pains and Pleasures of Parenting: When, Why, and How Is Parenthood Associated with More or Less Well-Being?», *Psychological Bulletin* 140, n.º 3, 2014, pp. 846-895.

43. Véase, por ejemplo, Nelson y col., «In Defense of Parenthood: Children Are Associated with More Joy than Misery»; y Debra Umberson y Walter R. Gove, «Parenthood and Psychological Well-Being Theory, Measurement, and Stage in the Family Life Course», *Journal of Family Issues* 10, n.º 4, 1989, pp. 440-462.

44. Entrevista de la autora a Eleanor Brenner, el 30 de septiembre de 2015.

el servicio para un fin más grande: contribuir a que un niño se convierta en un adulto responsable.

En el último párrafo de *Middlemarch*, la novelista George Eliot rinde tributo a aquellas personas que hacen que el mundo siga avanzando de maneras que pueden parecer insignificantes pero que son indispensables: «El crecimiento del bien en el mundo depende, en parte, de actos que la historia no recoge; y que las cosas no estén tan mal para ti y para mí como podían haber estado se debe parcialmente a la cantidad de personas que vivieron fielmente una vida anónima y que están enterradas en tumbas olvidadas».[45]

Esos millones de personas, aunque no sean recordadas o sean desconocidas para ti y para mí, marcaron la diferencia en las vidas de las personas con las que se relacionaron diariamente.

La capacidad de ver un propósito en las tareas cotidianas de la vida y del trabajo nos hace avanzar mucho en la búsqueda del sentido. Por ejemplo, ésa fue la actitud que adoptó el conserje que conoció[46] John F. Kennedy en la NASA en 1962. Cuando el presidente le preguntó cuál era su labor, éste parece ser que le respondió que estaba «contribuyendo a que el hombre pisara la Luna». Era la actitud que adoptó un trabajador de vías públicas que se encargaba de dirigir el tráfico cerca de una zona en obras de un tramo de la autopista de Colorado hace algunos años.[47] Estaba de pie bajo el sol y periódicamente giraba una señal de «Stop» en un

---

45. George Eliot, *Middlemarch*, Hertfordshire, Reino Unido, Wordsworth Editions Ltd., 1998, p. 688. (Edición en castellano: *Middlemarch*, Barcelona, Debolsillo, 2004.)

46. Esta historia aparece en Carolyn Tate, *Conscious Marketing: How to Create an Awesome Business with a New Approach to Marketing*, Milton, Australia, Wrightbooks, 2015, p. 44.

47. Bryan J. Dik y Ryan D. Duffy, *Make Your Job a Calling: How the Psychology of Vocation Can Change Your Life at Work*, Conshohocken, Pennsylvania, Templeton Foundation Press, 2012, p. 4.

extremo y la de «Despacio» en el otro. «Hago que la gente esté a salvo», le dijo a un conductor que le preguntó cómo podía soportar un trabajo tan aburrido. «Cuido de los compañeros que están detrás de mí y los mantengo a salvo. También le mantengo a usted a salvo y a todos los coches que están detrás del suyo.» La misma actitud que tuvo un vendedor de comida ambulante hace unos años, cuando mi amiga se dio cuenta de que había hecho un pedido pero se había olvidado el monedero. «Mi trabajo no es aceptar su dinero, sino alimentarla»,[48] le dijo a mi amiga entregándole el taco.

No todos descubriremos nuestra vocación. Pero eso no significa que no podamos hallar un propósito. El mundo está lleno de vendedores minoristas, organizadores de vales, contables y estudiantes. Está lleno de trabajadores de obras públicas que hacen de señalizadores, de padres, de funcionarios y de camareros. Así como de enfermeras, maestros y clérigos a los que el papeleo y las tareas diarias les superan y que a veces pierden de vista su misión principal. Sin embargo, independientemente de lo que hagamos a diario, cuando reconsideramos nuestras tareas y las vemos como oportunidades para ayudar a los demás, nuestra vida y nuestra ocupación se vuelven más importantes. Todos tenemos un círculo de personas, en nuestra familia, comunidad y trabajo, cuyas vidas podemos mejorar. Ése será nuestro legado.

---

48. Gracias a mi amigo Luis Pineda por esta historia.

4

Contar historias

E rik Kolbell[1] recuerda vívidamente el verano de 2003, cuando su hija Kate consiguió su primer trabajo. A Kate, que en aquel entonces tenía catorce años y vivía en Nueva York con su familia, la habían contratado de aprendiza de niñera en los Hamptons. Estaba entusiasmada con trasladarse a Long Island y asumir algunas de las responsabilidades de un adulto. Pero su vida y la de Erik se detuvieron de golpe a las dos semanas de haber empezado a trabajar. El 31 de julio, Erik recibió una llamada de su esposa.

—Un coche ha atropellado a Kate.

—Lo siguiente que recuerdo fue que estaba en mi coche dirigiéndome al hospital Stony Brook, sin conocer la gravedad de su estado o si estaba viva —dijo Erik.

Al llegar al hospital se enteró de que había entrado en quirófano y la estaba operando un neurocirujano pediátrico.

—Eso me dio tres informaciones. La primera es que estaba viva. La segunda es que era grave. Y la tercera es que se trataba de neurocirugía. Tenía una lesión cerebral.

En el hospital llevaron a Erik a un área de espera privada, donde el neurocirujano acudió para hablar con él y con su esposa.

---

1. Erik contó esta historia en el club The Players en un acto organizado por The Moth, el 9 de diciembre de 2014. Esta información procede de esta historia y de una entrevista de la autora del 26 de agosto de 2015.

—Está en coma inducido. Sus constantes vitales están estabilizadas. Hemos tenido que extirparle un trozo de cráneo, para aliviar la presión intracraneal, concretamente del cerebro.

Erik me contó que nunca se había realizado esa operación en un menor, pero fue el «último recurso del doctor. Era lo único que podíamos hacer». Pero no fue suficiente. Esa misma noche se le disparó la presión intracraneal. Tuvieron que volver a operarla.

Erik estaba contando su experiencia por micrófono sobre un escenario con cortinas de terciopelo, en una acogedora sala chapada en madera, en un programa nocturno dedicado a contar historias que organizaba un grupo llamado The Moth. Miró a una audiencia de casi trescientas personas que estaban sentadas en filas abarrotadas y explicó lo que pensó cuando se enteró de que a Kate la estaban llevando de nuevo a quirófano esa noche:

—¿Qué tiene esto de bueno?

Tan sólo veinte minutos antes, durante una pausa con refrigerio y bebidas, la sala se había llenado de risas y alboroto. Pero ahora todos los asistentes estaban inclinados hacia delante en el más absoluto silencio mientras Erik compartía su historia.

Cuando Kate salió de su segunda intervención quirúrgica, eran ya las cinco de la mañana y se encontraba estable. Al final, los médicos recomendaron su traslado al hospital Mount Sinai de Nueva York, donde le practicaron sesiones de terapia intensivas. A causa del accidente perdió el habla y la capacidad matemática, su percepción de la profundidad también estaba afectada y se le habían borrado casi todos los recuerdos. Pero en octubre pudo volver a la escuela a tiempo parcial, a la vez que proseguía con su rehabilitación. En noviembre ya estaba lo suficientemente recuperada como para regresar a Stony Brook, para que los médicos le reemplazaran la parte de cráneo que le habían extirpado en julio.Ésa sería su tercera intervención.

—Fue como un regreso triunfal. Fue como cerrar la puerta y decir: «Sí, lo va a conseguir».

Sin embargo, Erik no dejaba de buscar el sentido en todo lo que había sucedido. «Doy gracias por que esté viva», pensó la noche de su tercera operación. «No sé cuánto más de ella voy a recuperar. ¿Dónde está lo bueno?»

Lo descubrió cuando Kate salió del quirófano. Los dos estaban en la sala de reanimación. Kate todavía estaba «atontada» de la anestesia cuando empezaron a llegar una serie de personas a visitarla.

El primero en llegar fue un médico.

—Kate no te acordarás de mí. Soy el médico que estaba de guardia el día que ingresaste en urgencias.

Al poco rato, entró una enfermera.

—Kate ya sé que no te acordarás de mí, pero soy la enfermera que estaba en el equipo de cirugía que te realizó la primera intervención.

—Kate, no te acordarás de mí, pero soy el capellán que estaba de guardia ese día y estuve un rato con tus padres.

—Kate, no te acordarás de mí, pero soy el trabajador social que se ocupó de tu caso.

—Kate, no te acordarás de mí, pero soy una de las enfermeras que te atendió el segundo o tercer día.

Fue un «desfile de rostros sonrientes», recordó Erik. La última visitante fue una enfermera que se llamaba Nancy Strong, que había supervisado la estancia de Kate en la unidad de cuidados intensivos durante el verano.

—Me la llevé a un rincón de la habitación y le dije: «Me parece maravilloso que vengáis todos a visitar a Kate y a desearle suerte. Pero aquí está pasando algo más, ¿verdad?

—Sí —dijo Nancy—. Efectivamente.

—¿Qué pasa?

—Erik, por cada diez niños que vemos con este tipo de lesión mueren nueve. Sólo hay una Kate. Necesitamos venir a verla, porque ella es quien nos motiva para seguir trabajando todos los días en este lugar.

—Ésta es la redención. Esto es lo bueno —reconoció Erik.

* * *

De joven, George Dawes Green,[2] el fundador de The Moth, pasó muchas tardes en casa de su amiga Wanda en la isla St. Simon de Georgia, donde se crió. Solía sentarse en el porche de casa de Wanda con sus amigos, tomaban whisky y compartían historias de sus vidas, como cuando uno de ellos, Dayton, se emborrachó y dejó escapar seis mil gallinas de una granja donde trabajaba, o cuando otro de ellos, Kenny, se olvidó de tomarse su litio y nadó desnudo más de un kilómetro en el mar antes de que un guardacostas lo rescatara. La historia de Kenny no termina ahí, pues le dijo a la tripulación del guardacostas que lo dejaran en paz.

—Pero si estoy bien —insistía—. Soy una ballena.

Mientras se turnaban contando anécdotas. Green recuerda que «las polillas se amontonaban alrededor de la luz y las cigarras preferían pasar el tiempo en los robles».

Años más tarde, Green vivía en Nueva York. Había publicado dos novelas, una de las cuales *Jurado 224*, se convirtió en un superventas internacional que fue adaptado para el cine y cuyos protagonistas fueron Demi Moore y Alec Baldwin. Green había ganado dinero, vivía en Manhattan e iba a las fiestas sofisticadas de la ciudad. Exteriormente, estaba viviendo el tipo de vida con la que sueñan la mayoría de los escritores.

Pero le faltaba algo. Una noche, en una «sesión de lectura de poesía especialmente pesada» en el centro de la ciudad, Green se dio cuenta de que añoraba esas adorables veladas en el porche de Wanda. Por muy literaria que fuera Nueva York, no había ningún lugar

---

2. La información sobre The Moth, sus orígenes y cómo selecciona y adapta las historias procede de una entrevista de la autora a Green, el 26 de agosto de 2015; entrevista de la autora a Catherine Burns, el 18 de noviembre de 2014; página web de la organización, themoth.org; y Catherine Burns (editora), *The Moth*, Nueva York, Hyperion, 2013.

donde la gente normal y corriente, como los vecinos de Green en Georgia, pudieran subir al escenario a contar una historia personal bien confeccionada y bien narrada. Así que decidió invitar a algunas personas a su apartamento e intentó recrear en su *loft* neoyorquino la experiencia del porche de Wanda.

En 1997, su idea se había convertido en una organización sin ánimo de lucro que tomó el nombre de las polillas que recordaba de esas veladas en la isla de St. Simon. Veinte años más tarde, The Moth ['La Polilla'] se ha convertido en un imprescindible de la escena cultural neoyorquina y en un fenómeno internacional. En la actualidad patrocina más de quinientos programas al año en ciudades como Londres, Los Ángeles o Louisville, hasta ha organizado uno en Tayikistan. Además de los programas en directo, que han conseguido llevar más de quince mil historias como la de Erik a los escenarios, The Moth también es el anfitrión de un *podcast* semanal y del premio Peabody a los programas radiofónicos, y en 2013, publicó su primera colección de historias.

Bajo la dirección artística de la directora Catherine Burns, The Moth selecciona cuidadosamente las historias para buscarles el sentido. Las encuentran de distintas formas: a través de la página web de The Moth; en StorySLAMs, que son concursos a micrófono abierto donde cualquiera puede participar; y por supuesto, gracias al boca a boca. No importa cuál sea la fuente, Burns y su equipo buscan historias en las que haya conflicto y una conclusión, es decir, narrativas que muestren qué es lo que ha llevado al narrador a ser la persona que es ahora, y buscan historias de cambio, que puedan terminar como el escritor irlandés Frank O'Connor terminó su historia breve titulada «Guests of the Nation» ['Invitados de la nación']: «Y nada de lo que me sucedió después, volví a sentirlo del mismo modo».

Las historias más conmovedoras, según Burns, son las que se basan en la vulnerabilidad, pero que no estén demasiado verdes emocionalmente. Las historias deben haber surgido de «las cicatrices, no de las heridas», según sus propias palabras. Deben haber reposado en la mente del narrador, de modo que éste o ésta hayan podido reflexionar sobre la experiencia y haber extraído su significado.

—A veces —dice Burns—, cuando hablas con alguien por teléfono, esa persona cree que ha superado su historia, pero te das cuenta de que todavía no la ha resuelto.

Cuando encuentran una buena historia, Burns y su equipo adoptan el papel de directores. Trabajan con los narradores para ensayar, les ayudan a descubrir los aspectos importantes de su narrativa que les conducirán al punto culminante y a la conclusión final, y pueden sugerir algunos comentarios sutiles para la puesta en escena, como dónde deberían hacer una pausa o hablar más despacio. La intención de Burns es conseguir que las historias lleguen al público con la máxima fuerza posible. Pero hay un efecto secundario. Después de trabajar con The Moth durante más de quince años, ha descubierto que el proceso de elaborar una historia ayuda a los narradores a conectar con los acontecimientos de su vida con una visión renovada, a ver más sentido en sus experiencias y a aprender las lecciones que antes habían intentado evitar.

En un evento que The Moth organizó en 2005 en Nueva York, Jeffery Rudell[3] contó su experiencia sobre la reacción que tuvieron sus padres cuando salió del armario en el primer año de carrera. Él pensaba que le comprenderían, pero se quedó atónito cuando éstos reaccionaron quemando todas sus cosas y retirándole la palabra. Durante seis años intentó comunicarse con ellos, llamándoles y escribiéndoles cartas, pero jamás le respondieron. Al final decidió hacer un último intento, para volver a conectar con ellos. Voló a casa sin previo aviso y se presentó en el despacho de su madre. Incluso entonces, ésta se negó a verle o a hablar con él. Dos semanas más tarde, recibió una corona de flores en su oficina de Nueva York con una nota que decía: «En recuerdo de nuestro hijo».

---

3. La historia de Jeffery se puede consultar en *The Moth*, themoth.org/stories/under-the-influence. Los detalles de esta historia proceden de esta grabación de Internet y de información que me fue enviada a través de varios correos electrónicos en 2013 y 2014.

Mientras Jeffery preparaba su historia para The Moth, al principio pensó que giraría en torno a la ira y el dolor. ¿Cómo pudieron sus padres, que eran quienes le habían enseñado la importancia del amor y de la bondad, tratarle con semejante odio y desprecio?

—Tenía todo el tema de la ira preparado y listo para soltarlo. Pero había un problema, y es que no estaba especialmente enfadado con mis padres.

Después de que su familia le excluyera, buscó consuelo en sus amigos gays, que le contaron que a ellos les había pasado lo mismo con sus padres cuando salieron del armario —al menos al principio—, pero que al final habían empezado a aceptarlo y que era probable que a sus padres les sucediera lo mismo. Lo único que necesitaba era tener paciencia y esperanza. Siguió su consejo y durante años conservó la esperanza de que algún día podría reconciliarse con sus padres. Sin embargo, esa esperanza hizo que, en cierto modo, su vida «se quedara paralizada».

En sus diferentes versiones de la historia que preparó para la organización, se dio cuenta de que se había concentrado tanto en recobrar el amor de su familia que no había pensado en su futuro ni en sus necesidades. Rechazó oportunidades laborales, y rompió con una pareja que se marchó a Los Ángeles para poder quedarse en Michigan, donde vivían sus padres. Quería estar cerca cuando ellos estuvieran preparados para volver a aceptarle en sus vidas.

—Durante años, mi inquebrantable esperanza no hizo más que mantenerme en un estado de estancamiento emocional.

Al final reconoció que su esperanza, en realidad, había sido una forma de negación. No había forma de retomar su relación con sus padres, así que abandonó ese deseo y siguió con su vida. Cuando hizo esto, por fin pudo sentir paz y sintió que había resuelto el conflicto.

—Lo irónico del caso es que contar una historia en el escenario principal de The Moth equivale a diez años de terapia —dijo Burns.

Pocos revelaremos nuestras historias personales delante de una audiencia de desconocidos como hizo Erik Kolbell. Pero todos somos narradores de historias; todos estamos comprometidos, escribe la antropóloga Mary Catherine Bateson, en un «acto creativo»,[4] que es la «composición de nuestra vida». Y, sin embargo, a diferencia de la mayoría de las historias que estamos acostumbrados a escuchar, nuestra vida no sigue el trazado de un arco predefinido. Por el contrario, escribe, «todos hemos trabajado improvisando y descubriendo la forma de nuestra creación por el camino». Es decir, nuestras identidades y experiencias, cambian constantemente. Como un músico de jazz en plena improvisación, puede que, aunque estemos siguiendo un camino, lo abandonemos para tomar otro. Contar historias es nuestra forma de dar sentido a ese acto. Al unir las distintas piezas de nuestra vida en una narrativa, creamos un todo unificado que nos permite ver la coherencia de nuestra vida; y la coherencia, según dicen los psicólogos,[5] es una de las fuentes principales de sentido.

Nuestro impulso de contar historias surge de una arraigada necesidad que tenemos todos los seres humanos: la necesidad de dar sentido al mundo.[6] Tenemos un deseo primario de imponer orden en el desorden, de encontrar una señal en medio del ruido. Vemos rostros en las nubes, oímos pasos en el crujido de las hojas y detectamos conspiraciones en acontecimientos inconexos. Constantemente es-

---

4. Mary Catherine Bateson, *Composing a Life*, Nueva York, Grove Press, 2001, p. 1.

5. Recordemos que la definición de *sentido* de la introducción incluía la coherencia. Véase Michael F. Steger, «Meaning in Life: A Unified Model» y Roy F. Baumeister, *Meanings of Life*. Baumeister compara el sentido de la propia vida con el sentido de una frase: cuanto más coherente es, más sentido tiene. Véase también Aaron Antonovsky, «The Structure and Properties of the Sense of Coherence Scale», *Social Science & Medicine* 36, n.º 6, 1993, pp. 725-733.

6. Para más información sobre nuestro poderoso instinto de buscar la coherencia y su relación con el sentido, véase Steven J. Heine, Travis Proulx y Kathleen D. Vohs, «The Meaning Maintenance Model: On the Coherence of Social Motivations», *Personality and Social Psychology Review* 10, n.º 2, 2006, pp. 88-110; Jerome S. Bruner y Leo Postman, «On the Perception of Incongruity: A Paradigm», *Journal of Personality* 18, n.º 2, 1949, pp. 206-223; y Samantha J. Heintzelman, Jason Trent y Laura A. King, «Encounters with Objective Coherence and the Experience of Meaning in Life», *Psychological Science* (publicado en Internet, 25 de abril de 2013).

tamos recopilando trozos de información y añadiéndoles una capa de sentido: no podríamos funcionar de otro modo. Las historias nos ayudan a dar sentido al mundo, y al lugar que ocupamos en él y a comprender por qué las cosas suceden de este modo. «Contar historias es fundamental en la búsqueda de sentido del ser humano, tanto si contamos historias sobre la creación de la Tierra como sobre las decisiones que tomamos hace tiempo», escribe Bateson.[7]

Las historias son especialmente cruciales cuando se trata de definir nuestra identidad, de comprender quiénes somos y cómo hemos llegado hasta aquí.[8] Veamos la historia de Emeke Nnaka.[9] Cuando tenía veintiún años era defensa de extremo de línea en un equipo de fútbol americano semiprofesional, el Oklahoma Thunder. Durante un partido en Arkansas, Emeka corrió para hacer un placaje; una jugada que había hecho muchas veces. Cuando colisionó con el otro jugador, sus 130 kilos de peso aterrizaron sobre la hierba, como era habitual. Pero esta vez pasó algo diferente: no sintió la caída. Lo único que sintió cuando estaba estirado sobre el césped mientras el público se quedaba en silencio fue esa especie de cosquilleo que sientes cuando te das un golpe en el codo. Los entrenadores llegaron corriendo. Oía el lejano sonido de la sirena de la ambulancia. Le sacaron del campo en una camilla. Cuando intentó levantar una mano para hacer el gesto del pulgar hacia arriba al público, no pudo hacerlo. En el hospital fue sometido a una intervención en las cervicales que duró nueve horas. Cuando se despertó no podía moverse del cuello para abajo.

Emeka no había jugado al fútbol de pequeño. Había lanzado unas cuantas veces la pelota en el patio de recreo del instituto, pero no se dedicó en serio a este deporte hasta su segundo año de univer-

---

7. Bateson, *Composing a Life*, p. 34.

8. Dan P. McAdams, «The Psychology of Life Stories», *Review of General Psychology* 5, n.º 2, 2001, pp. 100-122.

9. Entrevista de la autora el 14 de septiembre de 2015.

sidad, cuando entró en el Oklahoma Thunder. Cuando estaba en primero era «un desastre».

—Pero, cuando el fútbol llamó a mi puerta, fue mi oportunidad para conseguir que todo el mundo se sintiera orgulloso de mí. Recuerdo que pensé: «ésta es una oportunidad para que pueda brillar en lo que sé que soy bueno, así que voy a usar mis talentos para perseguir esa meta». Sentí que me estaba encaminando hacia una meta superior.

Entrenaba duro todos los días, y a medida que se volvía más fuerte y más rápido sentía que por fin su vida iba en una dirección positiva. Después de haber jugado dos temporadas con el Thunder, un entrenador de una universidad de Misuri se puso en contacto con él con la esperanza de reclutarle para el equipo de su universidad.

Tres semanas más tarde, sufría su lesión medular.

Los días posteriores a la operación todavía no era consciente de la gravedad de su situación. Pensaba que pasaría un par de meses en rehabilitación antes de poder volver a jugar. Pero al tercer mes, cuando le dieron el alta, seguía sin poder mover las manos y los brazos, mucho menos las piernas; entonces comprendió que había emprendido un viaje que iba a ser mucho más largo y difícil de lo que había supuesto.

—Se supone que estás en el hospital porque estás enfermo. Cuando te dicen que ya puedes irte a casa, es porque estás mejor. Pero, cuando a mí me dijeron que ya podía irme a casa, no tenía ni aspecto de estar mejor ni me encontraba mejor.

«¿Qué quieres decir con que puedo irme a casa?», pensó. El muchacho que había sido capaz de levantar casi 140 kilos ahora no podía ni levantar un kilo y medio. Su padre tuvo que trasladarse desde Tulsa hasta Georgia para cuidar de él.

Mientras Emeka se adaptaba a su nueva vida, pasó mucho tiempo planteándose preguntas trascendentales: «¿Qué sentido tiene mi vida?», «¿Me casaré?», «¿Podré tener hijos?», «¿Encontraré a alguien que me ame?», «¿Cómo me ganaré la vida?» Antes de la lesión, tenía claro quién era: era un jugador de fútbol, el alma de la fiesta allá donde fuera y un estudiante universitario con muchas oportunidades. Ahora tenía que aceptar que el futuro que siempre había imaginado, la persona que pensaba que llegaría a ser, había desaparecido.

Para empeorar las cosas, tuvo que reconocer que la persona que había sido, ahora, estaba gravemente discapacitada. Cuando se puso a recapacitar sobre cómo era antes de su lesión, se dio cuenta de que había aspectos de su identidad que no le gustaban.

—A decir verdad, profundicé bastante en mi personalidad: era un chico al que le gustaban mucho las fiestas y que no pensaba demasiado en los demás. Pensaba que sólo se vive una vez, así que haz lo que te dé la gana ahora. Mi vida no tenía un propósito.

Se estaba desvelando su identidad, pero a la vez empezaba a manifestarse otra nueva: una identidad positiva. Se dijo a sí mismo que era mejor que el muchacho desorientado y egocéntrico que había sido antes. En primavera de 2010, casi al año de haberse lesionado, empezó a hacer voluntariado en su iglesia como asesor de adolescentes que iban al instituto, desde los primeros cursos hasta los últimos niveles. Hacer de mentor le ayudó a no estar tan centrado en sí mismo y en sus circunstancias, y a concentrarse en otras personas que necesitaban su ayuda y querían aprender de su experiencia de la vida.

—No vi la luz hasta que empecé a ayudar a los demás y me di cuenta de quién era realmente ahora: soy una persona que procura velar por el bien de los demás antes que por el suyo propio.

Dos años después de haber empezado con su voluntariado en la iglesia, volvió a la universidad. Se licenció en 2015 y se apuntó a un master de asesoramiento. Emeka sigue paralizado y no sabe si algún día volverá a caminar, pero tiene la certeza de que su vida actual es mucho más rica espiritualmente que la que vivía antes.

Durante los meses posteriores a su operación pasó mucho tiempo intentando encontrar el sentido a lo que le había sucedido, al momento en que la historia de su vida dio un giro inesperado.

—Antes de la lesión, estaba subiendo por la montaña equivocada.

Cuando se partió el cuello, se cayó de la misma y se dio «contra el duro suelo». Entonces descubrió otra montaña, la que se suponía que debía haber escalado desde un principio, la que le llevaba por el camino que estaba destinado para él. Desde entonces la escala lentamente.

La historia de Emeka sobre su lesión medular es inspiradora para los adolescentes a los que hace de mentor. Pero el psicólogo Dan McAdams argüiría que hasta es más importante para el propio Emeka. McAdams[10] es psicólogo en la Universidad Northwestern y experto en lo que él denomina «identidad narrativa». La identidad narrativa, según McAdams, es la historia que hemos creado sobre nosotros mismos y que hemos interiorizado. Como dice un escritor: «un mito personal respecto a quiénes somos en lo más profundo de nuestro ser: de dónde venimos, cómo hemos llegado a ser como somos y todo lo que eso conlleva».[11] Como sucede con las historias de ficción, incluye héroes y villanos que nos ayudan o nos ponen impedimentos, acontecimientos principales que marcan el hilo de la trama, retos que hemos de superar y sufrimiento que hemos de soportar. Cuando queremos que la gente nos entienda, compartimos nuestra historia o partes de la misma; cuando queremos conocer a la otra persona, le pedimos que comparta parte de su historia.

Es importante que comprendamos que la historia de la vida de una persona no es una narración detallada de todo lo que le ha su-

---

10. La información sobre la investigación de McAdams sobre la identidad narrativa, las historias de redención y el sentido procede de Dan P. McAdams, «The Psychology of Life Stories»; *The Redemptive Self: Stories Americans Live*, Nueva York, Oxford University Press, 2005; «The Redemptive Self: Generativity and the Stories Americans Live By», *Research in Human Development* 3, n.º 2-3, 2006, pp. 81-100; Jack J. Bauer, Dan P. McAdams y Jennifer L. Pals, «Narrative Identity and Eudaimonic Well-Being», *Journal of Happiness Studies* 9, n.º 1, 2008, pp. 81-104; y de una entrevista de la autora, el 20 de mayo de 2014, y de la subsiguiente correspondencia de correos electrónicos en 2014 y 2015.

11. Jonathan Gottschall en *The Storytelling Animal: How Stories Make Us Human*, Nueva York, Mariner Books, 2012, p. 161.

cedido. Por el contrario, hacemos lo que McAdams llama «opciones narrativas». Nuestras historias suelen centrarse en los acontecimientos más extraordinarios de nuestra vida, tanto los buenos como los malos, porque son esas experiencias a las que hemos de encontrarles el sentido, son las que nos hacen ser como somos. Pero nuestras interpretaciones de esos hechos pueden diferir notablemente. Por ejemplo, para una persona, una experiencia primordial de su infancia, como la de aprender a nadar a raíz de que su padre o su madre lo tirara al agua, podría explicar su sentido del yo actual, como emprendedor que no se arredra ante nada y que aprende arriesgándose. Para otra, esa misma experiencia podría explicar la razón por la que odia los barcos y no confía en las figuras de autoridad. Una tercera persona podría pasar totalmente de esta anécdota, por no considerarla importante en la historia de su vida. Para Erik Kolbell, pastor protestante y psicoterapeuta, el accidente de su hija primero le puso a prueba y luego le reafirmó una idea que es esencial para su vocación y, por consiguiente, para sí mismo: que es posible la redención en un mundo donde las personas sufren injustamente.

McAdams hace más de treinta años que estudia historias de vidas y su sentido. En sus entrevistas, les pide a los protagonistas que dividan sus vidas en capítulos y que relaten las escenas clave, como un momento álgido, un momento bajo, un momento decisivo o un recuerdo temprano. Anima a los participantes a que reflexionen sobre sus creencias, sus valores personales y su filosofía de vida. Por último, les pide que reflexionen sobre el tema central de su historia.

Tras analizar cientos de estas historias, McAdams ha descubierto algunos patrones interesantes sobre cómo entienden e interpretan sus experiencias las personas que consideran que su vida tiene sentido. Observó que todas las personas que se sienten impulsadas a contribuir a la sociedad y a generaciones futuras comparten un mismo patrón: son más proclives a contar historias de redención sobre sus vidas o relatos en los que se produce una transición de lo malo a lo bueno. En estas historias, los narradores pasan del sufrimiento a la salvación: sufren un acontecimiento negativo seguido de otro positivo que se produjo a raíz del primero y que, por consiguiente, le da sentido a su padecimiento.

Había un hombre que se crió en un entorno muy pobre, pero le contó a McAdams que las duras circunstancias de su infancia hicieron que su familia estuviera más unida. Una mujer le contó que cuidar de una buena amiga moribunda fue una experiencia desgarradora, pero que la ayudó a reafirmarse en su vocación de enfermera, profesión que había abandonado hacía tiempo. Y había un padre que abandonó su cinismo cuando descubrió la amabilidad y la generosidad inherentes de las muchas personas que ayudaron a su hijo cuando le diagnosticaron un trastorno en el cerebro: «Por horrible que fuera esa experiencia, cuando pienso en ello me doy cuenta de que ganamos más que perdimos, aprendimos más de la vida, de la naturaleza humana y de cuantas buenas personas hay en el mundo». Erik, por su parte, encontró la redención al ver cómo respondió el personal del hospital ante la supervivencia de Kate.

—La redención no hace que la crisis valga la pena, pero hace que haya *algo* que lo valga —dijo Erik.

Estas y otras personas a las que ha estudiado McAdams consideran que su vida tiene más sentido que las de aquellas cuyas historias tienen pocas o ninguna secuencia de redención.

Quiero hacer hincapié en que contar una historia de redención no siempre implica que nuestra vida mejore objetivamente. Erik, por ejemplo, podría haber creado fácilmente un relato en el que el accidente de Kate hubiera tenido consecuencias todavía más negativas. Kate, a raíz de su lesión cerebral, se agota enseguida cuando participa en actos sociales y sigue teniendo problemas con su percepción de la profundidad. Tampoco ha recuperado gran parte de los recuerdos anteriores al accidente. Erik podía haberse concentrado en todos los aspectos en que la vida de su hija se había vuelto más difícil, pero no lo hizo. Contó una historia que redimió en parte lo que le había sucedido. Emeka estaba en una situación similar: su historia podía haber narrado el hecho de que al quedarse paralítico se habían truncado sus sueños, pero, por el contrario, se concentró en el aspecto de que su lesión le había ayudado a ser mejor persona.

Lo opuesto de una historia de redención es lo que McAdams llama una «historia contaminada». En estas historias, las personas consideran que su vida o los acontecimientos han pasado de ser buenos a ser malos. Una de las mujeres que estudió contó la historia del nacimiento de su hijo, un momento cumbre en su vida. Pero luego adoptó una sorprendente opción narrativa: terminó su relato con la muerte del padre de la criatura, al que asesinaron tres años más tarde. En su relato, la dicha que había aportado a su vida el nacimiento de su hijo estaba teñida por esa tragedia. McAdams ha descubierto que las personas que narran historias contaminadas son menos «generadoras», como dicen los psicólogos, o menos propensas a contribuir a la sociedad y a las nuevas generaciones. También suelen padecer más ansiedad, ser más depresivas y sentir que su vida es menos coherente, en comparación con las que cuentan historias de redención.

Las historias de redención y de contaminación sólo son dos tipos de relatos en torno a los cuales puede girar nuestra vida. Algunas de las historias, por ejemplo, se caracterizan por una transformación interna y por el crecimiento personal, mientras que otras lo hacen por el estancamiento o la regresión; en unas hay comunión, amor y sentido de pertenencia, mientras que en otras impera la soledad y el aislamiento; en unas domina la acción, o la creencia de que todos podemos tener el control de nuestra vida; en otras la impotencia, mientras que en otras se produce una combinación de estos temas. McAdams ha descubierto que, más allá de las historias de redención, las personas que creen que su vida tiene sentido, suelen contar relatos que se caracterizan por el crecimiento personal, la comunión y la acción. Estas historias les permiten crearse una identidad positiva: llevan las riendas de su vida, son amadas, están evolucionando y los obstáculos con los que se han encontrado en su camino han sido superados con creces por los buenos resultados que han obtenido.

Nuestras historias revelan cómo nos entendemos a nosotros mismos y cómo interpretamos la forma en que se ha desarrollado nuestra vida. También pueden reforzar los diferentes aspectos de nuestra personalidad. Por ejemplo, es más probable que una persona deprimida o pesimista cuente una historia contaminada sobre su vida, y ese relato nocivo podría conducirle a sentirse peor respecto a sus circunstancias. Pero hay una forma de romper con este ciclo. El hecho de que unos relatos propicien más sentido que otros no significa que las personas que cuentan historias negativas sobre su vida estén encalladas en un círculo vicioso sin sentido. Todos somos los autores de nuestras propias historias y podemos cambiar la forma en que las relatamos.

Una de las grandes contribuciones de las investigaciones sobre psicología y psicoterapia es la idea de que podemos corregir, revisar y reinterpretar las historias que contamos sobre nuestra vida, a pesar de que estemos limitados por los hechos.[12] La psicóloga Michele Crossley escribe que la enfermedad mental suele ser el resultado de la incapacidad de una persona de contar una buena historia sobre su vida. O bien el relato es incoherente o inadecuado, o es «la historia de una vida truncada».[13] El trabajo del psicoterapeuta con los pacientes se basa en reescribir sus historias de un modo más positivo. A través de revisar y reinterpretar su historia con el terapeuta, el paciente acaba dándose cuenta, entre otras cosas, de que controla su vida y puede hallar algún sentido a todas las dificultades a las que ha tenido que enfrentarse. Gracias a ello mejora su salud mental. Una revisión de la literatura científica ha des-

---

12. Como señala Gottschall en *The Storytelling Animal*.

13. Michele Crossley, *Introducing Narrative Psychology*, Buckingham, Reino Unido, Open University Press, 2000, p. 57; citado en Gottschall, *The Storytelling Animal*, p. 175.

tacado que esta forma de terapia es tan eficaz como los antidepresivos o la terapia cognitiva conductual.[14]

Incluso las pequeñas correcciones en una historia pueden tener una gran repercusión en nuestra forma de vida.[15] Esto es lo que descubrieron Adam Grant y Jane Dutton en un estudio publicado en 2012.[16] Los investigadores pidieron a los teleoperadores de un centro encargado de recaudar fondos para una universidad, un grupo que Grant ya había estudiado, que escribieran un diario durante cuatro días seguidos. Crearon dos situaciones. Los participantes de un grupo eran los beneficiarios, es decir, tenían que anotar la última vez que un compañero había hecho algo por ellos que les hubiera inspirado gratitud. Los participantes del otro grupo eran los benefactores, tenían que anotar una ocasión en que ellos hubieran hecho algo por los demás en el trabajo.

Querían descubrir qué tipo de situación incitaría a los sujetos a ser más generosos: una historia en la que eres el receptor del favor de otro o una en la que eres el dador del favor. Para averiguarlo, monitorizaron los registros de las llamadas del centro. Puesto que los recaudadores de fondos cobraban una tarifa fija por hora por llamar a antiguos alumnos y pedir donaciones para la facultad, los investigadores llegaron a la conclusión de que el número de llamadas que hicieran durante su turno era un buen indicador de conducta prosocial y de colaboración. Alguien que hace más llamadas en una hora está siendo de más ayuda para la universidad que alguien que hace menos.

Cuando Grant y Dutton analizaron las historias, observaron que los teleoperadores que actuaron como benefactores, es decir, dado-

---

14. Como señala Gottschall en *The Storytelling Animal.* Véase también Jonathan Shedler, «The Efficacy of Psychodynamic Psychotherapy», *American Psychologist* 65, n.º 2, 2010, pp. 98-109.

15. Para más información sobre lo que el psicólogo de la Universidad de Virginia, Timothy Wilson, ha denominado «corrección de la historia», véase Timothy Wilson, *Redirect: Changing the Stories We Live By,* Nueva York, Back Bay Books, 2015.

16. Adam Grant y Jane Dutton, «Beneficiary or Benefactor: Are People More Prosocial When They Reflect on Receiving or Giving?», *Psychological Science* 23, n.º 9, 2012, pp. 1033-1039.

res, hicieron un 30% más de llamadas a exalumnos después del experimento que las que habían hecho antes del mismo. En los que contaron las historias como receptores no observaron cambios en su conducta. Fue una manera elegante de demostrar que el tipo de historia que contamos nos afecta en nuestra forma de ser.

—Cuando se vieron como benefactores,[17] los teleoperadores sintieron la necesidad de actuar como dadores, lo cual a su vez incitaba a una mayor conducta prosocial —dijo Dutton.

El estudio de Grant y Dutton demuestra que el poder de una historia para crear sentido no termina con la creación de la misma. Las historias que los benefactores se contaron a sí mismos les ayudaron a dar sentido a su conducta, a dedicar su tiempo al servicio de una causa superior. Aunque los teleoperadores sabían que estaban contando sus historias para un estudio, al final acabaron «viviendo» de acuerdo con las mismas, como diría McAdams. Al redefinir sutilmente su narrativa, adoptaron una identidad positiva que les condujo, al igual que a Emeka, a vivir con un mayor sentido de propósito.

Además de rectificar las historias, una de las mejores formas que tienen las personas de encontrar el sentido a través de las narrativas es reflexionar sobre los momentos cruciales de su vida, es decir, la escena o escenas centrales de su narrativa personal, y pensar en cómo han influido esos momentos en quiénes son ahora y en el desarrollo de su vida. Por ejemplo, cuando Emeka me contaba su historia, hubo muchos «¿y si?» durante la misma. ¿Y si pudiera caminar? ¿Y si no me hubiera implicado en ayudar a los jóvenes? ¿Y si todavía pudiera jugar al futbol? Emeka nunca conocerá la respuesta a estas preguntas, por supuesto. Pero, cuando piensa en esos momentos críticos de su vida y los otros caminos que ésta podía haber tomado, las cosas podrían haber sido diferentes, Emeka no sólo está

---

17. Correo electrónico de Jane Dutton del 28 de enero de 2016.

imaginando; está encontrando sentido a sus experiencias y, con ello, está creando sentido.

El ejercicio de imaginar cómo podría haber sido la vida si algo hubiera o no hubiera sucedido es lo que los académicos llaman pensamiento contrafactual. En una investigación publicada en 2010,[18] la psicóloga Laura Kray, de la Universidad de California en Berkeley, y sus colaboradores pidieron a los participantes que fueran a su laboratorio y que reflexionaran sobre experiencias importantes que habían tenido lugar en su vida, y que pensaran cómo creían que se habría desarrollado su vida si éstas no hubieran sucedido.

Por ejemplo, los investigadores pidieron a los estudiantes de la Universidad de Northwestern que reflexionaran sobre su decisión de asistir a esa universidad: «Pensad en qué criterios os basasteis para elegir una universidad. ¿Cómo terminasteis en Northwestern? Reflexionad y mencionad la amplia secuencia de acontecimientos que os llevaron a tomar esa decisión». Tras responder al tema que les habían propuesto, a la mitad de los participantes se les pidió que respondieran a un tema más: «Describid todas las formas en que las cosas podían haber sido de otro modo».

Los científicos observaron que, con este sencillo ejercicio, los participantes daban más valor a las experiencias importantes de su vida. Tenían más tendencia a hacer afirmaciones como «Venir a Northwestern ha dado más sentido a mi vida» y «Mi decisión de venir a Northwestern ha sido una de las decisiones más importantes que he tomado en mi vida», y a decir que ese hecho había influido en su forma de ser. Los investigadores observaron resultados similares cuando pidieron a los participantes que reflexionaran sobre las buenas amistades. Imaginar que no habían conocido a sus

---

18. Laura J. Kray, Linda G. George, Katie A. Liljenquist, Adam D. Galinsky, Philip E. Tetlock y Neal J. Roese, «From What Might Have Been to What Must Have Been: Counterfactual Thinking Creates Meaning», *Journal of Personality and Social Psychology* 98, n.º 1, 2010, pp. 106-118. En el resumen de este ensayo me he centrado en el razonamiento contrafactual respecto a los acontecimientos positivos, pero los investigadores también lo probaron con acontecimientos negativos.

amigos, como que no habían tomado la decisión de ir a Northwestern, llevó a los participantes a la conclusión de que sus amistades eran más importantes.

¿Por qué el pensamiento contrafactual tiene tanta fuerza? La respuesta, según Kray, es que este tipo de ejercicio fomenta más el proceso de dar sentido a las cosas que el mero hecho de reflexionar sobre el sentido de las mismas. En primer lugar, nos ayuda a apreciar los beneficios del camino que hemos tomado. Cuando los participantes del estudio pensaron en cómo hubiera sido su vida sin ese acontecimiento decisivo, principalmente imaginaron alternativas de vida peores, en vez de mejores. Llegaron a la conclusión de que sin ese hecho no habrían tenido muchas de las relaciones y experiencias que eran importantes para ellos. Si no hubiera ido a Northwestern, reflexionó uno de ellos, jamás hubiera conseguido ese trabajo en la empresa de mis sueños. Si no hubiera conocido a Julie en la fiesta, decía otra, nunca me hubieran presentado al hombre con el que me casé.

En segundo lugar, el pensamiento contrafactual hace que contemos historias más coherentes sobre nuestras vidas. En otro estudio, los investigadores descubrieron que las personas a las que se les pidió que eliminaran mentalmente un momento decisivo en su vida, como conocer a su futuro cónyuge, eran más propensas a creer que era algo que «tenía que ser». Llegaron a la conclusión de que su vida no había seguido ese rumbo por casualidad, sino que había seguido un patrón lógico que inevitablemente les había conducido a conocer a su pareja. Según parece, creían que la vida no es algo que simplemente suceda, sino que existe un orden y un diseño.

Muchos de los participantes en los estudios de Kray reflexionaban sobre los momentos positivos de su vida, como ir a la universidad y haber conocido a un buen amigo. Pero la mayoría de los momentos decisivos de nuestra vida son difíciles y dolorosos. Cuando eliminamos esas experiencias de nuestras historias, nos vemos obligados a creer que la vida habría sido mejor si no hubieran sucedido.

Para Carlos Eire, ese momento fue la Revolución Cubana.[19] Tenía ocho años cuando Fidel Castro entró en La Habana en 1959 y le arrebató el poder al dictador Fulgencio Batista. Antes de la revolución Carlos vivía una vida idílica y privilegiada en su ciudad. Su padre era un juez respetable y coleccionista de arte que creía que había sido Luis XVI en una vida anterior y se comportaba como si así fuera. Su madre era una hermosa mujer, devota católica que adoraba a sus dos hijos. Carlos se pasaba la mayor parte del tiempo jugando en la calle e intentando no meterse en líos en su estricta escuela católica solamente para niños.

Pocos días antes de que Castro tomará el poder, Carlos y su familia habían pasado la Nochebuena con los abuelos. Era una clásica escena de la infancia. Cerdo asado para cenar, turrón de postre; Carlos partiendo frutos secos con su abuelo en un balcón; las mujeres reunidas en la cocina contando historias. «Por aquel entonces, no teníamos ni idea de que iba a ser la última vez que toda la familia pasaría junta la Nochebuena en casa de los abuelos», escribió Carlos. Esa noche, su padre había decidido hacer el largo recorrido de vuelta a casa en coche, para que pudieran ver el alumbrado y las decoraciones navideñas que adornaban las casas y las fachadas de las tiendas de la ciudad. «Pronto se acabaría todo, la guerra de guerrillas de Castro y nuestro futuro como familia.»

Poco tiempo después de esa noche, el gobierno de Castro empezó a mostrar sus dientes, torturando y ejecutando a sus rivales políticos, confiscando las propiedades privadas y adoctrinando a los niños en la escuela. Cuando su madre oyó rumores de que Castro pretendía separar a los hijos de sus padres, entró en pánico y decidió enviarle a Estados Unidos junto con su hermano Tony, para que estuvieran a salvo. Ellos se encontraban entre los catorce mil niños

---

19. La información sobre la historia de Carlos es de Carlos Eire, *Waiting for Snow in Havana: Confessions of a Cuban Boy*, Nueva York, Simon & Schuster, 2004 (Edición en castellano: *Nieve en La Habana. Confesiones de un cubanito*, Vintage Books, Penguin Random House, 2007); y entrevista de la autora, el 9 de octubre de 2015.

cubanos enviados a Florida por avión entre 1960 y 1962 como parte de la Operación Peter Pan. Su madre y miles de padres se quedaron en Cuba a la espera de sus permisos para abandonar el país y del día en que volverían a reunirse con sus hijos.

Para su madre, ese día llegó a los tres años de su marcha. En 1965 salió de Cuba hacia Illinois, donde su hermano y él vivían con su tío. Su padre se vio obligado a quedarse en Cuba. Por aquel entonces, su vida ya había cambiado mucho. Cuando llegaron a Estados Unidos, Tony y Carlos tuvieron que vivir en un orfanato de Florida infestado de cucarachas, donde sólo daban una comida al día y eran increpados por los otros muchachos. En Illinois la vida fue algo mejor. Pero, como su madre no sabía inglés y era discapacitada (estaba tullida de una pierna debido a la polio), su hermano y él tuvieron que trabajar para mantenerse ellos y mantenerla a ella. Cuando tenía quince años tuvo que mentir sobre su edad para poder conseguir un trabajo como friegaplatos en el hotel Conrad Hilton de Chicago. De miércoles a domingo trabajaba en el hotel desde las 4 de la tarde hasta las 2 de la madrugada. Sólo tenía unas pocas horas para dormir, antes de levantarse para ir a la escuela, donde sus compañeros de clase le llamaban «sudaca». La relajada vida que había tenido en La Habana le parecía un sueño lejano.

Cuando Carlos ya tenía cincuenta años fue noticia un muchacho cubano llamado Elián González que llegó hasta una playa de Florida, hecho que precipitó una crisis internacional. Por aquel entonces, él ya era profesor de historia en la Universidad de Yale y vivía feliz y estable con su esposa y tres hijos en Connecticut. Rara vez pensaba en su vida en Cuba. Pero la historia de González abrió las compuertas de la presa en su mente. De esa presa salieron un sinfín de recuerdos de la infancia. Sintió el impulso de recopilarlos y escribirlos en una autobiografía que diera sentido a lo que le había sucedido a él y a su familia.

Durante ese proceso, Carlos reflexionó mucho sobre la vida que había perdido. En su relato biográfico *Nieve en La Habana. Confesio-*

nes de un cubanito, piensa en «qué podía haber sido» si no hubiera existido la revolución o si hubieran derrocado fácilmente a Castro. Imagina que la invasión de la Bahía de Cochinos hubiera tenido éxito. Imagina a Castro «en el paredón siendo fusilado con cartuchos de fogueo un día tras otro», soportando el mismo terror psicológico al que él sometió a sus prisioneros. Se imagina habiéndose quedado en La Habana en lugar de haber huido a Estados Unidos. Se imagina de joven poniéndose brillantina en el pelo para ir a los clubes de La Habana. Se imagina yendo al funeral de su padre, al cual nunca más volvió a ver tras despedirse de él en el aeropuerto de La Habana en la primavera de 1962.

—No sé si es posible pensar en la nostalgia sobre el futuro. Pero a veces siento nostalgia por el futuro que podía haber tenido. ¿Cómo habría sido mi vida? ¿Qué tipo de persona podría haber sido? ¿Cómo habría sido mi relación con mi padre? No habría sufrido esta ruptura total entre mi infancia y mi adultez. Habría tenido una continuidad en mi vida —me dijo.

Su vida sin la revolución habría sido mucho más fácil y más despreocupada, cree que no habría tenido las preocupaciones ni las dificultades que tuvo que soportar de adolescente, ni los brotes de depresión que ha padecido de adulto, ni el odio que sentía hacia los comunistas que destruyeron su infancia, libre de problemas económicos.

—Sí, habría sido una vida más sencilla. Pero ¿significa eso que habría sido mejor? No lo creo. Ahora soy lo bastante mayor como para entender que esa ruptura fue positiva. Me hizo ser quien soy.

Cuando Carlos abandonó Cuba a los diez años de edad, acababa de aprender a atarse los cordones de sus zapatos, nunca había hecho las tareas domésticas ni había pasado una noche fuera de casa. No tenía ninguna estrategia de supervivencia. En Estados Unidos tuvo que aprender a cuidar de sí mismo. La adversidad también le ayudó a «crecer moralmente».

—Tuve que experimentar por mí mismo lo que era tocar fondo y eso ha influido en la visión que tengo sobre todas las cosas. Me ha hecho sentir cierto grado de empatía por las personas que tocan fondo y puedo entender hasta qué punto pueden ser injustas las situaciones en las que se encuentran.

Carlos perdió mucho. Pero lo que perdió ha sido compensado por lo que ha ganado, entre lo que se incluye una familia, una carrera con éxito y la fe en Dios.

Laura King, de la Universidad de Misuri,[20] ha dedicado gran parte de su carrera a intentar comprender de qué manera nos puede ayudar la narrativa a dar sentido a la vida que hemos perdido. A finales de la década de 1990, estudió a tres grupos de adultos que habían experimentado grandes dificultades: padres de hijos con síndrome de Down, gays y lesbianas que habían salido del armario y mujeres que se habían divorciado tras veinte años de matrimonio o más. Aunque estudiaba a personas que se encontraban en circunstancias específicas, todas compartían la experiencia universal de la pérdida.

King pidió a estos tres grupos de su investigación que escribieran dos versiones de la historia de su futuro: el relato de su «mejor versión» actual o cómo creían que se iba a desarrollar su vida, y la narrativa contrafactual de su «posible identidad perdida», la persona que *podían haber sido* de no haber tenido que afrontar su gran dificultad. Por ejemplo, los gays y las lesbianas escribieron sobre su vida si hubieran sido heterosexuales, mientras que las mujeres divorciadas escribieron sobre cómo podría haber sido su vida si siguieran casadas. Después de responder a los dos temas, rellenaron un cuestionario indicando cuánto pensaban en cada una de estas versiones de sí mismos.

---

20. La información sobre el trabajo de King procede de Laura A. King y Joshua A. Hicks, «Whatever Happened to "What Might Have Been"? Regrets, Happiness, and Maturity», *American Psychologist* 62, n.º 7, 2007, pp. 625-636; Laura A. King, «The Hard Road to the Good Life: The Happy, Mature Person», *Journal of Humanistic Psychology* 41, n.º 1, 2001, pp. 51-72; y de una entrevista de la autora, el 2 de abril de 2014.

King observó que las personas que pensaban más en su futuro con su identidad actual, más felices eran. La visión de su futuro les daba esperanza porque estaba dentro de su alcance. Sin embargo, las que pensaban más en la posible identidad que habían perdido, más infelices eran. En la época en que King realizó su estudio, la discriminación contra los gays y las lesbianas era más exagerada que en la actualidad. No había ningún estado donde las parejas del mismo sexo se pudieran casar o formalizar su relación civilmente. Por consiguiente, salir del armario podía representar una verdadera pérdida. Para los gays y las lesbianas, pensar con frecuencia en las puertas que se les habían cerrado les producía angustia y dudas; se daban cuenta de que una vida supuestamente normal y sin discriminaciones ni otros obstáculos habría sido mucho más fácil que su vida actual. Lo mismo les sucedía a las mujeres divorciadas.

Como descubrieron ambos grupos, vivir pensando en «lo que podía haber sido» puede ser un proceso emocionalmente doloroso. Al mismo tiempo, este tipo de pensamiento contrafactual les sirvió para ahondar en su propia humanidad. King observó que escribir sobre su identidad perdida con mucho detalle y reflexión estaba asociado a un mayor desarrollo del ego en el caso de los gays, las lesbianas y las divorciadas, dos años después de haber escrito sobre el tema.[21] El desarrollo del ego es una forma de medir la manera en que un individuo ve e interpreta la realidad; el grado en que es capaz de «dominar, integrar y dar sentido a la experiencia», de pensar sobre sí mismo y el mundo de un modo más complejo. Es decir, es una forma de medir la profundidad emocional, algo que se refleja claramente en las historias que recopiló King para su investigación. Un gay escribió este relato sobre su posible identidad perdida de haber sido heterosexual:

---

21. «Para las mujeres divorciadas, la pérdida de la elaboración de un posible yo, estaba relacionada con su actual desarrollo del ego y la interacción con el tiempo que había transcurrido desde su divorcio», escribe King. King y Hicks, «Whatever Happened to "What Might Have Been"?», p. 630.

Cuando crecía me había imaginado con una vida como la de las personas a las que admiraba. Yo aspiraba a ese tipo de vida. Me crié en una ciudad pequeña… Mis padres y sus amistades hacían voluntariado, eran empresarios y participaban activamente en la política de la comunidad. Mi sueño era ser veterinario. Me imaginaba casado (puesto que eso es lo que se supone que ha de pasar). Imaginaba que mi esposa sería la que dirigiría la consulta veterinaria, que sería nuestra… Participaríamos activamente en la comunidad. Las ciudades pequeñas pueden ser muy divertidas… Se me conocería por ser una buena persona y por tener los pies en la tierra… Nuestro negocio iría bien y, al final, se lo dejaríamos a nuestros hijos.

Las personas que escribieron relatos detallados y razonados como el que acabamos de leer, que casi sentían nostalgia por el futuro, como diría Carlos, era evidente que habían pensado mucho sobre la puerta que se les había cerrado. Reconciliarse con esa pérdida fue un proceso difícil pero necesario, que dejó una impronta positiva en la vida que acabaron viviendo. «Evitar pensar en la pérdida puede ser una forma de ser feliz, pero también puede excluir el tipo de reflexión que necesitamos para nuestro crecimiento personal», escribe King.

Las historias que contamos sobre nosotros mismos nos ayudan a entender quiénes somos, cómo se han desarrollado nuestras vidas y cómo podían haberse desarrollado de otro modo. Pero también encontramos sentido en las historias que cuentan otros. Tanto en la ficción como en el cine, en la radio como en el escenario, las historias de otras personas pueden ayudarnos a reflexionar sobre nuestros propios valores y experiencias.

Veamos la novela *La vida de Pi*.[22] Narra la historia de un adolescente llamado Pi que, tras un naufragio en el cual ha muerto su familia, se encuentra en un bote salvavidas con un tigre de Bengala, una hiena moteada, una cebra herida y un amable orangután. Al poco de estar a bordo, se desata el caos en el bote: Pi contempla horrorizado cómo la hiena decapita y engulle a la indefensa cebra y luego mata al orangután. La carnicería prosigue cuando el tigre mata a la hiena y se la come.

Esto hace que Pi y el tigre se queden solos a bordo. Perdidos en el océano Pacífico durante 227 días, hambriento, desesperado y forzado al juego de la supervivencia con el tigre, Pi se esfuerza por seguir adelante, a pesar de haberlo perdido todo. La historia de resiliencia de Pi es increíble, cuando te das cuenta de lo que realmente ha pasado en el bote salvavidas. Resulta que los animales representaban a personas reales. La madre de Pi era el orangután; la cebra, un marinero herido y la hiena era el despreciable cocinero del barco, que se comió al marinero y mató a la madre de Pi. Pero Pi era el tigre. Mató al cocinero y se comió su hígado y su corazón.

El careo de Pi con el tigre fue en realidad una confrontación consigo mismo. Después de explicar lo que había sucedido con la cebra, la hiena y el orangután, Pi explica cómo domó al feroz tigre que mató y devoró a la hiena. Esto demuestra lo que sucedió realmente: tras matar despiadadamente al cocinero, aprendió a controlar sus instintos básicos. Contar la historia del tigre le permitió disociarse de la brutalidad que había presenciado y ejecutado. Sólo a través de la historia pudo hallar el sentido de lo que había sucedido en el bote salvavidas.

Las investigaciones han demostrado que la ficción puede ayudar a las personas que han tenido que soportar pérdidas y traumas

---

22. Yann Martel, *Life of Pi*, Orlando, Florida, Harcourt, 2001. (Edición en castellano: *Vida de Pi*, Barcelona, Planeta de Agostini, 2004.)

a afrontar sus experiencias.[23] Leer historias trágicas les permite procesar lo que les sucedió, a la vez que se mantienen a una distancia prudencial de sus recuerdos y emociones dolorosas. Solo en el bote salvavidas, Pi hace algo parecido: utiliza una fábula para procesar una experiencia que era demasiado dura para enfrentarse a ella. Para Pi, contar la historia de la evolución del tigre era una forma de entender su propia evolución. Del mismo modo que el tigre aprendió a controlar su naturaleza violenta bajo la disciplina de un maestro, Pi desarrolló una serie de cualidades espirituales, emocionales y físicas que le ayudaron a sobrevivir durante los meses que pasó perdido en el mar, antes de llegar a la costa de México. «El mundo no es sólo como es. Es como nosotros lo entendemos, ¿no es así?», dice Pi.

Es evidente que no es necesario experimentar un trauma como el de Pi para adquirir conocimiento gracias a la ficción. En un estudio publicado en 2002,[24] David Miall y Don Kuiken, de la Universidad de Alberta, pidieron a los participantes que leyeran la historia breve «La trucha» de Seán Ó Faoláin. La historia trata de una niña de doce años llamada Julia que encuentra una trucha que está encallada en un pequeño estanque de agua cerca de la casa de verano de su familia. La imagen de la trucha revolviéndose en el agua en su «pequeña prisión» se le queda grabada en la mente. Una noche decide ir a liberarla. Se levanta de la cama, se va hasta el estanque en pijama, la pone en una jarra y se va al río para soltarla en el agua.

Después de que los participantes leyeran la historia, se les invitó a que expresaran en voz alta las partes que más les habían impresionado. Una de las lectoras se veía reflejada en la joven Julia. «Siento una verdadera afinidad con la niña», dijo. Explicó que de

---

23. Don Kuiken y Ruby Sharma, «Effects of Loss and Trauma on Sublime Disquietude during Literary Reading», *Scientific Study of Literature* 3, n.º 2, 2013, pp. 240-265.

24. David S. Miall y Don Kuiken, «A Feeling for Fiction: Becoming What We Behold», *Poetics* 30, n.º 4, 2002, pp. 221-241.

pequeña también hubiera querido salvar a la trucha. Los investigadores observaron que a esta lectora le había sorprendido su admiración por Julia. «Le recordaría algún aspecto "heroico", a veces
oculto, de cuando era pequeña», escribieron los investigadores.
Otro lector comentó que la decisión de Julia de salvar a la trucha
representaba su «primer paso hacia la madurez». A esto añadió,
como si hablara por experiencia propia, que la madurez no se al-
canza de la noche a la mañana, que requiere un tiempo. «No eres
consciente de que estás madurando hasta que han pasado muchos
años y cuando reflexionas sobre ello eres capaz de entender lo que
te sucedió», dijo el participante. A los lectores les emocionaron
más las partes de la historia de Julia que tenían alguna relación con
su propia historia. A raíz de leer «La trucha» adquirieron más conocimiento sobre sí mismos.

Como les sucedió a los participantes del estudio de «La trucha»,
el público de The Moth se emocionó mucho con las historias que
escucharon la noche en que Erik compartió su experiencia con Kate,
y por la misma razón.

—Durante el descanso he visto a una amiga a la que le ha emo-
cionado mucho una historia de la primera parte —dijo el presenta-
dor, David Crabb.

Se refería a una historia que había contado uno de los participantes de esa velada, sobre la muerte de su madre.

—Mi amiga lloraba mientras me hablaba de su propia pérdida, y
me explicaba que esa historia le había hecho conectar más con ese
sentimiento y ese recuerdo.

The Moth atrae a todo tipo de narradores, incluidos un exsecreta-
rio de prensa de la Casa Blanca, un astronauta, Salman Rushdie y
Malcom Gladwell. No importa quién cuente la historia, el efecto sobre el público siempre es el mismo cuando las historias están bien
contadas. «Las historias que hacen levitar a la sala tienen un toque final que nos ayuda a elevarnos, un toque de *pathos*, de autorreconoci-
miento o de bendición poética, que glorifican la historia, aunque sea

brevemente, al ámbito de la fábula o el símbolo»,[25] escribió el escritor del *The New Yorker* Adam Gopnik. Cuando los narradores comparten sus historias con el público no se limitan a crear sentido para sí mismos, sino que también ayudan a los demás a hacer lo mismo.

—Y por eso es tan importante contar historias. Creo que algunas personas piensan que sólo se trata de hablar de uno mismo, sólo yo, yo y yo. Pero, en realidad, de lo que se trata es de lanzarse al vacío, de conectar con la gente y hacerle saber que no está sola —prosiguió Crabb.

---

25. Burns, *The Moth*, xiii.

5

La trascendencia

Volé desde Nueva York a San Antonio y luego conduje unas siete horas hacia el oeste atravesando territorios de serpientes de cascabel y armadillos, vaqueros y ganado, para llegar al Observatorio McDonald en Fort Davis, Texas.[1] El desierto de Chihuahua, que se extiende desde el oeste de Texas hasta México, es unos de los más grandes de Norteamérica y uno de los más implacables. Las ciudades están separadas por cientos de kilómetros. Puedes conducir por una carretera principal durante horas sin cruzarte con otro coche ni ver ningún indicio de vida. Bien pasado el mediodía, cuando me paré para comer, afuera hacía más de 35 ºC. Por la noche, el termómetro había descendido a 1 ºC.

El último tramo del viaje transcurrió entre los espectaculares picos y valles de las montañas Davis. El Paso, la ciudad cercana más grande, estaba a unos 320 kilómetros. Mientras subía por una de esas montañas, empecé a ver las cúpulas blancas del Observatorio McDonald. A 1.830 metros de altura; el punto más alto al que se puede llegar en coche desde las autopistas de Texas, los telescopios forman una acrópolis en el desierto. Por la noche, campean bajo uno de los cielos más oscuros de Estados Unidos continental; tan oscuro que, cuando el Sol y la Luna se han puesto, ni siquiera puedes verte la mano si te la pones delante de la cara.

---

1. Viajé al Observatorio McDonald en dos ocasiones para escribir esta sección. La descripción inicial de mi viaje y la entrevista a William Cochran pertenecen al viaje que realicé el 18 y 19 de marzo de 2013, en que también entrevisté al director del observatorio, Tom Barnes. La fiesta de las estrellas es de mi segundo viaje, el 29 de julio de 2014.

Este aparentemente árido rincón del mundo era el último lugar donde me esperaba encontrar a cientos de personas reunidas para tener una experiencia trascendente. Pero, en la fresca y despejada noche de julio en que visité McDonald, otras quinientas personas se habían congregado allí para asistir a la famosa «fiesta de las estrellas», a fin de realizar uno de los rituales más antiguos conocidos: contemplar las estrellas.

A las 21:45, el cielo estaba oscuro. Era la hora de comenzar. Un guía nos llevó por un camino poco iluminado, que pasaba entre una docena de telescopios, hasta llegar a un anfiteatro. Apretujada entre otros observadores de estrellas, miré hacia arriba para ver el cielo que se extendía sin interrupción de un horizonte a otro, como una gran cúpula alzándose sobre nuestras cabezas. Al principio, sólo se veían unas pocas estrellas. A los pocos minutos, de pronto se vieron cientos.

La mayoría de las estrellas que veíamos tenían cientos de millones de años y estaban a docenas de años luz de distancia, algunas incluso mucho más lejos. Mirarlas es como retroceder en el tiempo: como están tan lejos de la Tierra, hacen falta muchos años para que la luz que emiten pueda llegar hasta nuestros ojos, lo que significa que, cuando vemos las estrellas en el firmamento, las estamos viendo tal como eran hace años. Incluso Alpha Centauri, la estrella más cercana a nuestro sistema solar, se encuentra a 4,3 años luz; el día en que explote y se desintegre, los observadores de la Tierra (en el supuesto de que todavía existamos) nos enteraremos cuatro años y medio después de que haya sucedido.

Nuestro guía Frank empezó el «*tour* de la constelación» señalando el Carro o Cazo, que forma parte de la Ursae Majoris u Osa Mayor. El Carro apunta a Polaris, la Estrella del Norte, en la constelación de la Ursae Minoris u Osa Menor.

—Durante mucho tiempo, las civilizaciones han visto en esta constelación la forma de un oso. Hay una razón para creer que tanto los europeos como los nativos americanos, sin haber tenido ningún contacto entre ellos, vieron el mismo animal en estos puntos distribuidos al azar por el firmamento. Desde una perspectiva antropológica, es muy interesante —explicó Frank.

Cada civilización también les adjudicó una historia a estas estrellas. En la antigua mitología de Grecia y Roma, la historia de los dos osos empieza con el siempre lujurioso Zeus. El gran dios quería seducir a la hermosa ninfa Calisto, que era seguidora de la diosa virgen Artemisa, y había hecho voto de castidad. Zeus no se echó atrás y se acercó a Calisto disfrazado de Artemisa y la forzó. Al cabo de un tiempo, cuando Artemisa vio que Calisto estaba embarazada, la expulsó furiosamente de su círculo. Calisto, sola y vulnerable, andaba errante por los bosques hasta que dio a luz a su hijo Árcade. Poco después, Hera, la esposa de Zeus, en un arranque de celos, se vengó de Calisto transformándola en oso. Años más tarde, cuando Calisto, en forma de osa, se acercó a su hijo Árcade en el bosque, éste casi la mata. Pero entonces apareció Zeus para (intentar) arreglar el agravio. Transformó a Árcade en un oso pequeño y lanzó a madre e hijo convertidos en osos al espacio.

Para los griegos y los romanos de la antigüedad este mito encerraba varias lecciones importantes sobre el ser humano. Nuestro destino como mortales está en manos de dioses caprichosos. Estar en contacto con un ser divino puede conducirnos a la inmortalidad en los cielos, salvo que nos conduzca a una muerte despiadada, por supuesto, como en el mito de Acteón, que murió devorado por sus perros de caza después de que lo convirtiera en un ciervo. El cosmos es un lugar caótico e impredecible para todos.

—Una de las cosas que verán esta noche en los telescopios es la Nebulosa del Anillo, a la que por aquí llamamos «Cheerio Cósmico» —explicó Frank.

Esta nebulosa son los restos de una estrella que liberó al espacio el gas que contenía en su interior y parece un anillo.

—Esto es lo que le acabará sucediendo a nuestro sol, pero todavía falta mucho para eso.

Luego nos dijo que nos fijáramos en la porción sudoeste del cielo, donde se podían distinguir a Marte y a Saturno, el primero de un llamativo rojo y puntos de luz amarillos. Mientras describía los anillos de Saturno, pasó un meteoro. Los asistentes emitieron un grito ahogado de admiración. Un niño dijo en voz alta: «¡Ésta ha sido la primera estrella fugaz que he visto en mi vida!»

Tras el circuito de las constelaciones, nos dejaron un rato a nuestro aire para que paseáramos por los telescopios, cada uno de ellos enfocado en un punto de interés en particular, como Saturno, Marte o la Nebulosa del Cisne, donde, a miles de años luz de la Tierra, nacen estrellas nuevas. Había un telescopio que estaba enfocado en Messier 51, dos galaxias que colisionan entre ellas a 25 millones de años luz. Mirar por ese telescopio era como estar contemplando un momento en el tiempo en que los primeros caballos y los primeros elefantes con trompa empezaban a aparecer sobre la faz de la Tierra.[2] Los seres humanos actuales todavía estaban a 24,9 millones de años luz.

La cola para ver a Saturno daba la vuelta a todo el anfiteatro, así que me puse en la del Cheerio Cósmico. Cuando nuestro sol alcance la misma fase en su evolución que la Nebulosa del Anillo, hará ya mucho tiempo que habrá destruido la vida en nuestro planeta azul. En la cola cerca de mí, había un niño de cinco años que le preguntó a su madre: «¿Mamá, ¿es esto lo que le va a suceder al sol?». «Sí, cariño. Pero todavía faltan muchos millones de años, será mucho después de que papá, yo y tú nos hayamos marchado», respondió ella, respirando profundo.

El pequeño abrazó la pierna de su madre y miró al cielo con los ojos muy abiertos. «¡Guau!»

Al observatorio McDonald llegan astrónomos de todas partes del mundo. Se hospedan en el Astronomers Lodge de la montaña, don-

---

2. «Período Oligoceno», Museo de Paleontología de la Universidad de California, consultado por Internet: ucmp.berkeley.edu/tertiary/oligocene.php.

de siguen un horario nocturno. Durante el día duermen en el alojamiento, que está provisto de gruesas cortinas especiales para que no entre el sol en las habitaciones; por la noche, cuando oscurece lo suficiente para observar el cielo, se pasan horas en las cúpulas de los telescopios.

Llegué al Astronomers Lodge después del mediodía, y recorrí el edificio de puntillas para no interrumpir el sueño de los investigadores. A eso de las tres me dirigí a la cafetería, donde estaban los astrónomos ingiriendo su primera comida del día. Uno de ellos, William Cochran, profesor de la Universidad de Texas en Austin, me invitó a ir con él al telescopio Harlan J. Smith. Esa noche, con la ayuda de una pequeña linterna, me dirigí hacia la cúpula de observación donde había una silenciosa y estrecha sala llena de ordenadores antiguos, delante de los cuales estaba sentado Bill escuchando música mientras anotaba datos pacientemente.

Bill investiga los exoplanetas, que son planetas que orbitan estrellas que no son nuestro sol. Puesto que los planetas no producen su propia luz, cuesta mucho detectarlos y la búsqueda de exoplanetas sigue siendo un campo bastante nuevo de la astronomía: los primeros descubrimientos confirmados de planetas que orbitaban alrededor de otras estrellas se produjeron en la década de 1990. En la actualidad, los científicos han confirmado la existencia de unos dos mil cuerpos celestes de esta naturaleza, una diminuta fracción de los miles de millones de planetas que probablemente existen en el universo. El propio Bill, junto con otros investigadores, han descubierto unos mil exoplanetas.[3]

Bill utiliza la información enviada por la nave espacial Kepler para rastrear las emisiones de luz de las estrellas distantes en el tiempo e introduce sus observaciones en una base de datos que comparte

---

3. Si le interesa contribuir en esta empresa, también usted puede examinar los datos de la luz estelar para buscar pruebas de tránsitos planetarios. La página web de ciencias para los ciudadanos planethunters.org permite que los voluntarios revisen los datos aportados por el Telescopio Espacial Kepler para hallar signos de exoplanetas.

con un grupo de investigadores de planetas, que pueden examinar los datos en busca de patrones que podrían indicar la presencia de algún exoplaneta. Lo que realmente buscan Bill y sus colaboradores es hallar el tipo de planetas —es decir, pequeños, rocosos y que se encuentren a una distancia apropiada de su estrella— que, al igual que la Tierra, puedan albergar vida inteligente. Las probabilidades de que existan este tipo de planetas son «bastante altas», dijo Bill.

—Hay cien mil millones más de galaxias ahí afuera, con cientos de miles de millones de estrellas. Hay miles de millones, cuando no billones, de sistemas solares. Por lo tanto, no creo que estemos solos en el universo. Pero en la actualidad, todavía no lo sabemos. Hay muchas cosas que todavía no sabemos.

Al cabo de unas pocas horas, me llevó a una pasarela exterior que circunda la base del edificio donde se encuentra el telescopio. Se había puesto la luna y estaba oscuro como la boca del lobo. El único ruido que se escuchaba era el del viento. Miré hacia arriba y vi el cielo salpicado por miles de estrellas. Los meteoritos se sucedían uno tras otro, apareciendo y desapareciendo de mi vista. Era lo más extraordinario que había visto nunca.

Cuando volvimos adentro, Bill me mostró una foto que había tomado el telescopio Hubble. Era una imagen aumentada de una diminuta región del universo —un puntito dentro de una minúscula porción— conocida como Campo Ultra Profundo del Hubble. Puede mostrar 10.000 galaxias distantes, algunas de ellas, las más antiguas de las que conocemos su existencia.

El universo empezó hace 13.800 millones de años y algunas de las galaxias de esta toma existían hacía sólo 400 u 800 millones de años después del mismo. Si comprimes esos 13.800 millones de años de existencia del universo en una hora, las galaxias que vemos en el Campo Ultra Profundo del Hubble se formaron a los pocos minutos de producirse el Big Bang. Cuando miramos esta foto, en realidad, estamos mirando el principio de los tiempos, el inicio del mismísimo universo.

—Esto es lo que para mí significa sentir una admiración profunda —dijo Bill.

Desde los albores de la conciencia humana, hombres y mujeres han elevado la mirada al firmamento por la noche y se han maravillado de las estrellas, preguntándose que éran y qué representaban. En el estudio de las esferas celestiales, buscaron respuestas a las preguntas esenciales de la existencia humana. ¿Cómo empezó el mundo? ¿Se acabará algún día? ¿Qué más hay allí afuera? Buscaron presagios, sabiduría e indicios del paso de sus antepasados. Pero lo que realmente buscaban era el sentido.

Lo mismo sucede hoy en día. Cuando elevamos la mirada por la noche, no vemos bolas de fuego al azar o puntos de luz esparcidos por el cielo. Vemos osos y guerreros. Vemos cazadores y cisnes. Vemos la banda blanca de polvo de la Vía Láctea, y, si somos religiosos, pensaremos en el «cielo». Puede que sepamos más sobre las estrellas que nuestros antepasados, pero éstas siguen representando algunos de los misterios más impenetrables de la existencia humana. A pesar del esfuerzo que invertimos en crearnos nuestra vida, las pocas décadas que estamos en la Tierra son muy poco tiempo, en comparación con los miles de millones de años de existencia del universo, antes de que nosotros apareciéramos en él y los que continuarán existiendo, mucho después de que nos hayamos ido.

Podríamos esperar sentirnos insignificantes ante este conocimiento y enfatizar lo absurdas y sin sentido que son nuestras vidas. Pero en realidad es justo lo contrario. La humildad total que sentimos cuando nos damos cuenta de que no somos más que una mota microscópica en un vasto e incomprensible universo, paradójicamente, nos invade de un sentido poderoso y profundo. Un toque de misterio, ya sea bajo las estrellas, ante una espléndida obra de arte, durante un ritual religioso o en una sala de partos de un hospital, puede transformarnos.

Éste es el poder de la trascendencia. La palabra *trascender* significa 'ir más allá' o 'ascender'. Una experiencia trascendente o mística es aquella en la que sentimos que nos hemos elevado por encima de lo cotidiano para experimentar una realidad superior. En el budismo, a veces, la trascendencia se describe como una metáfora de vuelo.[4] El buscador empieza en la Tierra, pero luego se eleva, «rompe el techo». Entonces, como escribe el gran historiador de las religiones Mircea Eliade, «vuela por el aire [y] demuestra figurativamente que ha trascendido el cosmos y ha alcanzado una forma de ser paradójica e incluso inconcebible». La metáfora de «romper el techo» capta el elemento clave de la experiencia mística, ya sea secular o religiosa. Es romper con el mundo profano de revisar los correos electrónicos y desayunar y ceder al deseo de comunión, por breve que sea, con un orden superior y más sagrado. Muchas personas han tenido experiencias trascendentes[5] y las incluyen entre los acontecimientos[6] más importantes y significativos de su vida.

Éste es el caso de William James,[7] el gran psicólogo estadounidense del siglo XIX. Tan interesado estaba en la trascendencia que

---

4. Según Mircea Eliade, *The Sacred and the Profane: The Nature of Religion*, Orlando, Florida, Harcourt, 1987, pp. 175-176. (Edición en castellano: *Lo sagrado y lo profano*, Barcelona, Paidós, 2011.)

5. George H. Gallup Jr., «Religious Awakenings Bolster Americans' Faith», 14 de enero de 2003, gallup.com/poll/7582/religious-awakenings-bolster-americans-faith.aspx.

6. Véase Roland R. Griffiths, William A. Richards, Una McCann y Robert Jesse, «Psilocybin Can Occasion Mystical-Type Experiences Having Substantial and Sustained Personal Meaning and Spiritual Significance», *Psychopharmacology* 187, n.º 3, 2006, pp. 268-283; Roland R. Griffiths, William A. Richards, Matthew W. Johnson, Una D. McCann y Robert Jesse, «Mystical-Type Experiences Occasioned by Psilocybin Mediate the Attribution of Personal Meaning and Spiritual Significance 14 Months Later», *Journal of Psychopharmacology* 22, n.º 6, 2008, pp. 621-632; y Rick Doblin, «Pahnke's "Good Friday Experiment": A Long-Term Follow-Up and Methodological Critique», *The Journal of Transpersonal Psychology* 23, n.º 1, 1991, pp. 1-28.

7. William James, *The Varieties of Religious Experience*, Londres, Longmans, Green, and Co, 1905, descargado en Internet de Google Books (Edición en castellano: *Las variedades de la experiencia religiosa: estudio de la naturaleza humana*, Barcelona, Península, 2002); y Dmitri Tymoczko, «The Nitrous Oxide Philosopher», *The Atlantic*, mayo de 1996. Aunque James escribe en *Las variedades de la experiencia religiosa* que su «constitución le excluye» de disfrutar de los estados místicos «casi por completo» y que «sólo puede hablar de ellos por experiencia ajena» (p. 379), las experiencias con el óxido nitroso parecen ser una excepción. Unos cuantos párrafos más adelante les atribuye un «significado metafísico» (p. 388).

inhaló óxido nitroso —gas de la risa— en varias ocasiones para
«estimular la conciencia mística». Aunque era un científico meti-
culoso y un filósofo pragmático, confesó haber sentido «la emoción
más fuerte» que había experimentado jamás bajo la influencia de la
droga. Algún tiempo después, habló de su experiencia en un acto
público en Edimburgo. «En aquel tiempo, mi mente llegó irreme-
diablemente a una conclusión, y mi impresión de esa verdad ha
permanecido inquebrantable. Nuestra conciencia de vigilia normal, la que llamamos racional, no es más que un tipo especial de
conciencia, mientras que todo lo concerniente a la misma está se-
parado por una finísima pantalla allí es donde se encuentran formas potenciales de conciencia totalmente diferentes... Ninguna
explicación del universo en su totalidad puede ser definitiva si no
incluye estas otras formas de conciencia bastante descuidadas»,
dice James.

En su obra maestra *Las variedades de la experiencia religiosa*, James arguye que las experiencias místicas tienen cuatro cualidades en
común. La primera es que son *pasivas*. Aunque podamos realizar
ciertas actividades para incrementar las posibilidades de tener una
experiencia mística, como meditar, ayunar o tomar drogas que alte-
ren la conciencia, el sentimiento místico parece descender como una
especie de fuerza externa. «El místico se siente como si estuviera
poseído y secuestrado por un poder superior», escribe James. La segunda es que son *transitorias*. La experiencia mística rara vez dura
más de unas cuantas horas, y frecuentemente es mucho más corta. El
sentimiento de profundidad e importancia —o de lo divino, como
bien podría ser— que la caracteriza va y viene en la persona que la
experimenta.

James da a entender que las dos características siguientes son
especialmente importantes. Los estados místicos son *inefables*. Es
difícil, cuando no imposible, traducir en palabras el estado subjetivo
y hacerle justicia. «De esto se deduce que su cualidad se ha de experimentar directamente, no se puede impartir o transmitir a otros.»

Por último, son *noéticas*, es decir, transmiten conocimiento y sabiduría. «Son estados de introspección en las profundidades de la verdad insondable por el intelecto discursivo. Son iluminaciones, revelaciones, repletas de sentido e importancia, aunque todas permanezcan inarticuladas, y, como norma, comportan una curiosa sensación de autoridad perdurable», escribe James. El sentido que obtenemos de la experiencia permanece con nosotros, en general, durante toda nuestra vida.[8]

Durante los estados trascendentes suceden dos cosas remarcables. Según el psicólogo de la Universidad de Pensilvania, David Yaden,[9] que es un experto en trascendencia, primero se esfuma nuestro sentido del yo junto con todas sus preocupaciones y deseos insignificantes. Entonces nos sentimos profundamente conectados con otras personas y con todo lo que existe en el mundo. El resultado es que nuestra angustia por la existencia y la muerte se esfuman, y la vida, por fin, aunque sólo sea por un momento, parece tener sentido, lo que nos proporciona paz y bienestar.

Recientemente, los científicos han empezado a estudiar la respuesta emocional al misterio, al cual se refieren como admiración profunda.[10] Cuando percibimos algo tan grande e inmenso que somos incapaces de explicarlo, como una vista magnífica, una composición musical exquisita, un acto extraordinario de generosidad o lo divino, sentimos una admiración profunda. Como escribió el filósofo del siglo XVIII Adam Smith:[11] «La admiración profunda tiene lugar cuando se presenta algo muy nuevo y singular, y la memoria no

8. Doblin, «Pahnke's "Good Friday Experiment"».

9. David B. Yaden, Jonathan Haidt, Ralph W. Hood, David R. Vago y Andrew B. Newberg, «The Varieties of Self-Transcendent Experience».

10. Dacher Keltner y Jonathan Haidt, «Approaching Awe, a Moral, Spiritual, and Aesthetic Emotion», *Cognition and Emotion* 17, n.º 2, 2003, pp. 297-314.

11. Citado en Jesse Prinz, «How Wonder Works», *Aeon*, 21 de junio de 2013.

encuentra, en ninguno de sus recovecos, imagen alguna que se asemeje a esa extraña aparición». Es decir, la admiración profunda pone a prueba los modelos mentales que usamos para dar sentido al mundo. Entonces, nuestra mente ha de actualizarlos para adaptarse a lo que acaba de experimentar. Esto nos ayuda a explicar por qué las experiencias de misterio y trascendencia son tan transformadoras; cambian nuestra comprensión del universo y del lugar que ocupamos en el mismo.

En 2007, la investigadora Michelle Shiota y sus colaboradores Dacher Keltner y Amanda Mossman publicaron algunos de los primeros estudios empíricos que analizaban cómo nos afecta la admiración profunda en nuestro sentido del yo.[12] Reclutaron a cincuenta estudiantes universitarios para realizar su experimento. Cuando llegaron, en lugar de intentar la hazaña prácticamente imposible de despertar el asombro bajo el brillo fluorescente de su estéril laboratorio de psicología, les condujeron a otro edificio del campus de Berkeley. Allí les esperaba la visión de algo sobrecogedor: en la sala principal del edificio Valley Life Sciences había una enorme réplica de un esqueleto de un *Tyrannosaurus rex*. La réplica era alucinante. Medía casi ocho metros de largo y casi cuatro de alto, pesaba unos 2.300 kilos. Ante ese impresionante esqueleto, se les pidió que respondieran a la pregunta: «¿Quién soy yo?», escribiendo veinte frases que empezaran con «Yo soy».

Cuando analizaron sus afirmaciones se dieron cuenta de que se podían clasificar en cuatro categorías principales. Hubo respuestas físicas, como «Yo soy alto» o «Yo soy delgado». Hubo respuestas relacionadas con el carácter, como «Yo soy divertido» o «Yo soy inteligente». Hubo descripciones de relaciones, como «Yo estoy saliendo con John» o «Yo soy un hermano». Y, por último, hubo respuestas que pertenecían a una «categoría oceánica universal». En

---

12. Michelle N. Shiota, Dacher Keltner y Amanda Mossman, «The Nature of Awe: Elicitors, Appraisals, and Effects on Self-Concept», *Cognition and Emotion* 21, n.º 5, 2007, pp. 944-963.

estas respuestas, las personas se definían a sí mismas como algo mucho más grande que ellas mismas. Escribieron afirmaciones como «Yo soy parte del universo» y «Yo soy parte de la humanidad».

Resultó ser que las personas que habían sentido admiración profunda se veían de un modo muy distinto a sus compañeros del grupo de control. En un estudio anterior, los investigadores descubrieron que los sujetos que habían experimentado admiración profunda tenían una mayor tendencia a decir que se sentían «pequeños o insignificantes», que «no eran conscientes de sus preocupaciones habituales» y que experimentaban «la presencia de algo más grande que sí mismos». En el experimento del dinosaurio, el hecho de que los participantes no estuvieran tan pendientes de sí mismos se tradujo en un sentimiento de conexión con el mundo exterior y con todos sus seres. Ésta es la paradoja de la trascendencia: hace que las personas se sientan insignificantes y, a la vez, conectadas a algo inconmensurable y lleno de sentido. ¿Cómo podemos explicar esta paradoja?

Las experiencias de los meditadores expertos, que describen un fenómeno similar, podrían darnos una pista. En la cumbre del momento místico, sienten que se disuelven los límites de su propio yo y, por consiguiente, desaparece la separación entre ellos y el mundo que les rodea. Experimentan, como explicó un meditador en un estudio, «una sensación de atemporalidad e infinitud.[13] Me siento como si fuera una parte de todos y de todo lo que existe». La monja franciscana del siglo XIII Angela de Foligno describió perfectamente este sentimiento: «Poseía a Dios de tal modo que dejé de estar en mi anterior estado habitual y fui guiada a hallar una paz en la cual estaba unida con Dios y satisfecha con todo».[14]

---

13. Citado en Andrew Newberg y Eugene d'Aquili, *Why God Won't Go Away: Brain Science and the Biology of Belief*, Nueva York, Ballantine Books, 2002, p. 2.

14. Citado en Newberg y D'Aquili, *Why God Won't Go Away*, p. 7.

Cory Muscara también lo ha experimentado.[15] Cory, que procede de South Shore Long Island, fue a la universidad con la intención de estudiar ciencias económicas. Pero, cuando se licenció en 2012, quería hacer algo más con su vida y se marchó a un monasterio en Birmania, donde fue ordenado monje budista. En los seis meses que estuvo allí meditaba de catorce a veinte horas diarias, dormía sobre un fino colchón encima de un catre de madera, tomaba dos sencillas comidas al día, una a las 5:30 de la mañana y otra a las 10:30. En el monasterio se guardaba silencio, no había música ni leían, seguían estrictamente un régimen ascético para romper las barreras de su propio yo.

Cuando Corey partió hacia el monasterio, iba en busca de aventura.

—Todo me asombraba y estaba rebosante de energía. Me entusiasmaba la idea de cortar con todo lo que me proporcionaba bienestar en mi cómoda vida —me dijo.

Cuando llegó al monasterio, construido sobre un terreno de 40 hectáreas de colinas onduladas, se encontró con que su habitación era del tamaño de la celda de una prisión y estaba llena de hormigas. «Esto es justamente lo que quiero», pensó. Transcurridas doce horas, ya no lo tenía tan claro y estaba llorando en su cama, preguntándose por qué había ido a Birmania.

Su situación no mejoró. A medida que pasaban los días siguiendo un estricto programa de meditación, que empezaba cada mañana a las 3:30, sentía un dolor cada vez más intenso de estar sentado en el suelo de la sala de meditación, con las piernas cruzadas, la mayor parte del día. El «manto de dolor» empezaba en el cuello y descendía por la columna, circundaba su abdomen, y tenía calambres si respiraba demasiado profundo. El dolor no le dejaba meditar: no podía distanciarse de sus pensamientos. En lo único que podía pensar era en cómo le dolía el cuerpo. A los cinco días de su llegada, llegó a la conclusión de que no resistiría seis meses así y decidió que iba a re-

15. Entrevista de la autora, realizada el 2 de septiembre de 2015.

gresar a casa. Pero, el día que tenía previsto partir, recordó la razón que le había llevado hasta allí, que era entender mejor el sufrimiento. Así que cambió de idea y decidió quedarse para afrontar el sufrimiento, en lugar de huir, justamente, de aquello que deseaba conocer.

Durante esos largos y dolorosos días practicó, o al menos lo intentó, la meditación mindfulness. (El mindfulness o atención plena es una actitud frente a la vida que consiste en darse cuenta de lo que estamos haciendo, pensando y sintiendo en el mismo momento en el que eso ocurre.) Esta meditación se supone que ha de inspirar un estado de conciencia ensalzada. En vez de repetir un mantra, como se hace en otros tipos de meditación, el practicante se concentra en todo lo que le sucede a él y a su alrededor, como la inspiración y la espiración de su respiración o las sensaciones sutiles de su cuerpo al moverse. «Minfulness significa prestar atención de un modo particular: intencionadamente, en el momento presente y sin juzgar», como expone uno de sus maestros más conocidos, John Kabat-Zinn.[16]

Al final, se supone que el sujeto es consciente de que puede alejarse de sus pensamientos, sentimientos, sensaciones y experiencias y observarlas con neutralidad, en lugar de dejar que le condicionen. En el budismo, el mindfulness es un camino hacia la iluminación o la realización de que el yo es ilusorio. A medida que las distintas capas del yo van cayendo a través de la meditación, lo que va quedando es la experiencia pura del mundo tal como es: una realidad que se define por la unidad y la interconexión, en lugar de por los razonamientos del ego.

Cory regresó a la sala de meditar con la esperanza de entender mejor el sufrimiento. Cada vez que se concentraba en su dolor, se daba cuenta de que su mente se disparaba: «¿Por qué estás haciendo esto? No vas a sacar nada de esta experiencia. ¿Cómo se puede meditar con este calor? Hay demasiados mosquitos. Deberías ir a otro

---

16. Jon Kabat-Zinn, *Wherever You Go, There You Are*, Nueva York, Hyperion, 1994, p. 4. (Edición en castellano: *Mindfulness en la vida cotidiana: donde quiera que vayas, ahí estás*, Barcelona, Paidós, 2009.)

monasterio. Deberías largarte ahora mismo y empezar a salir con mujeres, en lugar de estar aquí sentado en silencio todo el día». Estos pensamientos desataban su ira y agravaban su dolor físico. Pero, con el tiempo, se dio cuenta de que podía romper ese ciclo negativo distanciándose de sus pensamientos y emociones. Al final pude, «simplemente, estar con el dolor», como él mismo dijo. Consiguió estar sentado a la orilla del río y observar el flujo del agua, en lugar de estar atrapado en la corriente, como dice una metáfora que se usa en esta práctica. Aunque le seguía doliendo el cuerpo, el «dolor secundario» del sufrimiento emocional ya no lo empeoraba. Cuando comprendió que podía controlar su experiencia de dolor, supo que podría quedarse los seis meses en el monasterio.

A medida que pasaban las semanas, unos días conseguía meditaciones serenas, mientras que otros su mente era un caos. Cada vez que surgía un sentimiento bueno, como la tranquilidad, Cory se decía a sí mismo: «Esto es lo que quieres, intenta conservarlo». Pero el sentimiento se desvanecía. Cada vez que sentía dolor, se decía: «Esto es malo, intenta resistirte». Pero ese sentimiento también desaparecía.

—Al final, dije: «¡Ya vale! Deja de intentar aferrarte a las experiencias que te gustan y de querer deshacerte de las que no te gustan. En la vida habrá cosas buenas y malas, y por más que intentes atraer lo bueno y evitar lo malo todo volverá a cambiar, así que olvídate de ello». Cuando lo conseguí, ya no sentí ni atracción ni aversión. Simplemente, estaba con mi experiencia y eso me proporcionaba una profunda sensación de ecuanimidad.

Por aquel entonces, intensificó su práctica de la meditación. Cuando llegó al monasterio, meditaba las catorce horas reglamentarias al día y prácticamente todas en la sala de meditación. Más adelante, meditaba de veinte a veintidós horas al día, la mayoría en su pequeña y oscura habitación. Se levantaba a las 2:30 de la madrugada y se acostaba en torno a la medianoche, sólo salía de su habitación para desayunar y comer.

Un día, cuando ya se estaba acercando al final de su estancia en el monasterio, se despertó en un estado de concentración inusual. Antes de abrir los ojos, sintió todas las sensaciones que recorrían su cuerpo como si fueran una corriente eléctrica. A medida que se iba levantando lentamente de su cama, se dio cuenta de que no sólo se estaba moviendo, sino que estaba observando cómo se movía su cuerpo. Durante la meditación de la mañana, su mente no se dispersó ni un instante.

Un poco más tarde, al regresar a su habitación después del desayuno, se detuvo en un puente y se sentó en un lugar frente al estanque. Los días anteriores, cuando había meditado en ese mismo lugar, había sentido paz y tranquilidad, pero nada más. Sin embargo, ese día en particular, cuando miró el agua, su estado de concentración se fue intensificando cada vez más, y entonces le sucedió algo increíble: su sentido de separación entre el estanque y él desapareció. Antes, siempre había experimentado que él era una entidad distinta que contemplaba el estanque, otra entidad diferente.

—Ahora todo era unidad, no-dualidad, comunión —dijo Corey.

Sintió que se fusionaba con todo lo que le rodeaba.

—Vi claramente que la idea de yo (de la distinción, del mí, de lo interno y lo externo) no era más que una ilusión, algo creado por la mente. Como las volutas de humo que salen de una pipa. La idea se evapora en cuanto dejas de crearla.

Cuando su mente dejó de crear esa ilusión en el estanque esa mañana, se abrió su corazón y se sintió invadido por una ola de compasión.

—Cuando te conviertes en nada, te das cuenta de que eres uno con todo.

Al mes siguiente, cuando regresó a su casa de Long Island, su visión de la vida había cambiado. En vez de buscar una carrera lucrativa, quería ayudar a otras personas a que aprendieran a aliviar su sufrimiento. Empezó a trabajar como profesor de mindfulness. El subidón emocional de su experiencia en Birmania empezó a desaparecer, pero no lo que aprendió allí. Cuando empezó a enseñar, por ejemplo, se dio cuenta de que necesitaba ganar más dinero y convertirse en un gran maestro. Pero, en cuanto se dio cuenta de que su ego estaba empezando a cobrar protagonismo de nuevo, entregó su orgullo y se concentró en sus alumnos.

—Ahora me resulta más fácil dejar de estar centrado en mí, porque he visto con toda claridad lo ilusorio que es el yo.

Los científicos pueden observar cómo se desarrollan en el cerebro las experiencias místicas de las personas como Cory. Andrew Newberg, neurocientífico de la Universidad Thomas Jefferson, investiga la actividad del cerebro de meditadores asiduos, incluidos budistas, católicos y sufíes, para determinar qué es lo que sucede exactamente durante los estados trascendentes. En un estudio, observó con sus colaboradores a ocho practicantes de meditación budista tibetana experimentados,[17] utilizando un sistema de imagen para las tomas del cerebro denominado tomografía computarizada de emisión monofotónica o SPECT.

Los científicos midieron el nivel básico de actividad cerebral de los participantes y les dejaron solos para que meditaran en una habitación privada. Cuando uno de los meditadores sentía que estaba a punto de llegar a un momento de trascendencia, tiraba de un cordón largo que Newberg y su colaborador Eugene d'Aquili estaban monitorizando desde otra habitación. Entonces, le inyectaban una sustancia radiactiva a través de una larga vía intravenosa y, cuando la meditación finalizaba, le conducían hacia una cámara de alta tecnología que fotografiaba su actividad cerebral. La sustancia radiactiva permitía a los investigadores ver la cantidad de sangre que fluía a varias regiones del

---

17. Andrew Newberg, Abass Alavi, Michael Baime, Michael Pourdehnad, Jill Santanna y Eugene d'Aquili, «The Measurement of Regional Cerebral Blood Flow during the Complex Cognitive Task of Meditation: A Preliminary SPECT Study», *Psychiatry Research: Neuroimaging* 106, n.º 2, 2001, pp. 113-122. Véase también Andrew Newberg, Michael Pourdehnad, Abass Alavi y Eugene d'Aquili, «Cerebral Blood Flow during Meditative Prayer: Preliminary Findings and Methodological Issues», *Perceptual and Motor Skills* 97, n.º 2, 2003, pp. 625-630. El material para esta sección también procede de una entrevista de la autora a Newberg, el 25 de abril de 2013.

cerebro: a mayor flujo sanguíneo, mayor actividad existe en esa parte del cerebro; a menor flujo sanguíneo, menor actividad.

En el momento cumbre de la experiencia mística, Newberg y d'Aquili descubrieron que los meditadores sufrían un descenso de la actividad en la parte posterosuperior del lóbulo parietal; una zona del cerebro que Newberg llama la «zona de la orientación y asociación» porque sus funciones principales son situar al yo en el espacio, seguir el rastro de las fronteras físicas y distinguir entre el yo y el no-yo. El área de la orientación y la asociación suele estar muy activa, recopilando información sensorial del mundo y usando esa información para realizar la delicada función de ayudarnos a movernos por el espacio. Cuando los estímulos neuronales de esta área descienden precipitadamente, como les sucede a los meditadores, el cerebro ya no puede separar al yo de su entorno. Los sujetos se sienten conectados con todos y con todo: experimentan un sentimiento de unidad.

Newberg, en una nueva línea de investigación, ha estudiado las mentes de los meditadores místicos sufíes.[18] El trabajo con los sufíes se encuentra en sus etapas iniciales y exploratorias —hasta la fecha sólo ha estudiado a dos—, pero podría aclarar más los puntales neurológicos de los estados místicos. Durante la meditación, los cerebros de los sufíes mostraban un descenso de la actividad del lóbulo frontal, que es la zona donde se toman las decisiones y que nos confiere una sensación de control sobre nuestro entorno y nuestras acciones. Si el lóbulo frontal recibe muchos menos estímulos neuronales que de costumbre, entonces se cierra la parte lógica y controladora de nuestra mente y experimentamos una sensación de entrega.

Aunque el momento trascendente, como señaló William James, también pasará, puede dejarnos una marca indeleble en nuestra psi-

---

18. Andrew Newberg y Mark Robert Waldman, *How Enlightenment Changes Your Brain: The New Science of Transformation*, Nueva York, Avery, 2016.

que. La gente puede sufrir una transformación profunda después de una experiencia de pérdida del yo. Veamos la historia del exastronauta Jeff Ashby.[19] Jeff no era más que un niño cuando Alan Shepard se convirtió en el primer estadounidense que voló al espacio. Era el mes de mayo de 1961. La NASA había sido creada tres años antes. Los soviéticos habían enviado su primer hombre al espacio tan sólo un mes antes. Y Ashby, a la tierna edad de seis años, empezó a soñar con ir al espacio.

Eran unos tiempos fascinantes para un jovencito que soñaba con explorar el espacio. Al cabo de una década del viaje de Shephard con el Proyecto Mercurio,[20] Estados Unidos lanzó al espacio la nave *Apolo 8* para orbitar la Luna. Fue un punto de inflexión en la historia y un rayo de esperanza y optimismo, en un año, 1968, que había sido bastante convulso, con los asesinatos de Martin Luther King Jr. y Robert Kennedy. Nunca antes se habían atrevido los astronautas a viajar más allá de la cercana órbita terrestre. Nunca habían orbitado otro cuerpo celeste.

El día de Nochebuena, el joven Ashby, con sus catorce años, sintonizó la televisión como el resto del mundo para ver la retransmisión en directo de la misión. La tripulación circundó la Luna diez veces y se turnaban leyendo partes del Génesis: «En el principio Dios creó el cielo y la tierra. Y la tierra era informe y vacía; y las tinieblas cubrían la superficie del abismo, y el Espíritu de Dios se cernía sobre las aguas. Y Dios dijo: "Haya luz. Y hubo luz"».

La tripulación del *Apolo 8* también tomó fotografías impresionantes; de ellas, la más famosa es la que bautizaron como *Earthrise* ['Salida de la Tierra']. Ver una foto de la Tierra desde el espacio cambiaría la comprensión que tenía la humanidad sobre sí misma. A miles de kilómetros de distancia, nuestro planeta parecía dimi-

---

19. Entrevista de la autora, el 17 de julio de 2014.

20. La información sobre los comienzos de la exploración espacial proceden de la página web de la NASA y de mi conversación con Ashby.

nuto y frágil. El 25 de diciembre de 1968, un día después de haber tomado esa foto, el poeta Archibal MacLeish escribió en el *New York Times*:[21] «Ver la Tierra como realmente es, pequeña, azul y hermosa en ese silencio eterno en el que flota, es vernos como jinetes que cabalgan juntos sobre ella, como hermanos en esa belleza brillante en el eterno frío; hermanos que ahora saben que son realmente hermanos».

En las décadas que han transcurrido desde que los primeros seres humanos fueron al espacio, menos de seiscientos astronautas, cosmonautas y taikonautas han tenido la oportunidad de ver toda la Tierra desde esa perspectiva exterior. Jeff es uno de ellos. En 1999, cuando tenía cuarenta años, realizó su sueño de juventud. Viajó al espacio como piloto con la primera mujer comandante de la lanzadera espacial, Eileen Collins. Su misión era desplegar un gran telescopio llamado Chandra, un complemento del telescopio Hubble que tomaría fotografías de fenómenos altamente energéticos, como agujeros negros, explosiones estelares y colisiones entre galaxias. Ashby y Collins tenían programado despegar el día del trigésimo aniversario del alunizaje. El tiempo que se tardaba desde el despegue hasta llegar al espacio era de 8 minutos: 8 minutos para pasar de estar en la Tierra a estar en órbita a 240 kilómetros por encima de la misma. ¡Hablando de romper el techo!

Desde el espacio, Ashby vio la Tierra como una esfera suspendida precariamente en el oscuro vacío.

—La atmósfera era increíblemente fina, como un trozo de papel cubriendo una pelota de baloncesto. Toda la existencia humana residía bajo ese velo diáfano. Te das cuenta de que la humanidad entera se encuentra en esa pequeña capa sobre la superficie de esa roca. Reconoces lo cerca que estamos de una posible extinción a causa del

---

21. James H. Billington (prefacio), *Respectfully Quoted: A Dictionary of Quotations: Compiled by the Library of Congress*, Nueva York, Dover Publications, 2010, p. 328.

vacío espacial. Eres consciente de lo pequeño que es nuestro planeta. Puedes circundarlo en sólo 90 minutos. Salvo una o dos excepciones, no se pueden ver las fronteras entre los países. Sólo ves una masa contigua de tierra y agua. Reconocí que lo que sucedía en una parte del planeta afectaba a la otra. Sentí lo que era la conexión: que todos estamos conectados de algún modo.

Para conseguir viajar al espacio hacen falta años de entrenamiento y trabajo duro en las esferas académicas, militares y gubernamentales más altas. Los que lo consiguen forman parte de un grupo de élite de héroes y heroínas que son reconocidos por la cultura contemporánea e idolatrados en los libros de historia. Por lo tanto, no es de extrañar que la mayoría de los astronautas, incluido Ashby, se sientan motivados por la ambición y el éxito.

La gloria de volar al espacio era lo que motivó a Ashby durante muchos años. Pero, después de esa primera misión, sintió que algo había cambiado en su interior. Empezó a buscar una vía más profunda de realización personal, una que se centrara más en el bien supremo, en lugar de en las metas personales. Otros astronautas que han viajado al espacio han relatado una transformación similar. Según un estudio,[22] abandonan sus antiguos valores egocéntricos como el éxito, el disfrute y la autosuficiencia por otros autotrascendentes, como la unidad con la naturaleza, la fe en Dios y la paz mundial.

—Desarrollas una conciencia global al instante, te orientas hacia las personas, sientes una profunda insatisfacción por el estado en que se encuentra el mundo y la compulsión de querer hacer algo para remediarlo. Desde allí afuera, en la Luna, la política internacional te parece de lo más mezquino. Desearías agarrar a los políticos por el

---

22. Peter Suedfeld, Katya Legkaia y Jelena Brcic, «Changes in the Hierarchy of Value References Associated with Flying in Space», *Journal of Personality* 78, n.º 5, 2010, pp. 1411-1436. Véase también David B. Yaden, Jonathan Iwry, Kelley J. Slack, Johannes C. Eiechstaedt, Yukun Zhao, George E. Vaillant y Andrew Newberg, «The Overview Effect: Awe and Self-Transcendent Experience in Space Flight», *Psychology of Consciousness*.

pescuezo y llevarlos a 385.000 kilómetros de la Tierra y decirles: «¡Mirad eso, imbéciles!»[23] —dijo otro astronauta.

Los científicos han denominado a este radical cambio de perspectiva el Efecto Perspectiva.

Ashby voló en dos misiones más para ayudar en la construcción de la Estación Espacial Internacional. A los cincuenta y dos años abandonó la NASA. Como muchos otros astronautas que han experimentado el Efecto Perspectiva, llegó a la conclusión de que quería contribuir con su experiencia y talento a crear algo más grande. Ron Garan,[24] por ejemplo, fundó Manna Energy Ltd., una organización medioambiental que llevó agua potable a pueblos de Ruanda y Kenia, y Edgar Mitchell,[25] fundó el Instituto de Ciencias Noéticas, que se dedica a la investigación de la conciencia humana.

Ashby, basándose en su experiencia espacial, dedicó mucho tiempo a pensar en el futuro de la humanidad y de la Tierra.

—No puedes ver el delgado arco azul de nuestra atmósfera desde el espacio sin preocuparte por proteger esa frágil banda de vida y desear contribuir a su conservación.[26]

Ashby se dio cuenta de que el planeta perecerá algún día o se volverá inhabitable y la humanidad tendrá que marcharse a otro lugar para sobrevivir.

—Quizá sea dentro de nuestro sistema solar, pero a la larga, puesto que nuestro sol tiene una vida finita, tendremos que trasladarnos a un planeta que orbite alrededor de otra estrella y comenzar allí otra civilización.

Ahora, Ashby trabaja para una compañía llamada Blue Origin, fundada por Jeff Bezos, el presidente ejecutivo de Amazon.com. En

---

23. «Edgar Mitchell's Strange Voyage», *People*, vol. 1, n.º 6, 8 de abril de 1974.

24. Ron Garan, *The Orbital Perspective: Lessons in Seeing the Big Picture from a Journey of 71 Million Miles*, Oakland, California, Berrett-Koehler, 2015.

25. «Edgar Mitchell's Strange Voyage».

26. Esta cita aparece en su biografía en la página web de Mosaic Renewables.

dicha empresa, Ashby colabora junto con sus colegas en desarrollar una tecnología que permita a las personas viajar al espacio. Su meta a largo plazo es ayudar a la humanidad a salir del planeta cuando éste se vuelva inhabitable. Pero, a corto plazo, pretende que las personas corrientes puedan viajar con seguridad al espacio para experimentar el Efecto Perspectiva y, quizá, regresar cambiadas.

Pocos viajaremos alguna vez en una nave espacial. Pero incluso estando aquí, en la Tierra, podemos experimentar la trascendencia recurriendo al mundo que nos rodea. Puede que nadie entendiera mejor esto que John Muir,[27] el naturalista del siglo XIX que impulsó la creación del sistema de los parques nacionales y fue el primer presidente del Sierra Club.

Muir nació en la ciudad costera de Dunbar, Escocia. Fue allí donde se enamoró por primera vez de la naturaleza, cuando salía a pasear con su abuelo siendo todavía muy pequeño. Cuando fue lo bastante mayor para ir solo, pasaba su tiempo libre a orillas del mar del Norte o cerca de las praderas. Cuando su familia emigró a Estados Unidos en 1849, el joven Muir, que por aquel entonces tenía once años, encontró otra zona de recreo natural en la granja de Wisconsin donde se asentaron. Aves, insectos, ardillas, flores y helechos le fascinaban.

El amor que sentía Muir por la naturaleza se hizo más profundo a medida que se fue haciendo mayor. A los veinte y pocos años, ingresó en la Universidad de Wisconsin para estudiar botánica. El interés en la botánica le hacía «volar hasta los bosques y las praderas loco de entusiasmo», como escribiría más adelante. «Al igual que el resto de las personas, siempre me habían gustado las flores, me había sentido atraído por su belleza externa y su pureza. Ahora, mis ojos estaban abiertos a su belleza interna. Todas revelaban gloriosos rasgos de los pensamientos de Dios, que me conducían cada vez más hacia el cosmos infinito.»

---

27. La información biográfica de Muir procede de Donald Worster, *A Passion for Nature: The Life of John Muir*, Nueva York, Oxford University Press, 2008; y John Muir, *The Story of My Boyhood and Youth*, Boston, Houghton Mifflin, 1913, descargado de Google Books.

Si esas flores le entusiasmaban, las montañas de Sierra Nevada de California le hacían entrar en un delirio extático. Muir se trasladó a California en 1868, y pasó el verano del año siguiente en lo que en la actualidad es el Parque Nacional Yosemite, donde «brincó por las rocas y las laderas de las montañas, se encaramó a la orilla de aterradores precipicios, el rocío de las cascadas le salpicó el rostro, atravesó praderas rebosantes de lirios, se rió ante las exuberantes excentricidades de los saltamontes y ardillas listadas, acarició las cortezas de gigantescos cedros de incienso y pinos de azúcar y durmió sobre aromáticos colchones de ramas de píceas». Este Juan el Bautista del siglo XIX estaba impresionado por la unidad y la armonía que percibía en la naturaleza. «Cuando intentamos coger algo por sí solo, descubrimos que está enganchado al resto del universo», escribió.

La veneración que sentía Muir por la naturaleza estaba influenciada por el trascendentalismo,[28] un movimiento filosófico que floreció en Nueva Inglaterra por la fecha de su nacimiento. Una de las obras fundamentales de dicho movimiento fue el ensayo *Naturaleza*,[29] que escribió Ralph Waldo Emerson en 1836. Para Emerson, la belleza que hallamos en la naturaleza es una manifestación de Dios y una puerta hacia el mismo. Pero Emerson pensaba que la mayoría de las personas eran incapaces de apreciar ese esplendor. Estaban demasiado distraídas, como lamentaba su amigo Henry David Thoreau, por las tareas de la vida cotidiana; problema que no hacía más que empeorar con la aceleración del ritmo de la vida que ocasionaba la industrialización y la llegada del ferrocarril. «Para la mente embrutecida, toda la naturaleza es pesada. Para la mente iluminada, el mundo entero arde y reluce»,[30] escribió Emerson.

---

28. James Brannon, «Radical Transcendentalism: Emerson, Muir and the Experience of Nature», *John Muir Newsletter*, vol. 16, n.º 1, invierno de 2006, descargado de Internet de la página web de Sierra Club.

29. David Mikics (editor), *The Annotated Emerson*, Cambridge, Massachusetts, Belknap Press, 2012.

30. Ralph Waldo Emerson y Waldo Emerson Forbes (editores), *Journals of Ralph Waldo Emerson with Annotations: 1824-1832*, Boston, Houghton Mifflin, 1909, p. 381.

Muir tenía una de esas mentes iluminadas. Para él, estar en la naturaleza era una de esas experiencias trascendentes. Cuando se adentraba en el mundo natural no sólo veía montañas, ríos y praderas, veía el rostro de Dios y sentía una gran humildad. «¿Por qué ha de considerarse el hombre superior a una pequeña parte de la gran unidad de la creación?», escribió. En *Naturaleza*, Emerson utilizó otro lenguaje para describir el mismo sentimiento. «En el bosque siento que nada me puede suceder en la vida, ninguna desgracia o calamidad (que no dañe mi vista) que la naturaleza no pueda reparar. De pie sobre la tierra desnuda, mi cabeza bañada por el juguetón aire y erguida hacia el espacio infinito, todo mezquino egoísmo se diluye. Me convierto en un globo ocular transparente. No soy nada. Lo veo todo. Las corrientes del ser Universal circulan a través de mí, soy una porción o partícula de Dios.»

Muir y Emerson compartieron la experiencia en la naturaleza que Jeff Ashby tuvo en el espacio y que Cory Muscara tuvo en el monasterio de Birmania. Pero lo único que tuvieron que hacer para romper el techo fue salir al exterior. «Si esto es misticismo, es un misticismo que se produce habitualmente y que se acepta con facilidad», escribe el biógrafo de Emerson.[31]

En un estudio publicado en 2015, el psicólogo Paul Piff y sus colaboradores investigaron el efecto que tendría un encuentro con la naturaleza que inspirara admiración profunda en sus participantes.[32] ¿Se sentirían, como dijo Emerson, como un globo ocular transparente después de haber paseado por el bosque? Para descubrirlo, los investigadores condujeron, uno a uno, a noventa estudiantes universitarios a un impresionante bosque de eucaliptos gigantes. La mitad de los estudiantes pasaron un minuto contemplando anonadados un

---

31. Robert D. Richardson, *Emerson: The Mind on Fire*, Berkeley, University of California Press, 1995, p. 228.

32. Paul Piff, Pia Dietze, Matthew Feinberg, Daniel M. Stancato y Dacher Keltner, «Awe, the Small Self, and Prosocial Behavior», *Journal of Personality and Social Psychology* 108, n.º 6, 2015, pp. 883-899, estudio 5.

bosque de árboles de sesenta metros de altura, mientras que otros contemplaron un enorme edificio que había unos cuantos metros más allá durante el mismo tiempo.

Los estudiantes no conocían el propósito del estudio, les habían dicho que los investigadores estaban estudiando la percepción visual. Aun así, ese minuto bajo los gigantescos árboles fue transformador.

Después de que los estudiantes pasaran un tiempo mirando los árboles o el edificio, uno de los investigadores se dirigió a cada uno de ellos con una caja de bolígrafos y un cuestionario para rellenar. Entonces, el investigador tiraba «accidentalmente» los bolígrafos por el suelo. Piff y sus colaboradores tenían la hipótesis de que al estar inspirados por la admiración profunda los estudiantes se concentrarían menos en sus preocupaciones personales y más en la de los demás y en el mundo en general. Y así fue: las personas que se habían concentrado en los árboles fueron más serviciales, recogieron muchos más bolígrafos que los que estaban en el grupo de control. El cuestionario que rellenaron después les dio la respuesta. Las personas que habían tenido la experiencia de admiración se sintieron menos importantes en comparación con los demás, y probablemente fue eso lo que les hizo ser más generosos. Como le sucedió a Emerson, su mezquino egoísmo se desvaneció. Abandonaron la arrogancia, que muchos tenemos, de considerarse el centro del mundo. Por el contrario, salieron de sí mismos para conectar con los demás.

A la pérdida del yo que se experimenta durante una experiencia trascendente, a veces se la llama «muerte del ego», y nos prepara para la pérdida final de nuestro yo que todos experimentamos: la propia muerte. «Cuando muchas personas piensan en la muerte, piensan en el hecho de que esta cosa consciente, el yo, que tan importante les parece para su existencia, dejará de existir», escribe el psicólogo

Mark Leary.[33] La desaparición del yo en la muerte es una perspectiva aterradora para la mayoría de las personas. Pero la persona que ha vivido la muerte del ego durante una experiencia trascendente está mucho mejor preparada para afrontar y aceptar esa pérdida.

Veamos el caso de Janeen Delaney,[34] a quien en 2005 le diagnosticaron una leucemia terminal. Janeen se había educado en el seno de una familia cristiana de Michigan, pero al final abandonó su fe. De adulta no se consideraba precisamente una persona espiritual, aunque hallaba inspiración en el budismo. Sin embargo, no profesaba formalmente ninguna religión. Tampoco realizaba ninguna práctica contemplativa. Cuando le comunicaron el diagnóstico, esa falta de fe en su vida, de pronto, fue como si tuviera un agujero.

—No tenía ningún sistema de creencias, y eso me preocupaba.

Nunca es un buen momento para recibir un diagnóstico de cáncer, pero para ella fue un momento especialmente crítico. En 2003, dos años antes, se había sometido a una operación a corazón abierto. Poco tiempo después de haber sobrevivido a ese trauma, saber que padecía una leucemia incurable supuso un golpe aún más duro.

—Había superado todos los grandes retos a los que había tenido que enfrentarme en mi vida. Pero, después del diagnóstico, hubo momentos en los que pensé: «¿Cuántas veces más vas a renacer de tus cenizas?»

Se sentía desconectada, pero no sabía exactamente de qué.

—Era como estar en «terreno yermo».

En 2008, se enteró de que en la Universidad Johns Hopkins se estaba realizando un estudio. Los investigadores estaban interesados en averiguar si una experiencia trascendente inducida por la psilocibina podría tener efectos terapéuticos sobre las personas que se en-

---

33. Mark Leary, *The Curse of the Self: Self-Awareness, Egotism, and the Quality of Human Life*, Nueva York, Oxford University Press, 2004, p. 86.

34. Entrevista de la autora, el 18 de junio de 2014.

frentaban a una muerte inmediata. La psilocibina es el ingrediente activo de los hongos alucinógenos y puede inducir experiencias místicas de admiración profunda y éxtasis en las personas que la ingieren. Y, al igual que muchos alucinógenos, cuenta con una larga historia de uso en el contexto religioso.

—En cuanto me enteré de ese estudio lo supe. Incluso antes de marcar el número, estaba segura de que era eso exactamente lo que tenía que hacer.

Desde la antigüedad,[35] místicos, buscadores y chamanes de todo el mundo han consumido alucinógenos para realizar sus rituales. Por ejemplo, ciertos grupos indígenas de México y Estados Unidos consumían peyote y «setas divinas». Y hay razones para creer que también se usaban alucinógenos en las ceremonias religiosas de los arios de la India e Irán modernos, así como en los misterios eleusinos de la antigua Grecia. Estas plantas eran muy sagradas y veneradas, y se creía que facilitaban a quienes las consumían un acceso directo al reino de los dioses y espíritus. Los que las consumían tenían acceso a un mundo trascendente donde tenían visiones y escuchaban voces que interpretaban como divinas. Los aztecas llamaban *teonanácatl*, o «carne de Dios», a las setas mágicas.

Roland Griffiths,[36] el investigador responsable del estudio, no le atribuía propiedades divinas a la psilocibina. Pero sus veinte años de práctica personal de la meditación le había despertado la curiosidad sobre el misticismo y sobre cómo encajaría éste en su visión secular del mundo como psicofarmacólogo. ¿Podría una experiencia trascendente reducir el miedo que Janeen y otros como ella sintieron al recibir un diagnóstico terminal?

---

35. Peter T. Furst, *Flesh of the Gods: The Ritual Use of Hallucinogens,* Prospect Heights, Illinois, Waveland Press, 1990. (Edición en castellano: *Los alucinógenos y la cultura*, Madrid, Fondo de Cultura Económica de España, 2002.)

36. Gran parte de la información de los párrafos que vienen a continuación proceden de una entrevista de la autora a Griffiths el 28 de febrero de 2013. Véase también Roland R. Griffiths y Charles S. Grob, «Hallucinogens as Medicine», *Scientific American* 303, n.º 6, 2010, pp. 76-79.

Para descubrirlo, los investigadores prepararon a cada participante a conciencia. Instalaron al participante en una cómoda habitación privada y le proporcionaron un antifaz y unos auriculares. El antifaz era para evitar que alguna distracción visual interrumpiera su experiencia interior. Por los auriculares escuchaban canciones que habían programado los investigadores y que correspondían a los picos y los valles de la experiencia trascendente inducida por la psilocibina. A los participantes se les informó sobre las posibles experiencias que podían tener tras la ingesta de la droga, y durante las sesiones dos miembros del equipo del estudio permanecían en la habitación con el voluntario para atenderlo en caso de que lo necesitase. En resumidas cuentas, los investigadores hicieron todo lo posible para garantizar que los participantes se sintieran a salvo y seguros, y que no tuvieran un «mal viaje».[37]

En parte, el proceso era tan riguroso porque Griffiths y su equipo querían evitar la suerte que corrió el carismático psicólogo e ícono de la contracultura de la década de 1960, Timothy Leary. Leary,[38] psicólogo de la Universidad de Harvard, había oído hablar del uso de las «setas divinas» en México. En el verano de 1960, viajó a dicho país y las probó con algunos amigos en una mansión de Cuernavaca. En aquellos tiempos, Leary se encontraba en la crisis de la mitad de la vida. A punto de cumplir los cuarenta años, «era un hombre de mediana edad implicado en el proceso de morir propio de la edad. Mi alegría de vivir, mi apertura sensual, mi creatividad, todo iba de capa caída», se lamentaba Leary. Pero su experiencia trascendente, con visiones psicodélicas incluidas, le devolvió a la vida. «En cuatro horas junto a la piscina de Cuernavaca aprendí más

---

37. Los viajes alucinógenos no son las únicas experiencias trascendentes que pueden ir mal. La meditación también puede sumir a las personas en el terror. Véase Tomas Rocha, «The Dark Knight of the Soul», *The Atlantic*, 25 de junio de 2014.

38. La información sobre Leary es de Timothy Leary, *Flashbacks: A Personal and Cultural History of an Era*, Nueva York, G. P. Putnam's Sons, 1990 (Edición en castellano: *LSD flashbacks: una autobiografía*, Barcelona, Alpha Decay, 2015); y Robert Greenfield, *Timothy Leary: A Biography*, Orlando, Harcourt, 2006.

sobre la mente, el cerebro y sus estructuras de lo que había aprendido en los quince [años] anteriores como psicólogo diligente», escribió en su autobiografía. Explica que se le cayó el velo de los ojos y que era un «hombre transformado».

Cuando regresó a Harvard, estaba convencido de que los alucinógenos eran una fuerza del bien. Inició el Proyecto de la Psilocibina con el fin de determinar «las condiciones bajo las cuales se podía usar la psilocibina para ampliar y profundizar en la experiencia humana», asimismo, también empezó a promover el consumo de las drogas psicodélicas. Pero su entusiasmo por tales drogas le llevó a cometer errores en su metodología de investigación. Y, cuando el LSD se popularizó como droga recreativa, se produjo una reacción en contra de Leary y las drogas. En 1963 fue expulsado de Harvard y algunos años más tarde se prohibieron las drogas alucinógenas en Estados Unidos. Richard Nixon[39] dijo de Leary que era «el hombre más peligroso de Estados Unidos».

Unos cincuenta años más tarde, Griffiths y sus investigadores asociados preparan cuidadosamente el terreno para emprender este tipo de investigación con la aprobación del gobierno. Sus investigaciones estudian los efectos que puede tener la psilocibina sobre cuatro grupos de participantes:[40] voluntarios sanos, pacientes de cáncer con un diagnóstico sin esperanza de vida que estaban angustiados o deprimidos, personas que querían dejar de fumar y profesionales de la religión como los clérigos. Sus hallazgos confirmaron varias veces

---

39. Citado en in Laura Mansnerus, «Timothy Leary, Pied Piper of Psychedelic 60's, Dies at 75», *New York Times*, 1 de junio de 1996.

40. Las investigaciones con líderes religiosos todavía se han de publicar, pero, para los hallazgos respecto a los otros tres grupos, véase Griffiths y col., «Psilocybin Can Occasion Mystical-Type Experiences Having Substantial and Sustained Personal Meaning and Spiritual Significance»; Charles S. Grob, Alicia L. Danforth, Gurpreet S. Chopra, Marycie Hagerty, Charles R. McKay, Adam L. Halberstadt y George R. Greer, «Pilot Study of Psilocybin Treatment for Anxiety in Patients with Advanced-Stage Cancer», *Archives of General Psychiatry* 68, n.º 1, 2011, pp. 71-78; y Matthew W. Johnson, Albert Garcia-Romeu, Mary P. Cosimano y Roland R. Griffiths, «Pilot Study of the 5-HT2AR Agonist Psilocybin in the Treatment of Tobacco Addiction», *Journal of Psychopharmacology* 28, n.º 11, 2014, pp. 983-992.

lo poderosas que son las experiencias trascendentes para crear sentido, hecho que Janeen pronto descubriría.

Después de tomar la cápsula, permaneció unas ocho horas en la habitación donde se realizaba la sesión, estirada en un sofá, escuchando la banda sonora que había seleccionado el equipo de investigación. Durante ese tiempo tuvo una experiencia mística clásica. El tiempo se detuvo, se sintió conectada con algo inconmensurable, que se encontraba más allá del ámbito de la experiencia ordinaria, y le invadió una mezcla de admiración profunda y respeto.

—Todos los átomos de mi ser se fusionaron con lo divino. Puedes pensar en estas cosas, puedes tener algunas experiencias trascendentes, pero cuando llega la gran experiencia es como «¡Oh maldita sea!» —comentó Janeen.

El momento culminante se produjo cuando sonaba el *Adagio para cuerdas* de Samuel Barber, en el momento en que se acercaba a la cumbre de su experiencia. Mientras estaba concentrada en lo hermosa que era la pieza que estaba sonando, se dio cuenta de que su respiración seguía la melodía. A medida que la música iba llegando a su clímax, las notas se iban volviendo más agudas. Cuando llegó a la cima de su ascenso, contuvo la respiración.

—Entonces, la pieza terminó y en ese momento me di cuenta de que no pasaba nada por no seguir respirando. Tuve una extraña revelación. Ser consciente de que no pasaba nada por dejar de respirar fue algo muy grande para mí.

Como les sucedió a muchos otros pacientes de cáncer que estudió Griffiths,[41] su angustia desapareció. Tenía menos miedo a la muerte.

---

41. En el momento en que escribí esto, Griffiths y sus colaboradores estaban preparando el estudio en el que participó Janeen para enviarlo a las revistas para su publicación. Ya han publicado un estudio sobre los efectos de la experiencia mística inducida por psilocibina en los pacientes con cáncer terminal, donde demuestran que reduce la ansiedad. Grob y col., «Pilot Study of Psilocybin Treatment for Anxiety in Patients with Advanced-Stage Cancer».

—Cuando tienes esa experiencia, pierdes el miedo. No quiero decir que no tuve miedo cuando tuve problemas renales o me di cuenta de lo agresivo que era mi cáncer. Pero me bastó con recordar el pensamiento que tuve durante mi experiencia: que, cuando llegue el final, no pasará nada por dejar de respirar.

«Si te aferras a la visión materialista del mundo de que todo termina con la muerte del cuerpo, sin que haya un sentido, ni esperanza más allá de eso, la perspectiva de la muerte es bastante deprimente. Pero si tienes una experiencia de trascendencia, si has sentido la interconexión de todas las cosas y has apreciado plenamente la vida y la conciencia, tanto si crees en el cielo, en el karma o en la vida después de la muerte como si no, eres capaz de reconocer la profunda ignorancia del ser humano sobre el asombroso misterio de lo que supone estar vivo y consciente», explicó Griffiths. En el caso de Janeen, su experiencia con el misterio le permitió reconciliarse con su inevitable muerte.

—Ahora estoy sentada en mi porche viendo crecer mis plantas, y todo aquello en lo que se fijen mis ojos, es decir, el universo. Tú eres el universo, tú formas parte de ese gran todo —dijo Janeen en 2014.

Darse cuenta de que formaba parte de algo muy superior a ella misma le ayudó a sentirse segura. Le ayudó a ver su muerte como un paso más dentro de un ciclo mayor.

Janeen dijo que los budistas utilizan el ejemplo de la nube para ilustrar este punto. ¿Muere una nube que desaparece del cielo? «Tarde o temprano, la nube se transformará en lluvia, nieve o hielo. Si observas detenidamente la lluvia, podrás ver la nube. La nube no se pierde; se transforma en lluvia, y la lluvia se transforma en hierba, y la hierba en vacas, y éstas en leche, y la leche en el helado que te comes», escribe el monje budista Thich Nhat Hanh.[42] La nube no

---

42. Thich Nhat Hanh, *No Death, No Fear: Comforting Wisdom for Life*, Nueva York, Riverhead Books, 2002, p. 25. (Edición en castellano: *La muerte es una ilusión: la superación definitiva del miedo a morir*, Barcelona, Oniro, 2007.)

muere. Siempre está en el universo de una manera u otra. Asimismo, la experiencia trascendente que tuvo Janeen le ayudó a ver que ella también estaría siempre en el universo de una manera u otra, razón por la cual, cuando llegó el momento, estuvo bien para ella dejar de respirar. Janeen falleció en 2015.

6

El crecimiento personal

—¿Cuántas veces sueñas con ella? —preguntó Sarah—. ¿Es como si viniera a verte y te dijera «Todo irá bien»?

—¡Oh, sí! He tenido ese tipo de sueños. Pero también más corrientes. Como una vez que soñé que ella estaba fregando los platos y yo me acercaba y le decía: «No te preocupes por los platos. Ya los fregaré yo». Y eso fue todo. Breve. Pero, en otra ocasión, soñé que yo estaba sentada en un banco y que ella se me acercaba y se sentaba junto a mí. Puso su mano sobre la mía y me dijo: «Todo irá bien». Fue muy intenso. Pude *sentir* realmente su mano sobre la mía, *físicamente* —dijo Christine poniendo una de sus manos sobre la otra.

—Y entonces, me desperté y pensé, «Nunca más volveré a ver a mi madre». Es un pensamiento que tengo de vez en cuando. Por ejemplo, estoy caminando por la calle y me sucede algo y pienso: «Oh, se lo tendría que decir a mi madre». Pero luego me acuerdo de que no puedo, porque está muerta.

Christine removió una parte de la comida que tenía en el plato con su tenedor.

—Estaba justo *aquí*. La vi entrar en la habitación. Y ahora ya no la volveré a ver —dijo moviendo la cabeza y mirando hacia abajo.

—Todavía no he tenido ningún sueño como ése con mi padre —dijo Sarah.

Yo estaba sentada alrededor de una mesita cuadrada en el apartamento de Sarah en Washington Heights, en Upper Manhattan.

Éramos cinco personas, Sarah y su novio Raúl, Christine, otra joven que se llamaba Sandy y yo. Sarah y Christine hablaban de soñar o no soñar con sus progenitores fallecidos. Eran alrededor de las ocho de la tarde de un fresco domingo del mes de octubre. Christine, Sandy y yo habíamos llegado dos horas y media antes, habíamos llevado vino, nachos, guacamole y una tarta de manzana. Sarah había cocinado *mousaka*, y en cuanto llegamos, Raúl preparó unos cócteles; el tequila estaba en una mesita auxiliar en jarras de cristal. La luz era tenue. Sonaba música *indie* instrumental de fondo. De vez en cuando, uno de sus dos gatos saltaba al suelo y lo cruzaba como una flecha.

Bienvenidos a The Dinner Party,[1] ['La Cena'] una comunidad nacional de jóvenes adultos que han pasado por la experiencia de la muerte súbita de un ser querido. En Estados Unidos, miembros de esta comunidad como Sarah, Christine, Sandy y Raúl se reúnen habitualmente para comer juntos y charlar sobre cómo les ha afectado su pérdida en sus vidas. Aunque yo no conocía a las otras cuatro personas, hacía unas cuantas semanas que se habían estado reuniendo para celebrar estas cenas en casa de Sarah y de Raúl. Personalmente, no he experimentado una pérdida de esta índole, pero me invitaron a estar con ellos, para que viera cómo puede reunirse la gente para crear sentido y crecer a raíz del sufrimiento.

Todos llevamos algún tipo de carga emocional que puede incluir miedo, heridas, culpa e inseguridad. Para la mayoría de nosotros,[2] existe al menos una fuente específica de sufrimiento que albergamos en nuestro interior y que condiciona nuestra forma de ver el mundo.

---

1. Asistí a una Dinner Party con Sarah, Raúl, Christine y Sandy el 19 de octubre de 2014. Los asistentes me pidieron que respetara su anonimato cambiándoles el nombre y, en algunos casos, cambiando detalles identificativos que podrían revelar sus identidades. La información sobre The Dinner Party como movimiento y organización, y su fundación, procede de una entrevista a Lennon Flowers y Dara Kosberg, el 7 de mayo de 2014.

2. «Los investigadores calculan que un 75% de las personas experimentarán algún acontecimiento traumático en su vida», escribe Jim Rendon en *Upside: The New Science of Post-Traumatic Growth*, Nueva York, Touchstone, 2015, p. 27.

El recuerdo de una madre alcohólica o de un padre que abusaba de nosotros, el sufrimiento de aguantar acoso escolar, el horror de perder a un hijo, el trauma de haber padecido una violación, la impotencia de ser presa de la depresión, un cáncer, una adicción o alguna otra enfermedad mental o física: estas experiencias de sufrimiento pueden ser muy difíciles de superar.

También nos plantean graves amenazas para encontrar el sentido de la vida. Pueden hacer añicos nuestras suposiciones fundamentales sobre el mundo:[3] que la gente es buena, que el mundo es justo y que nuestro entorno es seguro y predecible. Pueden provocarnos cinismo y odio. Pueden arrojarnos a la desesperación e incluso inducirnos a poner fin a nuestra vida. Pueden conducirnos a tener relaciones conflictivas, a perder nuestra identidad y nuestro propósito, a abandonar nuestra fe, a llegar a la conclusión de que no importamos o de que nuestra vida no tiene sentido; en resumen que, como dice el Macbeth de Shakespeare, todo es «ruido y furia, que no significan nada».

No obstante, ésta es una imagen incompleta de la adversidad. Las experiencias traumáticas, a veces, pueden dejarnos heridas profundas y permanentes. Pero intentar superarlas también puede inducirnos al crecimiento personal de formas que,[4] al final, nos vuelven más sabios y hacen que nuestra vida sea más satisfactoria. Esto lo conseguimos apoyándonos en los pilares de la pertenencia, el propósito, contar historias y la trascendencia. Si estos pilares son fuertes, podremos apoyarnos sobre ellos cuando llegue la adversidad. Pero, si son frágiles o se derrumban a raíz de un trauma importante, podemos reconstruirlos y hacerlos más fuertes y resilientes. Esto es lo que Sarah, Christine, Sandy y Raúl estaban haciendo en aquella reunión alrededor de la mesa del comedor, esa tarde de otoño en Nueva York.

---

3. Ronnie Janoff-Bulman, *Shattered Assumptions: Towards a New Psychology of Trauma*, Nueva York, Free Press, 1992.

4. Para unos buenos resúmenes de esta investigación, véase Rendon, *Upside*; y Stephen Joseph, *What Doesn't Kill Us: The New Psychology of Posttraumatic Growth*, Nueva York, Basic Books, 2011.

The Dinner Party empezó cuando dos mujeres, Lennon Flowers y Carla Fernandez, se conocieron en Los Ángeles en 2010 y al poco rato descubrieron que ambas habían perdido recientemente a uno de sus progenitores. El padre de Carla había muerto de un tumor cerebral y la madre de Lennon, de cáncer de pulmón. Ambas pasaron por ese trance cuando tenían veintiún años y la experiencia que compartían hizo que conectaran de inmediato, especialmente, porque las dos sentían que no podían hablar de su pérdida con el resto de sus amistades. A sus amistades les incomodaba el tema de la muerte. Al no saber cómo actuar, se disculpaban y cambiaban rápidamente de tema. No tenían la culpa, no sabían qué hacer, como me dijo Lennon cuando la conocí en Nueva York, pero sus reacciones hacían que Carla y ella se sintieran solas. Para ellas fue un alivio tener a alguien en quien confiar cuando experimentaban los altibajos del duelo.

Carla hizo una lista de unas veinte personas que habían perdido a algún ser querido y las invitó a cenar a su piso. Se presentaron cinco mujeres. Acabaron hablando hasta las dos de la madrugada, como si fueran amigas de toda la vida. Lennon y Carla se dieron cuenta de que esa noche acababan de crear una comunidad especial, y al final empezaron a idear formas de expandirla por todo el país.

En 2016, lo que había comenzado como una cena informal en casa de Carla se había transformado en una organización y un movimiento nacional sin ánimo de lucro. Gracias a Carla y a Lennon, los jóvenes que estaban de duelo ahora podían reunirse en más de sesenta ciudades de todo el mundo, desde San Francisco y Washington DC hasta Vancouver y Ámsterdam, para ir a cenas especiales como la que asistí en Manhattan. Lennon y Carla también han organizado retiros para anfitriones de Dinner Party como Sarah y han organizado actos en Nueva York y San Francisco para enseñar a las personas a afrontar su duelo. Pero la organización se centra en las propias cenas. En cada reunión participan de seis a diez personas, y, cuando se llena, es bastante habitual que haya listas de espera o que de pronto surja otro punto de encuentro en la misma ciudad.

En las cenas no hay un programa o un tema. Los *dinner partiers*, como ellos mismos se llaman, pueden hablar de lo que les apetezca. Por ejemplo, de problemas en sus relaciones o de los cánones de belleza que nos imponen los medios, como sucedió en la cena a la que asistí yo. Pero llega un momento en que acaba saliendo el tema de la muerte de sus seres queridos. ¿Cómo puedo seguir con mi vida si la persona a la que más amaba ha muerto? ¿Qué se supone que he de hacer ahora que la persona que siempre me animaba y aconsejaba ya no está conmigo? ¿Qué hago con mi sentido de culpa por no haberla tratado todo lo bien que se merecía cuando estaba viva? ¿Están realmente muertos o siguen observándome? ¿Cómo le encuentro sentido a esta pérdida repentina e inesperada? Éstas son algunas de las preguntas que surgen una y otra vez en las reuniones.

La madre de Christine había fallecido hacía cinco años, cuando ella estaba empezando a estudiar la carrera de ingeniería en la Universidad de Michigan. Su madre regresaba a casa desde el trabajo a pie y un camión que venía a toda velocidad se la llevó por delante cuando cruzaba la calle. Falleció en el acto.

Su madre y ella tenían una relación muy estrecha. Se encontraban a menudo para ver películas y cenar juntas. Antes de su muerte, un terrible accidente de coche provocó que su madre dejara de conducir, así que se reorganizó sus horarios de la universidad para poder ir a Ann Arbor la mayor parte de los días entre semana y llevar a su madre donde le hiciera falta. Una de las razones por las que había escogido ingeniería era para poder encontrar un buen trabajo con el que mantener a su madre cuando se licenciara.

Christine estaba tan concentrada en los estudios que apenas tenía vida social. Aunque su madre jamás la presionó para que estudiara tanto, muchas veces sacrificaba estar más tiempo con ella para poder estudiar.

—Había momentos en que no podía dejar mis deberes, así que la llamaba y le decía: «Mamá, no puedo ir. Tengo trabajo». Y ella decía: «Vale, no pasa nada». Era muy comprensiva.

La noche en que murió su madre, Christine había quedado con alguien para ir a un museo de arte, una pausa nada habitual en su régimen de estudio. Le dijo a su madre que no podría pasar a recogerla, como hacía normalmente. Ésta le respondió que no se preocupara, que volvería en autobús. Esa noche, más tarde, sonó su teléfono. Era su madre.

—No me gusta hablar por teléfono en los museos. Así que, cuando vi que me estaba llamando, pensé que la llamaría más tarde.

No volvió a mirar su teléfono hasta que terminó la velada.

—Vi que tenía diez llamadas y mensajes de voz de números que no reconocía. Eso nunca puede ser bueno. Devolví una de esas llamadas y me respondió alguien del hospital: «Su madre ha tenido un accidente. Ha de venir inmediatamente». «¿Está bien? ¿Qué ha pasado?» pregunté. Y esa persona me respondió: «Ha de venir inmediatamente. Necesitará a alguien para que la lleve a casa en coche».

»Todavía no le encuentro el sentido a lo sucedido —comentó Christine sobre la repentina muerte de su madre—. Soy de ese tipo de personas que trata de entender por qué suceden las cosas. La lógica de todo. Pero con esto no lo consigo.

—No tiene por qué tener un sentido —dijo Raúl—. A veces pasan cosas malas. En parte, de lo que se trata es de no aferrarnos a ello, de aceptar que en la vida hay mucho caos. La lucha del ser humano es reconciliarse con el hecho de que la vida es caótica, aunque hayamos conseguido controlar gran parte de nuestras incertidumbres. Sin embargo, un día, un irresponsable atropella a nuestra madre.

—Lo que quiero decir es que la mató un idiota. Un irresponsable y un estúpido. Ni siquiera sabe que arruinó la vida a toda una familia, ni toda la destrucción que provocó. ¿Cómo puede esa persona seguir adelante y estar viva y mi madre muerta? Me siento tan impotente desde entonces, nada tiene sentido. Simplemente, se fue. ¿Cómo? Y yo estoy dividida entre mi rabia y la parte de mí que quiere olvidarse de ello, vivir la vida y seguir adelante. Siento un profundo desprecio por los seres humanos. Pero también sé que he de vivir mi vida, que he de seguir mi camino —dijo dejando caer sus manos sobre la mesa.

—Para eso sirve el nihilismo —dijo Raúl.

Durante esa misma velada, Raúl, un rato antes, había dicho que había perdido su fe en la humanidad después de la muerte de su amigo. Cuando sucedió, iba a la universidad en Alaska. Fueron a nadar a un lago en Fairbanks, y al rato ambos empezaron a tener calambres en sus frías aguas. Su amigo empezó a ahogarse. Él intentó salvarle, pero no tardó en agotarse. Empezó a llamar a la gente que había en la orilla, pero no acudió nadie. Pensaron que los jóvenes les estaban gastando una broma. Raúl casi se ahoga, puesto que su amigo tiraba de él para mantenerse a flote. Entonces, se dio cuenta de que si no regresaba a la orilla moriría. Agotado por tanto esfuerzo, sólo podía nadar de espalda. Mientras nadaba para ponerse a salvo, veía cómo su amigo luchaba por mantenerse a flote y se hundía, volvía a intentarlo y volvía a hundirse, así varias veces, hasta que se ahogó.

Cuando por fin llegó a la orilla, estaba casi delirando. Las primeras personas que vio fueron una madre con su hijo, que estaba jugando con un flotador. En medio de su aturdimiento, le preguntó si podía utilizar el flotador para socorrer a su amigo. No le creyeron. La madre le respondió: «¿Por qué no vas allí a salvarle?» Pero ya era demasiado tarde para que nadie pudiera salvarle. Las autoridades hallaron su cuerpo tres días más tarde. A Raúl le costaba imaginar que la muerte de su amigo no fuera un sinsentido.

—He flirteado con esa filosofía, pero no me pareció muy productiva —dijo Christine sobre el nihilismo.

Ella, por el contrario, terminó sus estudios y se trasladó a Nueva York, donde abandonó sus planes de ser ingeniera. Allí decidió dedicarse a lo que creyó que era su verdadera vocación: pastelera.

—No lo habría hecho si mi madre no hubiera muerto. Después de un acontecimiento semejante reflexionas sobre tu vida, sobre quién eres y lo que quieres hacer. El noventa y nueve por ciento de mis decisiones, las tomo bajo la influencia de la muerte de mi madre. Así que pastelera, pues sí.

No salía de mi asombro, allí sentada, observándoles conversar, unas veces con cierta rabia, otras con cierta tristeza y, a veces, con algo de remordimiento y sentido de culpa, viendo cómo en cada frase que pronunciaban se esforzaban por comprender su pérdida y lo que ello significaba en sus vidas en aquellos momentos. Algunos de ellos habían avanzado más que otros en el camino hacia la recuperación y el crecimiento personal. Pero todos ellos, se apoyaban sobre alguno, si no en todos los pilares del sentido. Estaban formando una comunidad. Intentaban descifrar cuál era su propósito a raíz de esa pérdida. Intentaban encontrarle el sentido a lo que les había sucedido. Y estaban participando en un ritual que les ayudara a salir del frenesí de su vida cotidiana para encontrar paz.

Ésta es la razón por la que Carla y Lennon fundaron The Dinner Party: querían aportar sentido a aquellas personas cuyas vidas se habían truncado por el duelo.

—Queremos crear un movimiento en el que las personas se hagan más fuertes y crezcan cuando sufran una pérdida, en lugar de que pierdan el rumbo y se queden desoladas —dijo Lennon.

La idea de que a través de la adversidad podemos crecer y tener una vida más profunda y significativa no es nueva en nuestra literatura, religión y filosofía, como reza la famosa frase de Nietzsche: «Lo que no te mata, te hace más fuerte». No obstante, en la psicología convencional es una idea relativamente nueva.[5] Hasta hace poco, mu-

---

5. Joseph, *What Doesn't Kill Us.* Joseph menciona algunas excepciones que demuestran la regla de este libro, como el trabajo de Viktor Frankl (de quien hablo en la conclusión). Véase también el capítulo 1 de Richard G. Tedeschi, Crystal L. Park y Lawrence G. Calhoun (editores), *Posttraumatic Growth: Positive Changes in the Aftermath of Crisis,* Mahwah, Nueva Jersey, Routledge, 1998.

chos psicólogos creían que los traumas eran un factor estresante catastrófico. Una de las características de los traumas, según ellos, era que perjudicaban a la persona, física y psicológicamente, a veces hasta el extremo de incapacitarla. En 1980, la Asociación Americana de Psiquiatría añadió el trastorno de estrés postraumático[6] en el *Manual de Diagnóstico y Estadísticas de Trastornos Mentales*, que utilizan psicólogos y psiquiatras para diagnosticar las enfermedades mentales. Desde entonces, el trastorno de estrés postraumático (TEPT) ha recibido mucha atención por parte de los psicólogos, los medios y las personas normales y corrientes que intentan comprender qué es lo que les sucede a las personas después de una crisis.

La historia de Bob Curry,[7] un veterano de Vietnam de Milwaukee, Wisconsin, es un buen ejemplo de, justamente, lo que estaban hablando los psicólogos. Curry creció en un barrio obrero de Wisconsin, el tipo de lugar donde, según sus propias palabras, la gente come mucha tarta de manzana y ve muchas películas de John Wayne. De pequeño, se tomó muy en serio la lección de John F. Kennedy de su discurso inaugural «No te preguntes». «Todo lo que te pida tu país, hazlo», recuerda Curry que pensaba.

Su adolescencia transcurrió en la etapa en que hubo mayores protestas contra la guerra de Vietnam. Aun así, sintió la fuerte llamada de servir a su país. Así que se alistó en el ejército en cuanto terminó sus estudios en el instituto.

—Estaba convencido de que estaba haciendo lo correcto, lo que tenía que hacer en mi vida. Haría cualquier cosa que me pidiera mi país. Y pensaba que lo que estaba haciendo era salvar o ayudar a mejorar el futuro de la gente.

Durante la guerra, Curry voló en misiones de reconocimiento sobre Vietnam del Norte y Laos. Fue una experiencia desgarradora,

---

6. Matthew J. Friedman, «PTSD History and Overview», en la página web de Veterans Administration, ptsd.va.gov/professional/PTSD-overview/ptsd-overview.asp.

7. Entrevistas de la autora del 30 de mayo de 2014 y 27 de enero de 2015.

me contó. Su avión fue bombardeado por el fuego enemigo con frecuencia y estuvo a punto de morir en varias ocasiones. El terror de sus experiencias de guerra jamás le abandonó, ni tampoco el sentimiento de culpa por haber sobrevivido cuando habían muerto tantos otros, incluidos sus amigos. En 1971, cuando regresó a casa, Curry era otra persona. Intentó llevar una vida normal, y al principio lo consiguió. Creó una familia, compró una casa y se puso a trabajar para IBM. Tenía algunos *flashbacks*, pero, en general, se las podía arreglar para enterrar su sentido de culpa y su miedo.

Sin embargo, cuando empezó la Guerra del Golfo en 1991, el frágil control que parecía tener sobre su vida empezó a derrumbarse. No podía huir de las imágenes de la guerra que aparecían por la televisión y las fotos de los periódicos que leía. Esas imágenes le devolvieron a Vietnam. Sus *flashbacks* empeoraron y empezó a tener pesadillas de que su avión se estrellaba. Asustaba a su esposa cuando se golpeaba la mano con el cabezal de la cama a medianoche, como si estuviera estirando el brazo para agarrar la palanca de eyección sobre su cabeza. También empezó a beber mucho. Pero eso no le ayudaba. Tras los atentados terroristas del 11 de Septiembre, que volvieron a llevar la guerra a los titulares de las noticias nacionales, sus *flashbacks* se intensificaron, igual que su afición por la bebida.

Un día, en 2002, se encontraba en una farmacia cerca de Milwaukee a la espera de recoger un medicamento para su esposa cuando empezó a ojear una revista y vio algo que le llamó la atención. En Laos habían encontrado los restos de dos hombres con los que había estado de servicio y a quienes se les había dado por desaparecidos en combate. A raíz de enterarse de que sus dos amigos estaban muertos se emborrachó como nunca lo había hecho antes. Lo siguiente que recuerda es despertarse en un hospital con un policía a cada lado. Le contaron que había tenido un accidente de coche, que había chocado y matado a un hombre.

Tras el accidente, fue a juicio acusado de homicidio. Quedó absuelto después de que le diagnosticaran TEPT y le enviaron a un centro psiquiátrico. Allí pudo reflexionar sobre toda la destrucción que había causado. Durante el juicio, su esposa y él perdieron la casa y su hija tuvo que dejar la universidad por problemas económicos. Curry pensó en quitarse la vida. A fin de cuentas, no sólo había arruinado a su propia familia, sino también a la familia del hombre al que había matado. «Debería estar en la cárcel», pensó al terminar el juicio. «Debería estar muerto. Debería haberme suicidado.» Pero le habían dado una segunda oportunidad. «¿Cómo voy a seguir adelante con todo el daño que he hecho?», se preguntaba.

Recordó una experiencia que tuvo durante el juicio. Su persona de apoyo de Alcohólicos Anónimos, un compañero también veterano de la guerra de Vietnam, le llevó a comer a un centro de los VFW (Veteranos de Guerras en el Extranjero). Curry se quedó asombrado de lo catártica que fue aquella experiencia. Estaban tomando hamburguesas y Coca-colas Diet rodeados de objetos que le recordaban la guerra, pero no le despertaban *flashbacks* negativos. De hecho, le recordaban la razón por la que se había alistado en el ejército: el deseo de servir a su amado país.

En este espacio seguro, pudo estrechar lazos con personas que habían pasado por experiencias parecidas durante la guerra y que estaban tratando de resolver consecuencias similares tras la misma. Nadie le juzgaba y eso fue maravilloso, después de pasar tres décadas soportando la carga de haber luchado en una guerra que tanta gente odiaba. Cuando regresó a casa en 1971, había personas manifestándose en el aeropuerto y le lanzaron huevos a él y a otros veteranos al son de «¡Asesinos de niños!» Más tarde se dio cuenta de que sentirse como un extranjero en su propio país había exacerbado su sentimiento de culpa y estrés, que acabaron convirtiéndose en TEPT.

Cuando fue a la VFW, vio que sus compañeros le entendían.

—Estar con personas que están pasando por lo mismo que tú hace que no te sientas tan desquiciado.

Empezó a pensar en cómo podía recrear esos lazos con sus compañeros veteranos. Aunque sabía que existían muchas organizacio-

204 EL ARTE DE CULTIVAR UNA VIDA CON SENTIDO

nes de veteranos, esos grupos solían atraer a hombres mayores que él y su vida social giraba en torno a la bebida, lo cual era peligroso para veteranos que, como Curry, estaban intentando superar el TEPT o el alcoholismo. Él quería algo más moderno y sin alcohol.

En 2008, junto con algunos amigos crearon Dryhootch, un centro-cafetería para los veteranos de la comunidad. Lo dirigen veteranos y hay música en vivo, grupos de lectura, clases de arte y sesiones de terapia para los veteranos y sus familias. Los miércoles por la mañana hay un club de ajedrez y los viernes, antes de comer, se reúne un grupo de veteranos para practicar mindfulness. Los no veteranos también son bien recibidos, y su presencia ayuda a los veteranos a integrarse en la vida civil.

—La idea era que, en lugar de un bar, fuera una cafetería a la que pudieran acudir las personas que habían estado de servicio para relacionarse con sus compañeros todos los días. Buen café y grupos de compañeros. Eso era lo que quería ofrecer.

Al principio no tenía bastante dinero para montar el local, así que empezó su proyecto de Dryhootch en un viejo camión de palomitas pintado de rojo que convirtió en una cafetería ambulante. Más adelante, en 2009, abrió su primer local de ladrillo en Milwaukee. En 2012, la Casa Blanca le reconoció como un «campeón del cambio» por su servicio a los veteranos. En 2014, Dryhootch se había expandido por la región del Medio Oeste, con dos locales en Milwaukee, uno en Madison y dos en el área de Chicago.

El accidente que tuvo por conducir borracho le obligó a reflexionar, a descubrir cómo podía contribuir al mundo.

—El servicio es lo único que tiene sentido después de todo lo sucedido. No puedo cambiar lo que hice, pero ahora puedo marcar la diferencia y eso es lo que me motiva para seguir adelante. Cuando algún veterano me comenta cómo le ha ayudado Dryhootch en su vida, todo cobra sentido.

Después de una experiencia traumática, muchas personas sienten un fuerte impulso de ayudar a los que han pasado por lo mismo que ellas. Los psicólogos y los psiquiatras, a veces, denominan a este impulso la «misión del superviviente». Según el psiquiatra Robert Jay Lifton,[8] «Un superviviente es aquel que se ha visto expuesto a la posibilidad de morir o que ha presenciado la muerte de otros, pero ha salvado la vida. Los supervivientes tienen un sentido del deber con respecto a los muertos, la necesidad de apaciguarles o de cumplir sus deseos, a fin de justificar su propia supervivencia».

En la actualidad, el término *superviviente* se ha ampliado y también incluye a las victimas de traumas que no han sido mortales, y su misión suele estar vinculada a asegurarse de que los demás no pasen por lo mismo que ellos han tenido que sufrir.[9] Los supervivientes de agresiones sexuales,[10] por ejemplo, se han convertido en terapeutas especializados en abusos. Los supervivientes de tiroteos se han agrupado para pedir leyes que regulen mejor el uso de las armas. Los padres que han perdido a sus hijos por la leucemia se han dedicado a concienciar a las personas y a apoyar la investigación contra el cáncer y su prevención. Los supervivientes de Hiroshima y Nagasaki han trabajado para reducir el armamento nuclear en el mundo. Estos actos de propósito ayudan a los supervivientes a afrontar sus traumas. Cuando las personas que han sufrido ayudan a otras, padecen menos depresiones, ansiedad e ira, y son más optimistas, tienen más esperanza y ven más sentido a la vida.[11]

Curry, por su parte, quiere ayudar a los veteranos jóvenes para evitar que cometan los mismos errores que cometió él con el alcohol.

---

8. Robert Jay Lifton, «Americans as Survivors», *New England Journal of Medicine* 352, n.° 22, 2005, pp. 2263-2265.

9. Esta tendencia también se ha llamado «altruismo nacido del sufrimiento», como señala Kelly McGonigal en *The Upside of Stress: Why Stress Is Good for You, and How to Get Good at It*, Nueva York, Avery, 2015.

10. Ejemplos de la misión del superviviente de Lifton, «Americans as Survivors» y Lauren Eskreis-Winkler, Elizabeth P. Shulman y Angela L. Duckworth, «Survivor Mission: Do Those Who Survive Have a Drive to Thrive at Work?», *The Journal of Positive Psychology* 9, n.° 3, 2014, pp. 209-218.

11. McGonigal revisa esta rama de investigaciones en el capítulo 5 de *The Upside of Stress*.

—No puedo retroceder en el tiempo para cambiar lo que hice, pero puedo ayudar a evitar que otros veteranos más jóvenes sigan mis pasos.

Curry, al perseguir su propósito, no sólo ha beneficiado a una nueva generación de veteranos, sino también a sí mismo. Su misión ha desempeñado un papel indispensable en que su vida volviera a su cauce. Curry no ha vuelto a beber desde 2002.

* * *

La mayoría de las personas han oído hablar de que el trastorno de estrés postraumático puede destruir a una persona. Pero no hay muchas que hayan oído hablar del crecimiento postraumático, del proceso que elevó a Curry, lo sacó de su desesperación y le ayudó a adoptar su nuevo rol como líder de la comunidad de los veteranos. Como nos muestra su historia, estas dos respuestas al trauma no son opuestas ni mutuamente exclusivas. Alguien que experimenta una puede experimentar la otra. Y la mayoría de las personas experimentarán algunos síntomas del TEPT después de un trauma,[12] como pesadillas y *flashbacks*, sin llegar a desarrollar el trastorno. Pero los investigadores han descubierto que de la mitad a dos tercios[13] de los supervivientes a un trauma dicen haber tenido algún síntoma postraumático, mientras que sólo un pequeño porcentaje[14] llega a padecer TEPT.

Richard Tedeschi y Lawrence Calhoun,[15] de la Universidad de Carolina del Norte en Charlotte, son dos de los expertos más co-

---

12. Rendon, *Upside*.

13. Basándose en su investigación y conocimiento de campo, el psicólogo Richard Tedeschi me aportó estas cifras en un correo electrónico, el 27 de enero de 2015.

14. Según la Asociación Americana de Psicología, «casi el 8% de los americanos adultos experimentarán TEPT en algún momento de su vida»: apa.org/research/action/ptsd.aspx.

15. La información sobre el crecimiento postraumático procede principalmente de una entrevista de la autora a Richard Tedeschi el 28 de enero de 2015. Véase también Richard G. Tedeschi y Lawrence G. Calhoun, «Posttraumatic Growth: Conceptual Foundations and Empirical Evidence», *Psychological Inquiry* 15, n.º 1, 2004, pp. 1-18.

nocidos sobre el crecimiento postraumático, que ellos definen como «el cambio positivo que tiene lugar a raíz de la lucha por superar crisis muy difíciles en la vida». Tedeschi y Calhoun, que fueron quienes acuñaron el término *crecimiento postraumático* a mediados de la década de 1990, llegaron a esta conclusión después de estudiar cómo desarrollaban las personas su sabiduría. Entrevistaron a personas que habían soportado grandes dificultades, pues pensaron que esas conversaciones les servirían para aclarar de qué modo la gente adquiría profundidad y perspectiva. Su razonamiento fue que quizás esas personas aprendieron algo de la adversidad que les hizo ver el mundo con otros ojos. Después de hablar con muchos supervivientes de traumas, se dieron cuenta de que el sufrimiento podía ayudar a las personas a transformarse de maneras fundamentalmente positivas, y que dichas transformaciones eran más profundas y más comunes de lo que ninguno de los dos esperaba.

—Durante una década hemos trabajado con padres que estaban de duelo. Son personas que han sufrido la pérdida más desgarradora imaginable. He observado cuánto se ayudan mutuamente, lo compasivos que son con otros padres que también han perdido a sus hijos que, a pesar de encontrarse en pleno duelo, muchas veces querrían hacer algo por cambiar las circunstancias que condujeron a su hijo a la muerte, a fin de evitar a otras familias el tipo de sufrimiento que ellos estaban experimentado. Eran personas encomiables y sensatas que tenían muy claras sus prioridades en la vida.[16]

Tras investigar a una extensa gama de supervivientes, identificaron cinco formas específicas en que la gente puede crecer después de una crisis. En primer lugar, sus relaciones se refuerzan. Por ejemplo, una mujer a la que le fue diagnosticado cáncer de mama dijo que se dio cuenta de que las relaciones «son lo más importante

---

16. Citado en Shelley Levitt, «The Science of Post-Traumatic Growth», *Live Happy*, 24 de febrero de 2014.

que tenemos».[17] Muchas personas responden al trauma construyendo activamente este pilar de sentido. James, al que conocimos en el capítulo de la pertenencia, recurrió a su comunidad de la Sociedad para el Anacronismo Creativo para recibir apoyo cuando estaba luchando contra sus pensamientos autodestructivos. Los padres que estaban de duelo les dijeron a Tedeschi y Calhoun que perder a su hijo les había hecho más compasivos: «Siento más empatía hacia cualquier persona afligida, hacia cualquiera que experimente cualquier tipo de sufrimiento»,[18] dijo uno.

En segundo lugar, descubrieron nuevos caminos y propósitos en su vida. A veces, éstos guardan alguna relación con alguna misión concreta de un superviviente. Tedeschi y Calhoun, por ejemplo, se enteraron de que había una persona que había estudiado para ser enfermera de oncología[19] después de haber perdido a su hijo a causa de un cáncer. Otras veces, la crisis se convierte en el catalizador para una reconsideración más general de las prioridades, como descubrió Christine tras la muerte de su madre.

En tercer lugar, el trauma les ayuda a encontrar su fuerza interior. Cuando Carlos Eire se halló de pronto viviendo en la pobreza en Estados Unidos, desarrolló habilidades de supervivencia recurriendo a una tenacidad que ni siquiera él sabía que poseía. El hilo que une a todas las personas que estudiaron los investigadores es la narrativa de ser «vulnerables, pero más fuertes».[20] Esta perspectiva paradójica definía la actitud de una superviviente de una violación[21] que, aunque admitió que ahora el mundo le parecía más peligroso,

---

17. Shelley E. Taylor, «Adjustment to Threatening Events: A Theory of Cognitive Adaptation», *American Psychologist* 38, n.º 11, 1983, pp. 1161-1173.

18. Tedeschi y Calhoun, «Posttraumatic Growth: Conceptual Foundations and Empirical Evidence», p. 6.

19. Lawrence G. Calhoun y Richard G. Tedeschi, *The Handbook of Posttraumatic Growth: Research and Practice*, Nueva York, Psychology Press, 2006.

20. Ibídem, p. 5.

21. Janoff-Bulman, *Shattered Assumptions*.

también sentía que tenía más resiliencia a raíz de la fuerza interior que desarrolló después de la agresión.

En cuarto lugar, su vida espiritual se intensifica. Eso puede significar que su fe en Dios se renueva, como le sucedió a Carlos, o podría significar que se debaten temas existenciales con mayor amplitud, que llegan a conocer ciertas verdades profundas sobre el mundo y sobre ellos mismos, como Emeka Nnaka tras su lesión medular.

Por último, su aprecio por la vida se renueva. En lugar de dar por hecha la amabilidad de un desconocido o los vívidos colores de las hojas de otoño, saborean los pequeños momentos de belleza que iluminan cada día. Después de hacer las paces con su diagnóstico terminal, Janeen Delaney se sintió conectada con la naturaleza, hecho que a su vez la ayudó a concentrarse en lo que a ella le importaba.

—Creo que ahora sé reconocer lo que son cosas triviales —dijo un superviviente de un accidente de avión.[22] Me ha reforzado la importancia de hacer lo correcto; no lo conveniente o lo políticamente correcto, sino lo correcto.

Tedeschi y Calhoun utilizan la metáfora del terremoto para explicar cómo crecemos después de una crisis. Del mismo modo que una ciudad tiene cierta estructura antes de un gran terremoto, nosotros también tenemos ciertas creencias fundamentales sobre nuestra vida y sobre el mundo. Los traumas hacen añicos esas suposiciones.[23] Pero de los escombros surge la oportunidad de reconstruir. Después de un terremoto, las ciudades se proponen erigir edificios e infraestructuras más fuertes y resilientes que las que ahora están en ruinas. Lo mismo sucede con las personas que son capaces de reconstruirse psicológica y espiritualmente, y que después de una crisis están mejor equipadas para afrontar la adversidad; al final, sus vidas tienen más sentido que antes.

Tedeschi y Calhoun querían saber por qué algunas personas experimentan un crecimiento personal después de un trauma y otras no.

---

22. Ibídem.

23. Ibídem.

Descubrieron que el tipo de trauma y su intensidad eran menos importantes de lo que imaginaban. Según otro investigador que ha estudiado el crecimiento postraumático: «No es el trauma en sí mismo lo que provoca el cambio, sino la interpretación que hacen las personas de lo sucedido, como lo que creen de sí mismas, de la vida y del mundo se tambalea, es lo que las obliga a experimentar ese crecimiento, no el propio trauma».[24] Cuando los investigadores revisaron más a fondo sus datos, observaron que la diferencia entre ambos grupos se encontraba en lo que ellos llamaron «reflexión deliberada» o introspección. Los participantes del estudio de Tedeschi y Calhoun dedicaron mucho tiempo a intentar comprender el sentido de su dolorosa experiencia, reflexionaron mucho sobre cómo ese evento cambió su vida. Esta reflexión les ayudó a realizar los cambios relacionados con el crecimiento postraumático.

Una forma de provocar el inicio de este proceso de reflexión deliberada es escribiendo. El psicólogo social James Pennebaker,[25] de la Universidad de Texas en Austin, estudia el uso que hacen las personas del lenguaje para interpretar sus experiencias. Empezó su investigación sobre el trauma en la década de 1980. Sabía por trabajos anteriores que las personas que habían soportado un acontecimiento traumático eran más propensas a la depresión y emocionalmente más volátiles que las que no lo habían experimentado, y que tenían un mayor índice de muertes por enfermedades del corazón y cáncer que el resto. Pero no sabía por qué los traumas tenían efectos tan negativos sobre la salud.

Un día que estaba revisando datos descubrió una interesante correlación: las personas que decían que habían soportado un trauma

---

24. Suzanne Danhauer de Facultad de Medicina Wake Forest, citada en Rendon, *Upside*, p. 77.

25. Información sobre escritura expresiva y el trabajo de Pennebaker de una entrevista de la autora, el 22 de diciembre de 2014; Anna Graybeal, Janel D. Sexton y James W. Pennebaker, «The Role of Story-Making in Disclosure Writing: The Psychometrics of Narrative», *Psychology and Health* 17, n.º 5, 2002, pp. 571-581; James W. Pennebaker y Janel D. Seagal, «Forming a Story: The Health Benefits of Narrative», *Journal of Clinical Psychology* 55, n.º 10, 1999, pp. 1243-1254; y James W. Pennebaker, *Writing to Heal: A Guided Journal for Recovering from Trauma and Emotional Upheaval*, Oakland, California, New Harbinger Publisher, 2004.

importante en su infancia pero lo habían mantenido en secreto tenían una tendencia mucho mayor a padecer problemas de salud de adultas que las que habían hablado de su experiencia. Esto le hizo preguntarse: ¿serviría para mejorar la salud de las personas que guardaban el secreto de sus traumas, animarlas a que hablaran anónimamente de lo que les había sucedido?

Durante los últimos treinta años, Pennebaker ha estado intentando responder a esta pregunta pidiendo a distintas personas que acudieran a su laboratorio y que dedicaran quince minutos cada día, durante tres o cuatro días seguidos, a escribir sobre «la experiencia más traumática de su vida». Invita a los participantes a que «realmente se abran y exploren sus emociones y pensamientos más profundos» sobre la experiencia y sobre cómo les ha afectado. En los estudios que ha llevado a cabo, las personas han escrito sobre violaciones, atracos, pérdidas de seres queridos e intentos de suicidio. Pennebaker me dijo que era bastante habitual que las personas que iban al laboratorio abandonaran la sala con lágrimas en los ojos.

Asimismo, ha observado que los que escriben sobre sentimientos y pensamientos respecto a su trauma van menos al médico. También sacan mejores notas después del experimento, tienen menos síntomas de ansiedad y depresión y la presión sanguínea y la frecuencia cardíaca más bajas, y les funciona mejor su sistema inmunitario. Es decir, la escritura expresiva es curativa. Pero ¿por qué es tan eficaz escribir sobre los traumas de esta manera específica?

Al analizar los escritos de los participantes cruzando datos de varios estudios, ha descubierto que los que habían realizado la escritura expresiva no sólo habían narrado lo sucedido durante el trauma o habían utilizado el ejercicio para explotar y airear sus emociones. Por el contrario, habían trabajado activamente para encontrar un sentido a lo que les había sucedido, y esa búsqueda del sentido les había ayudado a superar la experiencia traumática, tanto física como emocionalmente.

El ejercicio de escritura ayudó a los participantes de sus estudios a crear sentido de diversas maneras. En primer lugar, sondeando las causas y las consecuencias de la adversidad, las personas la entendían mejor. Utilizaron mayor número de lo que Pennebaker llama «palabras introspectivas», es decir, palabras y frases como *me doy cuenta, sé, porque, he trabajado* y *entiendo*, en sus relatos. Un padre, por ejemplo, podía darse cuenta de que no tenía la culpa del suicidio de su hijo, y esa comprensión podía ayudarle a hacer parcialmente las paces con el asunto.

En segundo lugar, en el transcurso de esos tres o cuatro días se podía observar que se había producido un cambio en su perspectiva, que Pennebaker detectó observando el uso de los pronombres. En vez de escribir sobre lo que *me* ha pasado y lo que *yo* estoy pasando, empezaron a escribir sobre que fue *él* quien abusó de mí o por qué *ella* se divorció de mí. Resumiendo, se habían distanciado de su propio caos emocional y habían intentado entrar en la mente de la otra persona. Para Pennebaker, la capacidad de contemplar el trauma desde otras perspectivas indica que la víctima se ha distanciado algo del hecho, lo cual le ayuda a comprender cómo ha influido el mismo en su forma de ser y en su vida.

La tercera característica que diferenciaba a los buscadores de sentido fue su habilidad para encontrar un sentido positivo a su experiencia traumática. Pennebaker me puso un ejemplo.

—Supongamos que me han atracado en un callejón. Alguien me ha golpeado con una palanca de hierro y me ha quitado todo mi dinero, y eso me ha hecho perder toda mi confianza en el mundo. Podría escribir: «Ha sido una experiencia horrible. No sé qué hacer», etcétera. Estoy hablando de lo sucedido y puede que hasta le encuentre algún sentido: «Ahora me doy cuenta de que el mundo es peligroso y que he de ir con cuidado». O también podría decir: «Este suceso fue terrible para mí en varios aspectos, pero también me ayudó a darme cuenta de la suerte que he tenido en el pasado, y afortunadamente tengo buenos amigos que me han ayudado a superarlo». La segunda interpretación conduce a obtener mejores resultados.

Otras investigaciones han demostrado que las personas que pueden ver algo bueno en ese trauma, aunque continúen teniendo pensamientos molestos sobre su experiencia, están menos deprimidas y manifiestan mayor bienestar.[26]

Veamos una historia que narra el superviviente del Holocausto y psicólogo Viktor Frankl[27] sobre consolar a un médico anciano que hacía dos años que había perdido a su esposa. El médico adoraba a su esposa, y perderla le condujo a una grave depresión de la cual no era capaz de librarse. Frankl le animó a que cambiara su perspectiva.

—¿Qué hubiera sucedido, doctor, si hubiera sido usted el que hubiera fallecido primero y su esposa le hubiera sobrevivido? —le preguntó Frankl.

—¡Oh, para ella hubiera sido terrible! ¡Cuánto habría sufrido! —respondió el doctor.

Entonces, Frankl le señaló las ventajas de haber sobrevivido a su esposa.

—¿Lo ve, doctor?, usted le ha ahorrado este sufrimiento, a costa de que usted haya tenido que sobrevivir y pasar su duelo, por supuesto.

Después de este comentario, el médico se levantó de la silla, le estrechó la mano y se marchó de su consulta. Frankl le había ayudado a encontrar un sentido positivo a la muerte de su esposa y eso le devolvió la paz.

En la investigación de Pennebaker, los participantes que más se beneficiaron del experimento fueron los que con el tiempo dieron muestras de los mayores progresos en encontrar el sentido. Se trata-

---

26. Vicki S. Helgeson, Kerry A. Reynolds y Patricia L. Tomich, «A Meta-analytic Review of Benefit Finding and Growth», *Journal of Consulting and Clinical Psychology* 74, n.º 5, 2006, p. 797.

27. Viktor Frankl, *Man's Search for Meaning*, Boston, Beacon Press, 2006, p. 113. (Edición en castellano: *El hombre en busca de sentido*, Barcelona, Herder, 2004.)

ba de personas cuyas respuestas iniciales fueron emocionalmente inmaduras y sus historias eran inconexas, pero sus relatos se fueron suavizando y volviendo más reflexivos con el paso de los días. Desahogarse con las emociones y caer en los tópicos no produce beneficios para la salud. Sin embargo, la escritura regular y meditada sí. Nos ayuda a trascender nuestras reacciones emocionales iniciales para llegar a algo más profundo.

De hecho, Pennebaker descubrió que la escritura expresiva tiene propiedades curativas únicas; las personas a las que se les pidió que expresaran sus emociones sobre sus experiencias traumáticas a través de la danza no se beneficiaron tanto como las que lo hicieron a través de la escritura.[28] Pennebaker arguye que se debe a que, a diferencia de muchas otras formas de expresión, la escritura permite a las personas procesar sistemáticamente un acontecimiento y ordenarlo. La escritura propicia nuevas revelaciones que les ayudan a entender el lugar que ocupa la crisis en el mosaico general de su vida. Dar sentido a algo y la narrativa son métodos eficaces para justificar el trauma y, a la larga, poder superarlo. Pero no son las únicas herramientas de las que disponemos para superar las experiencias difíciles, como nos demuestra el creciente número de investigaciones sobre la resiliencia humana.

La pregunta que plantean los psicólogos de la resiliencia es: ¿por qué unas personas afrontan la adversidad mejor que otras y tienen vidas normales a pesar de sus experiencias negativas, mientras que a otras les hacen perder el rumbo? A principios de la década de 1990, la psicóloga Gina Higgins intentó responder a esta pregunta. En su libro *Resilient Adults* describe a personas que han padecido traumas profundos y que han salido de ellos notablemente fortalecidas.

---

28. Anne M. Krantz y James W. Pennebaker, «Expressive Dance, Writing, Trauma, and Health: When Words Have a Body», en Ilene Serlin (editor), *Whole Person Healthcare*, Vol. 3, Westport, Connecticut, Praeger, 2007, pp. 201-229.

Una de estas personas es Shibvon.[29] Shibvon se crió en la más absoluta pobreza y sus padres tenían una relación tensa. Aunque su padre quería a sus hijos, era una figura muy distante. Padecía una enfermedad mental e intentó suicidarse cuando ella tenía siete años. Su madre, por otra parte, era terrible. Una mujer corpulenta con una voz resonante que pegaba habitualmente a Shibvon y a sus tres hermanos menores y les ataba a sus camas por la noche. En un par de ocasiones los envió a orfanatos para deshacerse de ellos, aunque luego volvió a recuperarlos. Cuando Shibvon cumplió nueve años, los abusos se convirtieron en una pesadilla. Su madre permitía que su amante la violara regularmente. Éste amenazaba a Shibvon diciéndole que si decía algo mataría a su padre, así que ella callaba.

La palabra que utiliza para describir su infancia es *caos*. Recuerda muchos «gritos y chillidos invadiendo la casa». No tiene ningún recuerdo de haber recibido amor o afecto por parte de su madre, que siempre la insultaba llamándola «estúpida» y «podrida». Le había dicho muchas veces que había intentado tener un aborto y que la única razón por la que se había casado con su padre era porque se había quedado embarazada de ella.

—Sentía que era otra forma de decirme cuánto me odiaba y hasta qué punto yo era una mierda, un chivo expiatorio —dijo Shibvon sobre el papel que tenía su madre en los abusos sexuales de los que fue víctima.

Creo que no hace falta decir que las consecuencias que puede tener este tipo de abuso son devastadoras. Los traumas de la infancia son los más difíciles de superar, y también pueden dejar cicatrices físicas y psicológicas crónicas en la víctima.[30] Cuando los niños su-

---

29. La historia de Shibvon y todas las citas referentes a la misma, son del capítulo 2 del libro de Gina O'Connell Higgins, *Resilient Adults: Overcoming a Cruel Past*, San Francisco, Jossey-Bass, 1994, pp. 25-43. Para proteger su intimidad, Higgins utilizó el pseudónimo «Shibvon» y cambió los detalles de su historia que podían identificarla. El resto de los aspectos de la historia son fidedignos.

30. Para una buena revisión de las investigaciones sobre los efectos psicológicos y físicos de las infancias difíciles, véase Donna Jackson Nakazawa, *Childhood Disrupted: How Your Biography Becomes Your Biology, and How You Can Heal*, Nueva York, Atria Books, 2015.

fren estrés intenso e impredecible, su cerebro y su cuerpo se ven afectados de tal manera que cuando llegan a adultos son hipersensibles a otros factores de estrés y más propensos a las enfermedades. La adversidad en la infancia[31] se ha vinculado a las enfermedades cardíacas, a la obesidad y al cáncer en los adultos. Y los adultos que en su infancia tuvieron que soportar factores de estrés graves también son más propensos al consumo de drogas y alcohol, a padecer depresión, a desarrollar problemas de aprendizaje, a cometer crímenes violentos y a ser arrestados.

Esto es lo que más destaca de la historia de Shibvon. Aunque a veces, de adulta ha tenido que luchar contra la depresión y la ansiedad, al final ha vencido la resiliencia. Su vida no quedó destruida por el estrés constante y el caos al que estuvo sometida en su infancia. Estudió la carrera de enfermera de pediatría y trabaja en la unidad de cuidados intensivos para neonatos. A los veintiún años, se casó con un hombre que la ama profundamente y con el que ha tenido tres hijos. Los dos han formado una familia feliz.

Las investigaciones sistemáticas sobre la resiliencia[32] empezaron en la década de 1970, con el estudio de niños y niñas como Shibvon. Al principio, los psicólogos y los psiquiatras estaban interesados por comprender las causas de las enfermedades mentales. Puesto que las infancias difíciles eran uno de los factores que podían predecir los trastornos psicológicos, empezaron a estudiar niños que vivían en la pobreza o en hogares desestructurados. Los investigadores empezaron a hacer un seguimiento de los niños con riesgo y descubrieron algo inesperado: aunque muchos luchaban o se desmoronaban psicológicamente, había otros que, contra todo pronóstico, salían ade-

---

31. Estos resultados basados en las investigaciones están resumidos en «Child Maltreatment: Consequences», en la página web de los CDC (Centros para el Control y Prevención de Enfermedades), cdc.gov/violenceprevention/childmaltreatment/consequences.html.

32. La información sobre este párrafo es de Ann S. Masten, «Ordinary Magic: Resilience Processes in Development», *American Psychologist* 56, n.º 3, 2001, pp. 227-238; y de mensajes por correo electrónico con Masten en marzo de 2016.

lante sin experimentar graves problemas mentales. Estaban sanos emocionalmente, eran capaces de crear relaciones sólidas y eran buenos estudiantes. ¿Qué era lo que les hacía ser diferentes?

Con el transcurso de los años, los investigadores han respondido a esta pregunta estudiando de cerca a niños y a adultos que son capaces de tener vidas saludables y productivas a pesar de sus experiencias difíciles, el estrés y los traumas. Steven Southwick, de la Facultad de Medicina de Yale, y Dennis Charney, de la Facultad de Medicina de Icahn del Mount Sinai,[33] dos expertos en resiliencia, han dedicado las tres últimas décadas a estudiar a personas que han soportado traumas como secuestros, violaciones y la cautividad de los prisioneros de guerra y que los superaron sin hundirse, como ellos mismos dicen. Estas personas resilientes no sólo remontaron, sino que experimentaron un crecimiento personal: «De hecho, muchos de ellos dijeron valorar más la vida, estar más conectados con la familia y haber redescubierto un nuevo sentido y propósito en su vida gracias a su experiencia en prisión», escribieron los psicólogos sobre los prisioneros de guerra que estudiaron. Después de muchas entrevistas a estas personas, Southwick y Charney encontraron diez características que distinguían a las personas resilientes del resto.

Una de ellas era el propósito, que definieron como «tener una meta o misión en la vida que valga la pena». Otra, también relacionada con el propósito, era tener una guía moral vinculada al altruismo o al servicio desinteresado a los demás. Ambas influyeron en la historia de Shibvon. Cuando su madre la mandó junto con sus hermanos a un orfanato, con sólo diez años, ayudaba a las monjas de la sección de maternidad a cuidar de los bebés que habían sido abandonados. Allí, las monjas y los bebés le mostraban su afecto y su interés, que fue terapéutico para ella, y la ayudó a tener una visión más amplia sobre el propósito de su vida.

---

33. Para los siguientes párrafos sobre los factores que explican la resiliencia, así como para las citas de los prisioneros de guerra, véase Steven M. Southwick y Dennis S. Charney, *Resilience: The Science of Mastering Life's Greatest Challenges*, Cambridge, Cambridge University Press, 2012.

—Pensaba que quería dedicarse a lo que hacían las monjas en el orfanato, y que cuidaría de ellos de este modo: volvería y ayudaría a esos niños que habían tenido problemas a mejorar su vida, ésa fue mi primera meta.

Reflexionar y planificar un futuro mejor le dio esperanza para una vida mejor. Se dio cuenta de que podía ayudar a los demás cultivando el amor y el afecto a su alrededor, en lugar del odio y la violencia que era la moneda de cambio de su madre. «No tengo mucho que ofrecer, pero puedo ofrecerme a mí misma», pensaba.

Además del propósito, otro factor esencial para predecir la resiliencia es el apoyo social. Especialmente, en el caso de los niños,[34] una relación saludable con un adulto o un cuidador puede protegerles de los efectos nocivos de las dificultades. Aunque Shibvon fue rechazada por su madre y le hizo sentir que «no pertenecía», contó con el amor de su padre y de la tía paterna, que vivía cerca. Su relación con su tía fue especialmente importante, aunque no la veía demasiado. Pero recuerda que ésta siempre les iba a ver cuando estaban en los orfanatos y los llevaba a cenar fuera. Cuando estaban en casa con su madre les llevaba comida y ropa, y cuando era ella la que iba a visitarla a su casa le hacía sentirse segura, a salvo y valorada.

—Realmente conseguía que sintiera que le importaba a alguien —dijo Shibvon. El amor y los cuidados de su tía le dieron fuerzas para afrontar sus horribles circunstancias y, al final, poder superarlas.

Las fuentes de sentido trascendentes también desempeñan una función en ayudar a las personas a afrontar sus traumas. Por ejemplo, Southwick y Charney estudiaron a veteranos del Vietnam que fueron prisioneros de guerra, algunos de los cuales estuvieron presos hasta ocho años. Esos hombres fueron torturados, pasaron hambre y vivían en condiciones infrahumanas. Pero una de las cosas que les ayudaba a seguir adelante era su conexión con Dios. Algunos oraban

---

34. «Toxic Stress», Centro para el Desarrollo Infantil de la Universidad de Harvard, developingchild.harvard.edu/science/key-concepts/toxic-stress/.

regularmente en sus celdas, mientras que otros hallaban la fuerza pensando que Dios estaba de su parte, lo que equivalía a decir: «Podemos afrontar esto juntos», en palabras de un prisionero de guerra. Los prisioneros también se reunían para los servicios religiosos y patrióticos del infame campo de prisioneros apodado el Hanoi Hilton.[35] No todos esos hombres eran religiosos, según constataron los investigadores, pero muchos de ellos recurrían a la espiritualidad para poder soportar su dura prueba.

—Si no puedes conectar con una fuente de fortaleza y poder más grande que tú, probablemente no sobrevivirás —dijo uno de ellos.

Las investigaciones han demostrado que algunas personas resisten espontáneamente la adversidad mejor que otras. Los científicos ahora saben que nuestra capacidad de resiliencia, en parte, viene determinada por nuestra configuración genética[36] y por las experiencias de la infancia.[37] Pero lo bueno es que la resiliencia no es un rasgo fijo. Según Charney,[38] aunque algunas personas son más sensibles al estrés por naturaleza que otras, todos podemos aprender a adaptarnos al mismo de una manera más eficiente, desarrollando un conjunto de herramientas psicológicas que nos ayuden a afrontar los acontecimientos estresantes.

En 2004 se publicaron dos estudios realizados por Michele Tugade, del Vassar College, y Barbara Fredrickson, de la Universidad

---

35. El joven John McCain daba allí sus sermones. Véase Jill Zuckman, «John McCain and the POW Church Riot», *Chicago Tribune*, 15 de agosto de 2008; y Karl Rove, «Getting to Know John McCain», *Wall Street Journal*, 30 de abril de 2008.

36. McGonigal, *The Upside of Stress*.

37. La influencia de las experiencias de la infancia sobre nuestro estrés la trata McGonigal en ibídem. Véase también Linda L. Carpenter, Cyrena E. Gawuga, Audrey R. Tyrka, Janet K. Lee, George M. Anderson y Lawrence H. Price, «Association Between Plasma IL-6 Response to Acute Stress and Early-Life Adversity in Healthy Adults», *Neuropsychopharmacology* 35, n.° 13, 2010, pp. 2617-2623; y Pilyoung Kim, Gary W. Evans, Michael Angstadt, S. Shaun Ho, Chandra S. Sripada, James E. Swain, Israel Liberzon y K. Luan Phan, «Effects of Childhood Poverty and Chronic Stress on Emotion Regulatory Brain Function in Adulthood», *Proceedings of the National Academy of Sciences* 110, n.° 46, 2013, pp. 18442-18447.

38. «The Science of Resilience and How It Can Be Learned», *The Diane Rehm Show*, National Public Radio, 24 de agosto de 2015.

de Carolina del Norte de Chapel Hill, que desvelaban que la resiliencia se podía enseñar.[39] Tugade y Fredrickson invitaron a un grupo de personas a su laboratorio y les tomaron la frecuencia cardíaca, la presión sanguínea y otras constantes vitales. A continuación, les plantearon una tarea estresante. Cada participante tenía que preparar y dar rápidamente una charla de tres minutos explicando por qué se consideraba un buen amigo o amiga. Les dijeron que la charla se grabaría en vídeo y sería evaluada.

Aunque los participantes de este estudio tuvieron que enfrentarse a un factor de estrés de menor importancia que los que hemos mencionado en este capítulo, se pusieron nerviosos: su presión sanguínea y frecuencia cardíaca se dispararon. Pero algunas personas volvieron a sus constantes con mayor rapidez que otras. Los investigadores anotaron qué personas mostraban más resiliencia, midiendo su índice de recuperación de sus constantes vitales, y cuáles menos. A continuación examinaron cómo afrontaban la tarea las personas más resilientes y las menos. Las resilientes por naturaleza adoptaban una actitud diferente hacia la tarea de dar la charla. No la veían como una amenaza, como les sucedía a las menos resilientes, sino como un reto.

Con este dato, los investigadores dirigieron otro experimento para ver si podían transformar a las personas menos resilientes y hacerlas más fuertes. Con este fin, invitaron a un nuevo grupo de personas y repitieron el experimento anterior. Pero, esta vez, introdujeron un cambio: a unas les dijeron que la tarea era una amenaza, y a otras que la vieran como un reto.

Lo que descubrieron beneficia tanto a los resilientes como a los menos resilientes. Las personas resilientes por naturaleza se recuperaron rápidamente, tanto si veían la tarea como una amenaza o como un reto. Pero, a las que eran menos resilientes, verla como un reto les

---

39. Michele M. Tugade y Barbara L. Fredrickson, «Resilient Individuals Use Positive Emotions to Bounce Back from Negative Emotional Experiences», *Journal of Personality and Social Psychology* 86, n.º 2, 2004, pp. 320-333.

ayudó a cruzar el puente: al contemplar la tarea como una oportunidad, en lugar de una amenaza, empezaron a reaccionar como las personas resilientes, en cuanto a la medición de sus constantes cardiovasculares. Pudieron remontar.

Aunque para los investigadores es difícil estudiar las experiencias traumáticas en un laboratorio, una de las formas en que pueden llegar a entender cómo soportan las personas los factores de estrés a largo plazo es monitorizándolas durante un período estresante en su vida. Esto es lo que hicieron en la Universidad de Standford los investigadores Gregory Walton y Geoffrey Cohen,[40] en un estudio que publicaron en 2011: hicieron un seguimiento de un grupo de estudiantes universitarios durante tres años para ver cómo manejaban la difícil pero importante transición del instituto a la vida de adulto. Sus hallazgos revelan que los pilares del sentido ayudan a las personas a capear las dificultades con mayor eficacia.

Cuando los novatos llegan a la universidad, entran de golpe en un mundo totalmente nuevo, que puede llegar a desorientarles. Tienen que decidir qué clases tomar y a qué grupos unirse y, normalmente, también han de encontrar un nuevo grupo de amigos. Tal como indican Walton y Cohen, esta transición puede ser especialmente difícil para los estudiantes afroamericanos. Aunque a todos los alumnos les preocupa adaptarse a una universidad, los de color se sienten especialmente alienados, explicaba Walton. Como minorías en la mayor parte de los campus universitarios y como objetivos de la discriminación racial, puede que les preocupe si «la gente como yo» pertenece a un lugar como éste. Su necesidad de pertenencia se ve amenazada y, como escribieron los investigadores, esto puede cambiar su forma de interpretar sus experiencias. Cuando reciben una mala nota o un comentario negativo, en vez de reconocer estas cosas

---

40. La descripción de este estudio de Gregory M. Walton y Geoffrey L. Cohen procede de «A Brief Social-Belonging Intervention Improves Academic and Health Outcomes of Minority Students», *Science* 331, n.º 6023, 2011, pp. 1447-1451; y de mensajes por correo electrónico con Walton en el mes de marzo de 2016.

como algo normal en la rutina académica, pueden pensar que es algo personal contra ellos, e incluso contra la gente como ellos.

Los investigadores invitaron a un grupo de estudiantes negros y blancos al laboratorio y les dieron a leer varias historias. Los relatos los habían escrito estudiantes mayores y la finalidad de los mismos era proteger el sentido de pertenencia de los alumnos. El hilo conector de todas las historias era que, habitualmente, las dificultades formaban parte del proceso de adaptación de los alumnos de primero, pero eran temporales. Si un estudiante tiene contratiempos o se siente desubicado, como aprendieron los participantes que se encontraban en la condición experimental del estudio al leer las historias, descubrirá que es una etapa natural del proceso de transición cuando se llega a la universidad; que no significa que le pase algo raro o que no caiga bien a las personas por su raza o procedencia étnica. Los relatos tenían el propósito de cambiar la historia que los alumnos se contaban a sí mismos respecto a la institución.

Los investigadores hicieron un seguimiento a los participantes al cabo de tres años, casi cuando estaban terminando su carrera, y descubrieron que la intervención encaminada a modificar sus historias había tenido consecuencias importantes, pero sólo para los estudiantes afroamericanos. Su nota media había subido gradualmente durante esos tres años, mientras que la nota media de los alumnos de color del grupo de control no cambió. Su rendimiento académico mejoró tanto que las diferencias de probabilidades de éxito que existen entre las minorías se redujeron a la mitad. En tres ocasiones se encontraron entre el 25 por ciento de los mejores de su clase. Los estudiantes también dijeron que estaban más sanos y felices y que habían ido al médico con menos frecuencia. Leer los relatos sobre la pertenencia les ayudó a adaptarse mejor a la vida universitaria. Cuando los que estaban en el grupo de control tenían algún contratiempo, dudaban de sí mismos y de si realmente pertenecían a aquel lugar. Mientras que los que estaban en la condición experimental se enfrentaban a situaciones similares, su sentido de pertenencia no se veía amenazado y eso les ayudó a superar el reto con éxito.

Walton y Cohen no observaron estos efectos entre los estudiantes blancos. De hecho, la nota media de estos últimos, tanto en el grupo de control como en el experimental, mejoró entre el primer curso y los últimos. Leer los relatos no había influido en sus notas o en su bienestar físico o psicológico. Como grupo mayoritario en el campus, los alumnos blancos no atribuyeron su estrés a la pertenencia, así que no necesitaron ninguna intervención que les ayudara a redefinir sus retos, mientras que los alumnos de color sí. Cuando pudieron cambiar su historia personal sobre su transición a la universidad, mejoró su rendimiento en años posteriores. Este tipo de intervención no es la panacea para la desigualdad, «no da oportunidades a las personas cuando no las tienen», como dice Walton, pero sí pone de manifiesto cómo un cambio de actitud puede elevar a un grupo tradicionalmente marginalizado.

Los pilares del sentido pueden ayudar a las personas a recuperarse de sus traumas de haber sufrido abusos, de haber estado encarcelados y del racismo. Pero estas graves dificultades no son las únicas formas de adversidad a las que pueden enfrentarse las personas. La vida cotidiana está llena de factores que causan estrés de mayor o menor calibre, como trasladarse a una ciudad nueva, encontrar un trabajo o realizar una tarea difícil en el trabajo o en la universidad. Como sucede con los traumas, hay personas que tienen más resiliencia a estas fuentes cotidianas de estrés que otras. Y el sentido, aquí también, tiene un papel importante.

En un estudio publicado en 2014, un grupo de investigadores dirigido por James Abelson,[41] de la Universidad de Michigan, que-

---

41. James L. Abelson, Thane M. Erickson, Stefanie E. Mayer, Jennifer Crocker, Hedieh Briggs, Nestor L. Lopez-Duran e Israel Liberzon, «Brief Cognitive Intervention Can Modulate Neuroendocrine Stress Responses to the Trier Social Stress Test: Buffering Effects of a Compassionate Goal Orientation», *Psychoneuroendocrinology* 44, 2014, pp. 60-70. También mantuve correspondencia por correo electrónico con Abelson los días 16-18 de marzo de 2016, respecto a este estudio.

ría descubrir de qué forma podía afectar la actitud del sentido en la conducta de una persona durante una entrevista de trabajo estresante. En el estudio, los investigadores concedieron tres minutos a cada participante para que se prepararan una exposición de cinco minutos para convencer a un comité de selección de que eran los mejores candidatos para un puesto de trabajo. Antes de la entrevista ficticia, a algunos de los participantes les dijeron que, en lugar de concentrarse en autopromocionarse, tenían que concentrarse en cómo ese trabajo les permitiría ayudar a otras personas y a poner en práctica sus propios valores autotrascendentes. El detalle de concentrarse en el sentido les ayudó a suavizar su respuesta fisiológica al estrés.

Los beneficios de adoptar la actitud del sentido no son sólo producto de un experimento de laboratorio, sino que tienen resultados duraderos en el mundo real. La investigación dirigida por David Yeager y Marlone Henderson[42] en la Universidad de Texas en Austin demuestra que los alumnos de secundaria que escribieron sobre la forma en que los trabajos escolares les habían ayudado a cumplir un propósito en su vida consiguieron mejores notas en matemáticas y ciencias varios meses después. En el mismo ciclo de estudios, los estudiantes universitarios que reflexionaron sobre su propósito perseveraron más en resolver una serie de tediosos problemas de matemáticas, a pesar de que tenían libertad para jugar en Internet en cualquier momento durante el experimento. Según Yeager y Hendelson, la razón por la que funcionaron estos ejercicios es que los estudiantes desarrollaron un «propósito para aprender». Los que recordaron sus fuentes de sentido fueron capaces de transformar una clase pesada (o, como en el caso del estudio de Abelson, una entrevista estresante) en un paso más para conseguir su propósito y vivir de acuerdo con sus valores, en lugar de verla como una molestia que era mejor evitar o temer.

---

42. Yeager y col., «Boring but Important: A Self-Transcendent Purpose for Learning Fosters Academic Self-Regulation».

Recordar el sentido de las cosas también nos protege contra los perjuicios que puede ocasionar el estrés. Kelly McGonigal, de Standford,[43] resume la gran cantidad de investigaciones que existen sobre este tema: «El estrés aumenta el riesgo de padecer problemas de salud, salvo cuando las personas se involucran activa y regularmente en sus comunidades. El estrés aumenta el riesgo de muerte, salvo cuando las personas tienen sentido de propósito. El estrés aumenta el riesgo de depresión, salvo cuando las personas ven un beneficio en su esfuerzo».

El rabino Harold Kushner, en su obra clásica sobre el duelo[44] *Cuando a la gente buena le pasan cosas malas,* refleja la complicada naturaleza de la búsqueda del sentido en la adversidad. Cuando escribe sobre cómo la muerte de su hijo le ayudó a crecer, dice: «Soy una persona más sensible, un pastor más eficaz, un consejero más comprensivo gracias a la vida y la muerte de Aaron de lo que jamás habría llegado a ser sin él. Sin embargo, cambiaría sin pensarlo un segundo todos esos beneficios por recuperar a mi hijo. Si pudiera elegir, renunciaría a todo el crecimiento espiritual y la profundidad que he experimentado debido a nuestras experiencias y sería lo que era hace quince años, un rabino normal y corriente, un consejero indiferente, capaz de ayudar a unas personas e incapaz de ayudar a otras, y el padre de un muchacho brillante y feliz. Pero no puedo elegir».

Por más que lo deseemos, ninguno nos libraremos de experimentar algún tipo de sufrimiento. Ésa es la razón por la que es tan importante aprender a sufrir bien.[45] Las personas que son capaces de crecer en la adversidad lo hacen recurriendo a los pilares del sentido.

43. McGonigal, *The Upside of Stress*, p. 219.

44. Harold Kushner, *When Bad Things Happen to Good People*, Nueva York, Anchor Books, 2004, p. 147. (Edición en castellano: *Cuando a la gente buena le pasan cosas malas*, Madrid, Los Libros del Comienzo, 2008.)

45. El fallecido psicólogo de la Universidad de Michigan, Christopher Peterson, solía decir: «Me han dicho que la resiliencia es la habilidad de "sufrir bien"».

Y, con el paso del tiempo, esos pilares se vuelven más fuertes en sus vidas.

Algunas van todavía más lejos. Tras haber sido testigos del poder de la pertenencia, del propósito, de contar historias y de la trascendencia en su propia vida, trabajan para llevar estas fuentes de sentido a sus escuelas, puestos de trabajo y barrios, y a largo plazo esperan conseguir grandes cambios en nuestra sociedad. Éstas son las culturas del sentido de las que vamos a hablar a continuación.

7

Las culturas del sentido

El interior de la «caja sagrada», como se llama a veces a la catedral de San Marcos de Seattle,[1] es austero. Los trozos de pared que tiempo atrás fueron blancos están sucios y grises en los sitios donde ha saltado la pintura, algunas de las bombillas de los candelabros están fundidas. No hay vitrales con escenas de la Biblia, ni crucifijos barrocos en el altar. Y, la mañana del mes de octubre en que visité la iglesia episcopal para el servicio dominical, olía a perro mojado. Ese domingo coincidió que era la festividad de san Francisco de Asís, el monje medieval que amaba la naturaleza. En su honor, la iglesia animó a los fieles a que llevaran a sus mascotas al servicio matinal. Había perros sentados en los bancos y recorriendo la parte trasera de la iglesia y, cada pocos minutos, alguno de ellos soltaba una serie de gañidos agudos e inquietos.

Sin embargo, por la noche, la catedral se había transformado en un santuario de paz y quietud. Cuando entré en la iglesia y me senté, reinaba el más absoluto silencio. Salvo por unas pocas lámparas encendidas de luz tenue y algunas velas temblorosas sobre el altar, todo estaba a oscuras. Había una mujer con un perro sentada cerca de mí, un monje con su cordón franciscano alrededor de la cintura y

---

1. Visité San Marcos para asistir a una misa y a completas el 4 de octubre de 2015. La información adicional sobre la iglesia y las completas procede de la entrevista de la autora a Jason Anderson, el 5 de octubre de 2015; y Kenneth V. Peterson, *Prayer as Night Falls: Experiencing Compline*, Brewster, Massachusetts, Paraclete Press, 2013. Anderson es el director del Coro de Completas de San Marcos y Peterson es uno de los miembros del coro. Si desea asistir al servicio, entre en la página web del coro, complinechoir.org.

varias familias con hijos. Más allá de los que estábamos sentados en los abarrotados bancos, había docenas de personas que se habían congregado en los bancos que estaban pegados a las paredes, algunas incluso estaban sentadas y estiradas en el suelo. Otras habían encontrado un lugar junto al púlpito. Todos estábamos allí reunidos para escuchar en silencio un antiguo servicio monástico llamado completas.

Las completas, término derivado del latín *completorium* 'completo', se originaron en el siglo IV. Están formadas por salmos, oraciones, himnos y antífonas que se cantan antes de acostarse, completan el ciclo de oraciones a horas fijas del programa diario de rezos monásticos. Las completas son una oración a Dios para pedirle protección ante lo desconocido y los terrores invisibles de la noche, y también es una súplica de paz ante la muerte.

No es habitual poder escuchar completas fuera de los monasterios, que es lo que hace que San Marcos y unas cuantas iglesias más, que las ofrecen regularmente, sean tan únicas.[2] Cuando se empezaron a hacer las completas en San Marcos en el año 1956, era la primera vez que este servicio se cantaba en público en Estados Unidos. En los primeros años atraía sólo a un reducido número de personas, pero en la década de 1960 corrió la voz, y cientos de *hippies* que anhelaban una «experiencia directa de la Presencia Divina»[3] acudían a la iglesia los domingos por la noche. Las completas, igual que la misa, siguen un orden específico, aunque no hay sermones o curas, sólo un coro de cantantes que llena la catedral con el sacro sonido de los cánticos.

Casi cincuenta años después del Verano del Amor, el espíritu de la contracultura seguía vivo en San Marcos. Algunos de los congregantes que estaban cerca del altar llevaban el pelo teñido de colores fosforescentes. Algunos llevaban tatuajes y *piercings*. Muchos eran

---

2. Por ejemplo, se ofrecen completas en la iglesia episcopal de San Andrés en Ann Arbor, Michigan; la Iglesia de Cristo de New Haven, Connecticut; la iglesia episcopal San David de Austin, Texas; y la Iglesia de la Trinidad de Nueva York.

3. Peterson, *Prayer as Night Falls*, 9.

jóvenes, más jóvenes de lo que uno podría esperar encontrar en una iglesia episcopal, un domingo por la noche, en una ciudad como Seattle. Se habían llevado mantas y cojines —y unos pocos, hasta sacos de dormir— y estaban estirados en el suelo, mirando al techo de vigas de madera, a la espera del comienzo del servicio. Un hombre con perilla estaba meditando sentado con las piernas cruzadas como el Buda, con la barbilla inclinada hacia el pecho. Una joven veinteañera estaba apoyada contra una de las imponentes columnas blancas de la iglesia. Tenía las piernas flexionadas abrazadas contra su pecho y miraba al frente en actitud contemplativa.

Un coro únicamente masculino estaba de pie en una esquina posterior de la iglesia, oculto de la vista de los congregantes. Una voz rompió el silencio: «Que el Señor Todopoderoso nos conceda una noche tranquila y un final del día perfecto». A la misma se unió un coro, cantando: «Gloria al Padre, y al Hijo, y al Espíritu Santo. Como era en el principio, ahora y siempre, por los siglos de los siglos. Amén». Sus incorpóreas voces llenaban la catedral. «¿Qué es el hombre, para que de él te acuerdes? ¿Y el hijo del hombre, para que vayas en su búsqueda?», cantaban el salmo 8. También cantaron una antífona mística compuesta por el músico del siglo xx Francis Poulenc, con letra de san Francisco de Asís: «Te ruego, Señor, que la abrasadora y dulce fuerza de tu amor consuma mi alma de tal modo que la arranque de todo cuanto existe bajo el cielo, para que yo muera a través del amor por tu amor, igual que tú te entregaste para morir a través del amor por mi amor».

Al finalizar el servicio se impuso un silencio absoluto en la iglesia. Algunos de los asistentes salieron en silencio. Otros se quedaron un rato más en sus asientos. Una mujer y un hombre que estaban cerca del altar se levantaron y se abrazaron antes de recoger sus mantas para marcharse. Algunos formaron pequeños grupos fuera de la iglesia, hablando entre ellos entre susurros. El servicio duraba sólo treinta minutos, pero la gente se veía visiblemente cambiada después del mismo; más calmada, tranquila y amable.

Igual que los que se reunían en la década de 1960 para las completas, muchas de las personas que asisten actualmente a San Marcos son antisistema. Indudablemente, había cristianos, pero también muchos agnósticos y ateos, algunos de ellos abiertamente contrarios a la religión organizada. Esto es justamente lo que hace que las completas sean todavía más notables. Cada domingo por la noche sucede algo dentro de las paredes de la iglesia que tiene una fuerza espiritual que atrae a creyentes y no creyentes por igual.

—Me transporta más allá de mi mente —me dijo Emma, una estudiante universitaria de veinte años, en la escalera de la entrada a la catedral.

Ha estado asistiendo a las completas con bastante regularidad desde hace varios años.

—Yo he sido educada en una familia judía, por lo tanto no comparto esa devoción, pero hay algo en la música que te transporta a un espacio sagrado. Es como darse una ducha espiritual. Te ayuda a deshacerte de muchas de tus preocupaciones cotidianas menores. Cuando sientes la presencia de un poder superior te das cuenta de lo triviales que son nuestros pequeños problemas.

Emma estaba con dos amigos, Dylan y Jake. Dylan era un trabajador autónomo de veinticinco años que llevaba el pelo recogido en una cola de caballo. Al igual que Emma, la música le emocionó.

—La música ya no es algo comunitario como solía ser. La gente lleva siempre puestos sus auriculares. Pero aquí estás en un espacio con un montón de personas escuchando lo mismo. Las voces del coro resuenan por todas partes —dijo Dylan.

—Es como si toda la iglesia estuviera cantando —interrumpió Jake.

—Sí. Sus voces no parecen humanas. Te recuerdan que la música llega a un nivel más profundo que nuestro yo —añadió Dylan.

—Hace que tu ego se sienta más pequeño, un poco más calmado —dijo Jake.

Lo que sucede en San Marcos es único. En nuestra sociedad la gente se siente cada vez más alienada de las fuentes místicas y trascendentes de sentido. Tal como han escrito los investigadores Paul Piff y Dacher Keltner: «Los adultos pasan cada vez más tiempo trabajando y desplazándose y menos tiempo al aire libre y con otras personas. Las excursiones para ir de acampada, ir de picnic y contemplar el cielo a medianoche han sido sustituidas por los fines de semana de trabajo y trabajar hasta bien adentrada la noche. Ir a actos culturales, como música en directo, teatro, museos y galerías, es un hábito que ha ido desapareciendo con los años».[4] Incluso cuando buscamos el misterio en un servicio litúrgico, en un museo o en el bosque, para experimentar la trascendencia hace falta atención, concentración y silencio, todas ellas cualidades difíciles de cultivar en nuestra era de la distracción. Eso se pudo constatar un viernes de 2007, cuando el maestro del violín Joshua Bell[5] se puso a tocar en una estación de metro de Washington DC, a una hora punta, algunas de las piezas más difíciles e impresionantes de toda la música clásica, desde el *Ave María* de Schubert hasta la *Chacona* de Bach. Un periodista del *Washington Post* le convenció para llevar a cabo este experimento; quería ver si la gente se pararía y dedicaría un tiempo a admirar la belleza cuando iban al trabajo o si simplemente seguirían su camino como de costumbre. Como cabía esperar, la mayor parte de los ocupados transeúntes no se detuvieron a escuchar la música. Esa mañana, unas mil personas pasaron corriendo junto a Bell. Sólo siete se detuvieron a escucharle.

Las completas atraen a las personas que buscan refugio del ruido blanco de la vida cotidiana. Encuentran sentido reuniéndose en una comunidad y entregándose a la música, al silencio, a lo divino. Las completas hacen que te sientas «conectado con algo *más grande que*; cualquier cosa que, en última instancia, tenga sentido para ti», dice Jason Anderson, director del Coro de las Completas.

---

4. Paul Piff y Dacher Keltner, «Why Do We Experience Awe?», *New York Times*, 22 de mayo de 2015.

5. Gene Weingarten, «Pearls Before Breakfast: Can One of the Nation's Great Musicians Cut through the Fog of a D.C. Rush Hour? Let's Find Out», *Washington Post Magazine*, 8 de abril de 2007.

Hasta el momento, en este libro me he centrado en el individuo; en lo que cada uno de nosotros podemos hacer a nivel personal para que nuestra vida tenga más sentido. Pero los buscadores del sentido se enfrentan a una cruda batalla en nuestra cultura. La mentalidad de «trabajar-y-gastar»,[6] que caracteriza nuestro ritmo de vida, aleja a las personas de lo que realmente importa, como escribe el autor Gregg Easterbrook. Tanto en los barrios como en los trabajos, las relaciones sociales son cada vez menos frecuentes.[7] El acelerado ritmo de la vida moderna, con todas sus distracciones, hace que la introspección sea prácticamente imposible. Y, en un mundo donde el conocimiento científico es lo supremo, las experiencias trascendentes se contemplan con recelo.

Estas tendencias han dejado insatisfechas a muchas personas y les incitan a anhelar algo más. Ahora están empezando a dar marcha atrás y a buscar una forma de vida más profunda. Desde profesionales de la medicina, líderes empresariales, educadores, y clérigos hasta gente ordinaria de todo el país, han empezado a utilizar los pilares del sentido para transformar las instituciones donde viven y trabajan, crear comunidades que valoren y fomenten las conexiones, celebrar el propósito, favorecer oportunidades para contar historias y reservar un espacio para el misterio. Sus esfuerzos forman parte de un cambio a gran escala que se está produciendo en nuestra sociedad que se encamina hacia el sentido. «Se está produciendo una transición desde el deseo por lo material hacia el deseo por el sentido a una escala histórica sin precedentes, que implica a cientos de millones de personas, y que al final será reconocida como el principal desarrollo cultural de nuestra era»,[8] escribe Easterbrook.

6. Gregg Easterbrook, *The Progress Paradox: How Life Gets Better While People Feel Worse*, 250.

7. Véase Putnam, *Bowling Alone: The Collapse and Revival of American Community*; y Stefano Bartolini, Ennio Bilancini y Maurizio Pugno, «Did the Decline in Social Connections Depress Americans' Happiness?», *Social Indicators Research* 110, n.º 3, 2013, pp. 1033-1059.

8. Easterbrook, *The Progress Paradox*, p. 211.

Ronald Inglehart, politólogo de la Universidad de Michigan, dirige el World Values Survey ['Encuesta sobre los Valores del Mundo'], que hace un seguimiento de los valores, las motivaciones y las creencias de las personas desde 1981. Inglehart,[9] en su investigación descubrió que las naciones postindustriales como Estados Unidos se encontraban en medio de una transformación cultural de gran magnitud. Éstas se encuentran en plena transición, antes se centraban en los valores «materialistas» con énfasis en la economía y la seguridad física, y ahora lo están haciendo en los valores «postmaterialistas», en los que se hace hincapié en la autoexpresión y «el sentido y el propósito». El fallecido Robert William Fogel, profesor de la Universidad de Chicago y ganador del Nobel de Economía, detectó una tendencia similar. Escribió que nos encontramos en medio de un «cuarto gran despertar»,[10] que se caracteriza por el interés en asuntos «espirituales», como el propósito, el conocimiento y la comunidad, por encima de los asuntos «materiales», como el dinero y los bienes de consumo.

Por desgracia, no todas las culturas del sentido que han surgido para llenar el vacío existencial son admirables. Las culturas del sentido pueden ser buenas o malas dependiendo de sus valores y objetivos. Del mismo modo que las culturas positivas del sentido, las malas, como los cultos y los grupos que fomentan el odio, utilizan los cuatro pilares para atraer a individuos que buscan algo más. El Estado Islámico, por ejemplo, ofrece a sus acólitos, una comunidad de hermanos creyentes, un propósito supuestamente autorizado por lo divino, una oportunidad de ejercer un papel en una epopeya heroica y la oportunidad de estar lo más cerca posible de Dios. Muchos occidentales cultos se han sentido atraídos por su mensaje y se han unido a sus filas. Y habrá más que seguirán

---

9. Ronald Inglehart, *Culture Shift in Advanced Industrial Society*, Princeton, Princeton University Press, 1990.

10. Robert William Fogel, *The Fourth Great Awakening and the Future of Egalitarianism*, Chicago, University of Chicago Press, 2000.

buscando la realización personal dentro de tales grupos, si nuestra sociedad no es capaz de ofrecerles alternativas mejores.

Las culturas del sentido que menciono en este libro usan los cuatro pilares para ensalzar los valores y las metas positivas. Sus miembros reconocen y respetan la dignidad de cada persona. Promueven virtudes como la amabilidad, la compasión y el amor, en lugar del miedo, el odio y la ira. Intentan elevar a otros, no perjudicarles. En lugar de sembrar las semillas de la destrucción y el caos, estas culturas contribuyen positivamente al mundo.

Las culturas del sentido positivas nos ayudan a crecer a todos, pero son especialmente importantes para los adolescentes. Hay muchos adolescentes que no están seguros de lo que quieren hacer en la vida,[11] lo cual puede hacerles vulnerables y sucumbir al atractivo de pertenecer a una banda u a otras influencias negativas. Tener algo en qué creer y por lo que trabajar es una vacuna contra esas amenazas.

Ésa es la idea tras The Future Project. Esta organización, fundada por Andrew Mangino y Kanya Balakrishna, tiene como objetivo desarrollar «el potencial ilimitado de todos los jóvenes». Mangino y Balakrishna han conseguido reunir a un equipo de consejeros estelares para promocionar su misión, entre los que se encuentran investigadores como William Damon, de Standford, Angela Duckworth de la Universidad de Pensilvania y Carol Dweck, también de Standford. Damon, Duckworth y Dweck son famosos por su innovador trabajo sobre el propósito, el «coraje» y la «actitud de crecimiento», respectivamente. Y Mangino y Balakrishna utilizan sus hallazgos científicos para ayudar a los jóvenes a descubrir su propósito y a trabajar para conseguirlo.

Los frutos de su trabajo se reunieron un gélido sábado por la mañana de 2014 en el Edison Ballroom de Times Square. Casi se-

---

11. Damon, *The Path to Purpose: How Young People Find Their Calling in Life.*

tecientos adolescentes bailaban bajo el brillo de azul claro de los focos al son de Kanye West, Jay Z y Alicia Keys, pinchados por un carismático DJ. Los jóvenes estaban de pie en las sillas, se subían al escenario o se asomaban por una balconada que había en la planta superior moviéndose al ritmo de la música, que sonaba por los altavoces en todo el recinto. Dos muchachos con el pelo alborotado bailaban estilo robot mientras una joven con *hijab* movía los labios como Elvis. Toda la sala temblaba como si fuera una discoteca.

La música atronadora, el baile y la animación de los adolescentes, los adultos yendo de un sitio para otro para controlar que todo estuviera en orden, todo parecía correcto para la misión del día. Los adolescentes del Edison Ballroom habían venido desde algunos de los barrios más problemáticos de ciudades como New Haven, Detroit, Newark y Filadelfia para asistir a DreamCon,[12] el evento de un día de duración donde los setecientos asistentes presentarían sus sueños, y los progresos que habían hecho para cumplirlos en los últimos meses, ante un jurado de adultos.

Los adolescentes pasan casi todas sus horas de vigilia en la escuela. Pero la mayoría de las escuelas están diseñas para enseñar a los niños a resolver problemas de álgebra y a escribir redacciones, no para ayudarles a descubrir cuál puede ser su vocación. La consecuencia es que muchos de ellos se gradúan sin saber qué quieren hacer. Otros abandonan los estudios porque no les ven la utilidad. Mangino y Balakrishna quieren cambiar esto. Quieren captar adolescentes, especialmente los que corren riesgo de exclusión, en este momento crítico de sus vidas y ayudarles a que encuentren su propósito.

Ellos creen que todas las escuelas deberían tener un Director de Sueños, una especie de consejero guía que hablara con los jóvenes y

---

12. Fui a DreamCon y entrevisté a Kanya Balakrishna y a unos cuantos estudiantes de instituto, el 13 de diciembre de 2014. La información sobre The Future Project procede de esas entrevistas y de los subsiguientes correos electrónicos con Balakrishna y sus colaboradores de la organización. Véase también The Future Project para conocer los hallazgos de las investigaciones sobre el programa: thefutureproject.org.

les animara a pensar a lo grande sobre cómo podrían contribuir a la sociedad. Luego ayudan a cada estudiante a crear un plan detallado y personalizado para lograr su meta. Hay muchas personas que tienen sueños, pero muchas de ellas no hacen nada para cumplirlos.

The Future Project ha colocado Directores de Sueños en docenas de escuelas públicas de Estados Unidos. Desde que se fundó esta organización, estos Directores de Sueños han ayudado a miles de estudiantes a encontrar un camino que les conduzca a un propósito.

En DreamCon conocí a una joven de Nueva York que soñaba con ser policía para llevar el orden y la seguridad a comunidades como la suya. Su Director de Sueños le sugirió que investigara sobre las distintas funciones de los organismos de seguridad a los que podía acceder. Después de investigar sobre el tema, decidió que quería ser investigadora en el FBI y ahora está averiguando qué pasos ha de seguir, en lo que se refiere a estudios y formación adicional, para lograr esa meta. También conocí a un estudiante de New Haven que estaba a punto de terminar sus estudios en el instituto y ya era padre. La madre de su pequeña «realmente no se ocupaba de ella», según me dijo. Mientras me enseñaba fotos de su hija en el móvil, me contó que su sueño era crear una comunidad de padres solteros donde se pudieran ayudar mutuamente en su transición a la paternidad. Actualmente, organiza reuniones en New Haven con los padres solteros que conoce. El paso siguiente es ampliar la comunidad a otras ciudades y crear una red nacional.

Mangino y Balakrishna han descubierto que, cuando los estudiantes persiguen su propósito, los beneficios se reflejan en otros aspectos de sus vidas. Los estudiantes que trabajaron con Directores de Sueños estuvieron más motivados para aprender, faltaron menos a clase y mostraron más empatía y liderazgo. Cuatro de cada cinco dijeron que «habían conseguido algo que no pensaban que fuera posible» y casi todos los alumnos del programa confirman que siguen bajo su influencia positiva y que les va bien en los estudios universitarios, en su profesión o en su proyecto empresarial. Su sentido de propósito era más fuerte. En el congreso, un joven de primer curso de instituto me dijo que perseguir su propósito le hizo tener más confianza en sí mismo. Otro dijo que trabajar con su Director de Sueños para perseguir su vocación de artista le había ayudado a alejarse de las calles, donde estaría vendiendo drogas. Una chica que quería ser médico dijo que perseguir su sueño le ayudaba a sacar mejores notas, y que también inspiraba a su hermano menor a tomarse más en serio sus estudios.

La labor de Mangino y Balakrishna forma parte de un gran cambio en nuestra cultura. Nunca en los últimos doscientos años, el interés de la sociedad en el propósito[13] había sido tan fuerte como lo es en la actualidad, según los datos de un científico social. Esta preocupación por el propósito no sólo se ha arraigado en la educación, sino también en el mundo empresarial, donde las empresas cada vez se esmeran más por definir sus misiones en lo que respecta a su contribución a la sociedad, en lugar de ceñirlas únicamente a la de sacar un provecho.

Una de esas empresas es Life is Good, una marca de ropa fundada por los hermanos Bert y John Jacobs en 1994. John y Bert[14] cuentan que la historia de Life is Good no empieza con la fundación de la empresa, sino en su infancia. Los jóvenes, que eran los dos hermanos menores de un total de seis, se criaron en Needham, Massachusetts, un barrio de las afueras de Boston. Muchas personas considerarían que la vida en casa de los Jacob era dura. La segunda planta de su pequeña casa no tenía calefacción. Su padre tenía mal genio y no siempre podía satisfacer sus necesidades básicas. Su madre, Joan, bromeaba diciendo que les compraba comida que no les gustaba para que les durara más tiempo.

---

13. Gabriel Bauchat Grant, «Exploring the Possibility of an Age of Purpose», papers.ssrn.com/sol3/papers.cfm?abstract_id=2618863.

14. Entrevista de la autora a John Jacobs, el 12 de junio de 2014; y Bert y John Jacobs, *Life Is Good: How to Live with Purpose and Enjoy the Ride*, Washington, DC, National Geographic Society, 2015.

A pesar de todo, Joan era una mujer resiliente y alegre, con una actitud positiva. Cada noche, cuando se sentaban a la mesa para cenar, pedía a cada uno de sus seis hijos que compartiera algo bueno que le hubiera sucedido durante el día. Mientras los niños contaban que se habían encontrado un CD de los Rolling Stones en la basura, habían oído un chiste divertido o aprendido algo guay en el colegio, la energía de la habitación se transformaba. Todos empezaban a reír y a sonreír. El optimismo de su madre les elevaba el ánimo a todos. «Me gusta quedarme sin dinero, así no tengo que preocuparme por lo que he de comprar», les decía. De ella aprendieron que la felicidad viene de nuestra actitud mental, no sólo de nuestras circunstancias. Esta lección fue la que inspiró a Bert y a John la visión para crear Life is Good.

En 1989, cuando eran veinteañeros, Bert y John crearon una empresa en la que diseñaban camisetas, que vendían por las calles de Boston. También viajaron por toda la Costa Este, vendiendo camisetas puerta a puerta en los campus universitarios, y cada viaje les aportaba el dinero justo para poder financiar el siguiente. Dormían en su furgoneta, comían bocadillos de mantequilla de cacahuete y mermelada y se duchaban donde podían.

En aquellos viajes por carretera pasaron mucho tiempo hablando. Durante uno de ellos, hablaron de la forma en que los medios inundan todos los días nuestra cultura con historias de asesinatos, violaciones, guerras y sufrimiento. Aunque pasen cosas malas y sea importante conocerlas, ambos coincidían en que también pasan cosas buenas. Recordaron a su madre y su habilidad para iluminar la oscuridad. Así que decidieron que querían promover sus valores en su trabajo, crear un símbolo que sirviera de antídoto al cinismo que veían en la sociedad: un superhéroe cuyo poder fuera el optimismo.

John diseñó un sencillo muñeco de palitos sonriente y lo llamó Jake. Cuando regresaron a Boston dieron una fiesta y colocaron la nueva camiseta en la pared, y a sus amigos les encantó. Uno de ellos escribió en la pared junto a la camiseta: «Éste sí que sabe vivir», con una flecha que señalaba a Jake, que al final se convertiría en el símbolo principal de Life is Good.

Los hermanos resumieron esa frase en tres palabras: «Life is good» ['La vida es buena']. Grabaron la imagen de Jake y la frase en cuarenta y ocho camisetas. Montaron una parada en una acera de Cambridge y vendieron todas las camisetas en menos de una hora; era la primera vez que les sucedía algo semejante. Eso fue en 1994. En aquel entonces tenían un capital de 78 dólares. En la actualidad dirigen una marca de moda de 100 millones de dólares.

A medida que el negocio fue prosperando, los hermanos declararon que su propósito era influir positivamente en la vida de las personas, como lo había hecho su madre con ellos. Entonces, sucedió algo inesperado. Empezaron a recibir cartas y correos electrónicos de personas que se habían enfrentado o se estaban enfrentando a circunstancias difíciles, desde el cáncer, la pérdida de un ser querido quedarse sin hogar hasta haber sido víctima de algún desastre natural. Les escribían para decirles que llevaban sus camisetas de Life is Good para darles ánimos en sus sesiones de quimioterapia o para superar una amputación, o, como en el caso de una mujer, para superar la pérdida de su esposo el 11 de Septiembre, un bombero cuyo lema personal había sido «La vida es buena». Les querían transmitir cuánto les había influido el mensaje de Life is Good, cómo les había ayudado a superar las dificultades, y que ahora sentían un aprecio más profundo y más gratitud por la vida.

Bert y John, al principio, no sabían qué hacer con estas cartas.

—Creo que cuando creamos nuestro mensaje no éramos realmente conscientes de su profundidad —dijo John.

Mientras intentaban sacar a flote su pequeño negocio, leían y saboreaban las cartas, pero se limitaban a guardarlas en un cajón. Hasta que, en 2000, decidieron compartirlas en las reuniones con sus empleados y encuentros a nivel de toda la empresa, para que todos pudieran ver que su duro trabajo estaba marcando la diferencia en la vida de otras personas. Las cartas recuerdan a los empleados que su esfuerzo sirve al propósito superior de divulgar el optimismo. «Cuando la rutina diaria de nuestras actividades nos empieza a hacer olvidar el valor de nuestro trabajo, estas historias inspiradoras nos elevan y nos recuerdan que formamos parte de una comunidad mucho más grande», escriben John y Bert.

Desde 2010, los empleados de Life is Good tienen otra fuente de sentido a la que conectarse. Ese año, la empresa creó una rama sin ánimo de lucro de Life is Good Kids Foundation ['Fundación para niños de Life is Good'], dedicada a los niños que padecen enfermedades, o son víctimas de la violencia, los abusos, la pobreza y otras dificultades. El programa básico de la fundación se llama Playmakers, una iniciativa de talleres para formar y enriquecer a las personas que trabajan con niños, es decir, profesores, trabajadores sociales y personal sanitario. Durante estos programas se les informa sobre las investigaciones acerca del optimismo y la resiliencia, y sobre cómo pueden aplicar sus hallazgos para mejorar las vidas de los niños que están a su cargo. Life is Good dona cada año el 10% de sus beneficios netos a ayudar a niños necesitados. Desde su creación, la fundación[15] ha formado a más de 6.000 Playmakers que trabajan para mejorar las vidas de más de 120.000 niños todos los días.

El compromiso de ayudar a los niños implica que los empleados de todos los niveles no trabajan sólo para divulgar el poder del optimismo entre sus clientes, sino para ayudar a los niños con problemas a que tengan una vida mejor. Todo el mundo en la empresa sabe que los objetivos de ventas trimestrales y anuales no sólo están vinculados a los beneficios y al crecimiento de la empresa, sino también a ayudar a los niños que realmente lo necesitan, explicó Bert.

—Me paso la mayor parte del día descargando cajas de los camiones y haciendo otras tareas manuales, y sé que sólo por hacer bien mi trabajo estoy ayudando a niños que lo necesitan —dijo Ian

---

15. Según Charles Veysey, Director Ejecutivo Optimista en Life Is Good Kids Foundation, el 2 de marzo de 2016.

Mitchell,[16] que trabaja en uno de los almacenes de Life is Good en New Hampshire. Craig Marcantonio, un diseñador gráfico que trabaja en la central de Boston, compartía ese sentimiento.

—A veces te sientes bloqueado por tus tareas cotidianas, y entonces te enteras de alguna de las actividades que está realizando Playmakers en nuestras reuniones de diseño mensuales, y recuerdas que tu trabajo sirve para promocionar la difusión del optimismo y que eres un rayo de esperanza para otros.

Allison Shablin, recepcionista de Life is Good, dijo que, incluso aunque esté todo el día recibiendo y devolviendo llamadas y dando la bienvenida a los visitantes, sabe que está trabajando para una causa mayor.

—Trabajo para una empresa que ayuda mucho a otras personas y eso hace que me sienta muy orgullosa de ella.

Life is Good forma parte de lo que el emprendedor Aaron Hurst llama «la nueva economía del propósito».[17] Del mismo modo que la economía agraria dio paso a la economía industrial en el siglo XIX, la economía de la información, actualmente, está cediendo su lugar a una economía centrada en el propósito, arguye Hurst, fundador de Taproot Foundation, una plataforma en la que se manejan miles de millones de dólares que conecta a especialistas en *marketing*, diseñadores y otros profesionales con entidades sin ánimo de lucro que pueden beneficiarse de su ayuda. «La economía del propósito intenta que las personas encuentren más sentido a sus vidas. Es una economía donde el valor reside en crear un propósito para sus empleados y clientes; satisfaciendo necesidades que trasciendan las propias, favoreciendo el crecimiento personal y creando una comunidad», escribe Hurst. Además de las empresas especializadas como New Belgium Brewing Company,

---

16. Tres entrevistas separadas de la autora, el 3 de noviembre de 2015.

17. Aaron Hurst, *The Purpose Economy: How Your Desire for Impact, Personal Growth and Community Is Changing the World*, Boise, Idaho, Elevate, 2014, pp. 28-29. También entrevisté a Hurst el 3 de junio de 2014.

The Container Store y Virgin Atlantic, para las cuales el propósito es el pilar fundamental de sus transacciones comerciales, hay compañías tradicionales como Pepsi, Deloitte y Morgan Stanley que también se están reestructurando en torno al propósito.

Aunque pueda sorprendernos, hay una buena razón para que las corporaciones incorporen estas ideas las empresas, al perseguir un propósito, también protegen su economía. John Mackey, de Whole Foods, y Raj Sisodia,[18] del Babson College, en su libro *Capitalismo consciente*, señalan que las empresas que tienen un propósito y que crean cultura del sentido entre sus empleados, sus clientes y la sociedad en general están en auge y sobresalen económicamente entre otras de su mismo ramo. En parte se debe a que son los propios clientes los que las eligen. «La gente está cada vez más interesada en encontrar un sentido superior en su vida, en vez de conformarse con añadir una cosa más a su número de pertenencias»,[19] escribe Sisodia con sus colaboradores. Pero también se debe a que, como descubrieron Bert y John, tener una cultura que se guía por un propósito ayuda a que las empresas funcionen mejor.

En la actualidad, casi el 70% de todos los empleados o bien «no están involucrados»[20] en su trabajo, es decir, no se sienten implicados ni comprometidos y carecen de entusiasmo, o están «activamente desconectados» del mismo, y menos de la mitad de todos los trabajadores se sienten satisfechos con su trabajo.[21] Pero

---

18. John Mackey y Raj Sisodia, *Conscious Capitalism: Liberating the Heroic Spirit of Business*, Boston, Harvard Business Review Press, 2014; véase el apéndice A para «caso de negocio para el capitalismo consciente», pp. 275-289 (de la versión original). (Edición en castellano: *Capitalismo consciente*, Barcelona, Empresa Activa, Urano, 2016.)

19. Rajendra S. Sisodia, David B. Wolfe y Jagdish N. Sheth, *Firms of Endearment: How World-Class Companies Profit from Passion and Purpose*, Upper Saddle River, Nueva Jersey, Wharton School Publishing, 2007, p. 4.

20. Amy Adkins, «Majority of U.S. Employees Not Engaged Despite Gains in 2014», Gallup, 28 de enero de 2015.

21. Julianne Pepitone, «U.S. Job Satisfaction Hits 22-Year Low», CNNMoney, 5 de enero de 2010.

cuando las personas ven un sentido a su trabajo se implican más, son más productivas y es mucho más probable que se queden en su empresa.[22] Se dan cuenta de que sus tareas diarias, por insignificantes que parezcan, están marcando la diferencia positivamente en el mundo; y eso, según demuestran las investigaciones, es una potente fuerza motivadora.[23] En una investigación que dirigió Teresa Amabile,[24] de la Harvard Business School, ésta observó: «De todas las cosas que pueden hacer que las personas se impliquen en su trabajo, la más importante es progresar en un trabajo que tenga sentido».

Las culturas del sentido también pueden tener consecuencias increíbles en nuestra salud. Esto queda especialmente reflejado en las personas de sesenta y cinco años, que son un segmento de la población que crece rápidamente. Por desgracia, a medida que los adultos van entrando en las últimas décadas de su vida, muchas veces se ven relegados, o peor que eso. Las investigaciones han demostrado que el abuso y el olvido de los ancianos es un grave problema,[25] especialmente en centros de estancias de larga duración, como las

---

22. Para personas implicadas y que es probable que se queden, véase Tony Schwartz y Christine Porath, «Why You Hate Work», *New York Times*, 30 de mayo de 2014. Para las más productivas, véase la investigación de Adam Grant que he mencionado en el capítulo 3; y Adam M. Grant, «Does Intrinsic Motivation Fuel the Prosocial Fire? Motivational Synergy in Predicting Persistence, Performance, and Productivity», *Journal of Applied Psychology* 93, n.º 1, 2008, pp. 48-58.

23. Adam M. Grant, «The Significance of Task Significance: Job Performance Effects, Relational Mechanisms, and Boundary Conditions», *Journal of Applied Psychology* 93, n.º 1, 2008, pp. 108-124.

24. Teresa Amabile y Steven Kramer, «How Leaders Kill Meaning at Work», *McKinsey Quarterly*, enero de 2012.

25. Véase Catherine Hawes, «Elder Abuse in Residential Long-Term Care Settings: What Is Known and What Information Is Needed?» en Richard J. Bonnie y Robert B. Wallace (editores), *Elder Mistreatment: Abuse, Neglect, and Exploitation in an Aging America*, Washington DC, National Academies Press, 2003; Claudia Cooper, Amber Selwood y Gill Livingston, «The Prevalence of Elder Abuse and Neglect: A Systematic Review», *Age and Ageing* 37, n.º 2, 2008, pp. 151-160; y el Centro Nacional sobre el Abuso a Ancianos, que recoge información sobre los abusos y la situación de abandono que sufren los ancianos en su página web, ncea.aoa.gov/.

residencias de la tercera edad. En un estudio,[26] por ejemplo, el 40% de los empleados de residencias de ancianos admitió haber cometido abusos psicológicos, como insultar y gritar a los residentes, privarles de comida o someterlos a un «aislamiento inapropiado». En otro estudio, 4 de cada 10 residentes de residencias de ancianos dijeron haber sufrido malos tratos o haber visto a alguien que los recibía.

Todavía guardo un recuerdo visceral de la primera vez que visité una residencia de ancianos. El lugar era deprimente. Había capas de suciedad en el suelo y por todas partes. Las bandejas en las que les servían las comidas a los pacientes estaban sucias. Y todo estaba impregnado de un olor apestoso. Este tétrico ambiente reflejaba la mala salud de los pacientes. Estaban desvalidos, confundidos y sin ningún aliciente. La mayoría no recibían visitas y su salud cognitiva y fisiológica iba en declive. Al fin y al cabo, no tenían razón alguna para permanecer en buena condición.

No tiene por qué ser así. Se puede envejecer con salud, incluso en una residencia, pero hace falta una cultura radicalmente distinta a la que muchos estamos acostumbrados. En la década de 1970, dos investigadoras, Ellen Langer y Judith Rodin, dirigieron lo que ya se ha convertido en un experimento clásico de la psicología que aclara lo que necesita nuestra cultura.[27]

---

26. Los estudios que cito en este párrafo se resumen en una revisión de las investigaciones sobre los abusos a los mayores en las residencias de ancianos: Hawes, «Elder Abuse in Residential Long- Term Care Settings».

27. Ellen Langer y Judith Rodin, «The Effects of Choice and Enhanced Personal Responsibility for the Aged: A Field Experiment in an Institutional Setting», *Journal of Personality and Social Psychology* 34, 1976, pp. 191-198. Para el estudio de seguimiento, véase Judith Rodin y Ellen J. Langer, «Long-Term Effects of a Control-Relevant Intervention with the Institutionalized Aged», *Journal of Personality and Social Psychology* 35, n.º 12, 1977, pp. 897-902. Este estudio también lo describe Ellen Langer en *Counter-clockwise: Mindful Health and the Power of Possibility*, Nueva York, Ballantine Books, 2009. (Edición en castellano: *Atrasa tu reloj: el poder de la posibilidad aplicado a la salud*, Madrid, Rigden Institut Gestalt, 2009.) Además del cuidado de la planta, a las personas del grupo experimental les dijeron que eran responsables de sus propios horarios y bienestar, mientras que a las del grupo de control les dijeron que el personal de la residencia era responsable de ellas.

Después de toda una vida siendo independientes, los mayores suelen pasarlo muy mal cuando tienen que enfrentarse a la transición de ir a una residencia, donde se les suele ver como seres dependientes. A medida que pasan los meses y los años, como cabe esperar, pierden el entusiasmo por vivir. Langer y Rodin querían ver si podían revertir esta tendencia. Seleccionaron a un grupo de ancianos de una residencia y dieron a cada participante una planta de interior para que la tuvieran en su habitación. A la mitad se le dijo que la cuidaría la enfermera, mientras que al resto se le comunicó que tenía que responsabilizarse de ella personalmente. A las personas del segundo grupo se les permitió elegir la planta, el lugar de la habitación donde colocarla y cuándo iban a regarla. Su trabajo era cuidar de la planta.

Las psicólogas hicieron un seguimiento de un año y medio de ambos grupos. Observaron que las personas que cuidaron de la planta estaban notablemente mejor que las que no lo hicieron. Eran más sociables, estaban más atentas, alegres, activas y sanas. Pero lo que más les sorprendió fue que las que cuidaban de la planta vivieron más. En los dieciocho meses que duró el experimento, murieron menos personas de ese grupo que del otro. Una pequeña intervención había supuesto una gran diferencia en las vidas de las personas que estudiaron Langer y Rodin.

¿Qué tenía de especial cuidar de una planta? Los ancianos de la residencia que cuidaron de su planta sintieron que tenían cierto control sobre sus circunstancias. La planta les dio una «cosa», como diría Camus, un propósito que rompe con la monotonía de su vida y les motiva. Las investigaciones más recientes han constatado que las personas mayores que dicen tener un propósito en la vida viven más que las que no tienen un propósito significativo.[28] Tienen una razón para levantarse de la cama por la mañana; una razón, incluso, para seguir viviendo.

---

28. Patricia A. Boyle, Lisa L. Barnes, Aron S. Buchman y David A. Bennett, «Purpose in Life Is Associated with Mortality among Community-Dwelling Older Persons», *Psychosomatic Medicine* 71, n.° 5, 2009, pp. 574-579.

De hecho, aumenta el número de investigaciones que indican que el sentido puede proteger contra muchas enfermedades. Verle sentido a tu propia vida, por ejemplo, se ha relacionado con una mayor longevidad,[29] un mejor funcionamiento del sistema inmunitario[30] y más materia gris en el cerebro.[31] El propósito, en concreto, ha demostrado ofrecer una amplia gama de beneficios para la salud. Reduce la probabilidad de sufrir trastornos cognitivos leves,[32] Alzheimer y accidentes cerebrovasculares.[33] Entre las personas que padecen enfermedades cardíacas, tener un propósito reduce las probabilidades de sufrir un infarto;[34] y las personas que no tienen un propósito corren mayor riesgo de padecer enfermedades cardiovasculares.[35]

No se sabe exactamente por qué el sentido y la salud están tan vinculadas, pero algunos psicólogos barajan[36] la idea de que las per-

---

29. Neal Krause, «Meaning in Life and Mortality», *The Journals of Gerontology Series B: Psychological Sciences and Social Sciences* 64, n.º 4, 2009, pp. 517-527.

30. Michael Steger, «Is It Time to Consider Meaning in Life as a Public Policy Priority?», *Ewha Journal of Social Sciences* 30, n.º 2, 2014, pp. 53-78.

31. Gary J. Lewis, Ryota Kanai, Geraint Rees y Timothy C. Bates, «Neural Correlates of the "Good Life": Eudaimonic Well-Being Is Associated with Insular Cortex Volume», *Social Cognitive and Affective Neuroscience* 9, n.º 5, 2014, pp. 615-618.

32. Patricia A. Boyle, Aron S. Buchman, Lisa L. Barnes y David A. Bennett, «Effect of a Purpose in Life on Risk of Incident Alzheimer Disease and Mild Cognitive Impairment in Community-Dwelling Older Persons», *Archives of General Psychiatry* 67, n.º 3, 2010, pp. 304-310.

33. Eric S. Kim, Jennifer K. Sun, Nansook Park y Christopher Peterson, «Purpose in Life and Reduced Incidence of Stroke in Older Adults: "The Health and Retirement Study"», *Journal of Psychosomatic Research* 74, n.º 5, 2013, pp. 427-432.

34. Eric S. Kim, Jennifer K. Sun, Nansook Park, Laura D. Kubzansky y Christopher Peterson, «Purpose in Life and Reduced Risk of Myocardial Infarction Among Older US Adults with Coronary Heart Disease: A Two-Year Follow-Up», *Journal of Behavioral Medicine* 36, n.º 2, 2013, pp. 124-133.

35. Toshimasa Sone, Naoki Nakaya, Kaori Ohmori, Taichi Shimazu, Mizuka Higashiguchi, Masako Kakizaki, Nobutaka Kikuchi, Shinichi Kuriyama e Ichiro Tsuji, «Sense of Life Worth Living (Ikigai) and Mortality in Japan: Ohsaki Study», *Psychosomatic Medicine* 70, n.º 6, 2008, pp. 709-715.

36. Michael Steger dijo que esto lo mencionaba en una conferencia que dio en un congreso en Vancouver en julio de 2014.

sonas cuyas vidas tienen sentido se cuidan más.[37] Las investigaciones revelan que son menos propensas a fumar y a beber alcohol, tienen mejores hábitos de hacer ejercicio y dormir y siguen dietas más saludables. También son más propensas a utilizar la medicina preventiva.[38] «Si inviertes en vida, inviertes en salud», como dice el investigador sobre el sentido Michael Steger.[39] Estos hallazgos tienen implicaciones administrativas en un mundo donde el gasto sanitario va en aumento, la población envejece rápidamente y la gente vive más que nunca. Según la Organización Mundial de la Salud,[40] la proporción de personas mayores de 60 años en el mundo se duplicará hacia mitad de siglo, y en Estados Unidos una quinta parte de la población tendrá más de sesenta y cinco años en 2050.[41]

Desgraciadamente, los investigadores han observado que, a medida que las personas envejecen, pierden su sentido de propósito.[42] Con la jubilación, sus identidades primarias de madre, entrenador de la liga infantil, médico, supervisor, se debilitan o desaparecen, y muchas veces se resisten a sustituir las antiguas funciones por las nuevas. ¿Pueden las culturas del sentido ayudar a estas personas a estar más sanas? Muchos innovadores así lo

---

37. Para la investigación sobre la conexión entre el sentido y los hábitos saludables, véase Kristin J. Homan y Chris J. Boyatzis, «Religiosity, Sense of Meaning, and Health Behavior in Older Adults», *The International Journal for the Psychology of Religion* 20, n.º 3, 2010, pp. 173-186; László Brassai, Bettina F. Piko y Michael F. Steger, «Meaning in Life: Is It a Protective Factor for Adolescents' Psychological Health?», *International Journal of Behavioral Medicine* 18, n.º 1, 2011, pp. 44-51; y Carole K. Holahan y Rie Suzuki, «Motivational Factors in Health Promoting Behavior in Later Aging», *Activities, Adaptation & Aging* 30, n.º 1, 2006, pp. 47-60.

38. Eric S. Kim, Victor J. Strecher y Carol D. Ryff, «Purpose in Life and Use of Preventive Health Care Services», *Proceedings of the National Academy of Sciences* 111, n.º 46, 2014, pp. 16331-16336.

39. De una clase que tomé con Steger, en mayo de 2015.

40. «Ageing and Health», Organización Mundial de la Salud, who.int/mediacentre/factsheets/fs404/en/.

41. «Rising Demand for Long-Term Services and Supports for Elderly People», Congressional Budget Office, 26 de junio de 2013.

42. Maclen Stanley, «The Pernicious Decline in Purpose in Life with Old Age», *Psychology Today*, 15 de abril de 2014.

creen. Marc Freedman,[43] por ejemplo, es el fundador de una organización llamada Encore.org, que hace por los adultos lo que The Future Project hace por los adolescentes: les inspira a crear un nuevo propósito para su vida, una vez se han jubilado.

Muchos consideran que estar retirados es como estar de vacaciones, una etapa de su vida en la que pueden jugar al golf, estar en la playa o viajar sin las responsabilidades de cuando eran más jóvenes. Esa actitud es comprensible. Después de toda una vida dedicada a estudiar y a trabajar, es natural que quieran hacer una pausa. Pero el problema es que esta actitud mental aniquila el sentido. El propósito surge de tener algo que hacer. «Nada hay más insoportable para el ser humano como el reposo absoluto, sin pasiones, sin quehaceres, sin diversiones, sin estudio»,[44] escribió el filósofo francés Blaise Pascal en su libro *Pensamientos*. «Entonces siente su inexistencia, su abandono, su insuficiencia, su dependencia, su debilidad, su vacío. Inmediatamente, surgirán de lo más profundo de su corazón el hastío, la melancolía, la tristeza, la inquietud, el enojo y la desesperación.» Cuando los mayores creen que todavía tienen una función en la sociedad, conservan su propósito.

Freedman desea cambiar radicalmente el concepto de jubilación; para que, en vez de que se considere un tiempo de ocio, sea un momento para que las personas puedan utilizar las habilidades y las experiencias que han acumulado a lo largo de su vida para mejorar la sociedad. Encore crea oportunidades para que puedan hacerlo poniéndolas en contacto con organizaciones que tienen una finalidad social, para colaboraciones anuales. La ingeniera jubilada Pam Mulhall,[45] por ejemplo, colaboró con Encore en Albuquerque, en una organización llamada Crossroads for Women, donde utilizó sus

---

43. Entrevista de la autora, el 10 de diciembre de 2014.

44. Blaise Pascal, *Pensées,* descargado de Internet en Project Gutenberg. (Edición en castellano: *Pensamientos,* descarga de Internet en Biblioteca Virtual Universal.)

45. Estos ejemplos son de la página web Encore.

conocimientos tecnológicos para construir bases de datos para ayudar a mujeres que luchaban contra las adicciones y a personas sin techo a encontrar alojamiento y trabajo. Una vez finalizada la colaboración, muchos colaboradores pasan a tener trabajos a tiempo parcial o completo en las organizaciones con las que han colaborado o encuentran otras formas de utilizar sus habilidades en el ámbito de las asociaciones no lucrativas.

Además de este programa de colaboraciones, Encore también cuenta con un banco de casos de las personas que han hecho un «bis en su carrera», y espera que estas historias ayuden a cambiar la narrativa que hace nuestra cultura respecto a la jubilación y que inspire a otros a adoptar nuevos propósitos para los últimos años de su vida. Tom Hendershot, cuya historia podemos encontrar en la página web de Encore, por ejemplo, es un policía jubilado que ahora se dedica a crear obras de arte con dinosaurios y prepara exposiciones para museos. Personas como Mulhall y Hendershot están implicadas activamente en el «segundo acto» de sus vidas, como dice Freedman y, aunque sus segundos actos sean muy diferentes de los primeros, suele haber alguna conexión entre su primera profesión y la segunda.

Las culturas del sentido también se pueden crear con la ayuda de políticas públicas. En 2006, La Organización Mundial de la Salud lanzó el proyecto Global Age-Friendly Cities,[46] para fomentar que las autoridades de las ciudades creen comunidades que propicien el envejecimiento positivo. Una de las ciudades que ha adoptado esta causa de la OMS es Nueva York,[47] y se ha convertido en un modelo para otras comunidades, con la esperanza de ayudar a que la vida de

---

46. «Global Age-Friendly Cities: A Guide», un informe de la Organización Mundial de la Salud, 2007, who.int/ageing/publications/Global_age_friendly_cities_Guide_English.pdf.

47. La información sobre la iniciativa New York Age-Friendly procede de una entrevista de la autora a Lindsay Goldman; la página web agefriendlynyc.com, que contiene una serie de informes sobre la iniciativa, incluido «Toward an Age-Friendly New York City: A Findings Report», New York Academy of Medicine, 2008, y «Age Friendly NYC: Enhancing Our City's Livability for Older New Yorkers», City of New York, 2009; y Hari Sreenivasan, «Age Friendly New York City Helps Seniors Stay Active in the Big Apple», *PBS NewsHour*, 4 de septiembre de 2013.

sus mayores sea más enriquecedora. La presidenta de la Academia de Medicina de Nueva York, la doctora Jo Ivey Boufford, ayudó a establecer los criterios de la OMS para una ciudad que protegiera el envejecimiento y propuso poner en práctica este modelo en Nueva York. En 2007 se inició el Age-Friendly New York City como una colaboración entre la Academia, la oficina del alcalde y el concejo municipal. Su objetivo es promover la salud y el bienestar de los mayores haciendo que la ciudad sea más inclusiva y humana para ellos.

—Desde la perspectiva de la ciudad, esto es una buena medida económica. Si promueves la salud y el bienestar, tendrás menos personas dependientes y necesitadas de programas de ayudas sociales y servicios urbanos especiales —dijo la directora del proyecto y miembro de la Academia, Lindsay Goldman.

Cuando se lanzó el proyecto, los funcionarios organizaron foros en la comunidad y grupos focales en los cinco distritos de la ciudad para recoger los comentarios de los mayores neoyorquinos sobre qué es lo que les gustaba y les disgustaba de la misma. Había algunos temas que siempre se repetían, pero hubo uno que aglutinaba muchos de los comentarios. Como la mayoría de las personas, lo único que deseaban era vivir bien y sentirse satisfechas. Pero, a medida que se iban haciendo mayores, se habían ido encontrando cada vez con más obstáculos para conseguirlo. Algunas de sus preocupaciones eran prácticas, como la seguridad peatonal y la falta de oferta de viviendas asequibles. Otras decían que querían estar tan implicadas en la comunidad como lo habían estado de jóvenes, pero que les preocupaba que les marginaran o les faltaran al respeto por su edad; de hecho, a algunas ya les había sucedido.

—Me gustaría hacer algo de lo que pudiera sentirme orgulloso. No me importa hacerme viejo. Sólo quiero seguir haciendo algo —dijo un neoyorquino.

En la última década, los directores de los programas han seguido dialogando y han puesto en marcha muchas iniciativas para abordar las preocupaciones que han planteado los neoyorquinos mayores. Por ejemplo, el Departamento de Transporte Público instaló más paradas de autobuses cubiertas por toda la ciudad, todas ellas con bancos y paredes transparentes para que los mayores pudieran estar cómodos y seguros en ellas. Pusieron más bancos por toda la ciudad para promover que la gente vaya a pie, y algunas piscinas públicas han incorporado horarios sólo para mayores para evitar que colisionen con los más jóvenes en las piscinas. Estos cambios, aunque pequeños, son muy importantes. Desplazarse por una ciudad de ritmo trepidante puede ser agotador; estas mejoras facilitan un poco más la vida a los neoyorquinos mayores, les ofrecen la oportunidad de participar más en su comunidad y les ayuda a reforzar su sentido de pertenencia a la sociedad.

—La gente puede socializar, y al estar con personas de su misma edad (de nuestra edad, debería decir) no te preocupas de quién te está mirando —dijo una mujer que iba a la piscina durante el horario para mayores.

Estas iniciativas para la edad avanzada están diseñadas no sólo para proporcionar asistencia y apoyo, sino también para dar a los mayores la oportunidad de utilizar sus habilidades y contribuir en su comunidad, es decir, de vivir con un propósito. Success Mentor, por ejemplo, es una iniciativa que pone en contacto a personas mayores con niños en edad escolar en riesgo de exclusión. A través de Success Mentor, docenas de adultos se dedican a hacer de mentores y tutores por escuelas de toda la ciudad. Gracias a estos programas,[48] los estudiantes obtienen mejores notas y tienen menos problemas de disciplina. Pero los adultos también se benefician: los estudios demuestran que, cuando los mayores trabajan voluntariamente para sus comunidades como mentores de menores, mejora su salud física y mental.

---

48. Están los programas «Experience Corps» en varias ciudades y los investigadores han estudiado su impacto en los estudiantes y en los mayores implicados. Véase «Research Studies», AARP Foundation, Experience Corps, aarp.org/experience-corps/our-impact/experience-corps-research-studies.html.

Las residencias de ancianos donde la falta de atención y los abusos van en aumento pronto se convertirán en una reliquia del pasado, a medida que vayan surgiendo culturas del sentido que redefinan el papel de las personas mayores en la sociedad. Desde el Encore de Marc Freedman hasta los burócratas de Nueva York, cada vez hay más personas que se dan cuenta de que los mayores tienen mucho que ofrecer a la comunidad y que deberían tener facilidades para hacerlo.

—Es difícil tener un propósito y sentido en la vida, cuando ya no puedes hacer todas aquellas cosas que te ha gustado hacer durante tu vida —dijo Lindsay Goldman. Nueva York, ahora, está intentando cambiar esto ofreciendo más oportunidades a las personas mayores.

La trascendencia y el propósito no son los únicos pilares en los que se basan las instituciones para crear culturas del sentido. Age-friendly New York City está trabajando en reforzar el sentimiento de pertenencia entre los neoyorquinos mayores reafirmándoles que son miembros valiosos de su comunidad. En San Marcos y Dream-Con, la gente que comparte intereses se reúne para crear comunidades únicas. Lo mismo sucede con las personas que trabajan en Life is Good, forman una unida tribu de optimistas, y Bert y John han confeccionado una convincente historia que explica el origen y el significado de la marca. Los pilares de la pertenencia y de contar historias también definen la misión de otra organización que se dedica a crear una cultura del sentido en nuestra sociedad: StoryCorps, un proyecto de historias orales fundado por el periodista Dave Isay.[49]

A Isay le fascina contar historias desde que era joven. Después de licenciarse en la Universidad de Nueva York, el joven de veintidós años se planteaba estudiar medicina cuando un paseo por East Village cambió su vida. Pasó por delante del escaparate de una tien-

---

49. La información sobre Isay y StoryCorps, es de una entrevista de la autora a Dave Isay el 6 de octubre de 2015; y de Dave Isay (editor), *Listening Is an Act of Love: A Celebration of American Life from the StoryCorps Project*, Nueva York, Penguin Books, 2007.

da que parecía interesante, entró y conoció al matrimonio que la regentaba: Ángel y Carmen Pérez. La tienda, que estaba llena de libros de autoayuda, era para personas que se estaban recuperando de alguna adicción. Cuando habló con ellos, le contaron que habían estado enganchados a la heroína, que Carmen tenía el HIV y que su sueño era abrir un museo de la adicción antes de que ella falleciera. «Me enseñaron modelos a escala del edificio, que habían construido con espátulas bucales y madera contrachapada. Tenían planos de cada planta y dibujos detallados de cada exposición», escribió Isay.

Isay regresó a su casa profundamente afectado por aquella conversación y llamó a las cadenas de televisión y de radio locales, sugiriéndoles que cubrieran la historia de Ángel y Carmen. A nadie le interesó salvo a una cadena de radio llamada WBAI. En aquel momento no tenían ningún reportero a mano, así que el director le dijo a Isay si podía componer él mismo la historia. «Cuando volví a su tienda, me senté con ellos y conecté la grabadora. Supe que era esto lo que quería hacer durante el resto de mi vida.»

Durante las dos décadas siguientes, Isay trabajó como productor de radio y haciendo documentales contando las historias de, según sus propias palabras, «los desamparados que están en los rincones ocultos de todo el país». Se centró en las personas a las que la sociedad normalmente no tiene en cuenta: presos, drogadictos, sin techo y pobres, personas como Ángel y Carmen. Durante el proceso de entrevistar a estas personas, aprendió que el simple hecho de escuchar a otra persona podía hacer que ésta se sintiera valorada, respetada y dignificada. Era un acto que generaba pertenencia. Cuando planteaba a las personas sus preguntas típicas sobre cómo querían ser recordadas, quién les importaba, de qué se sentían orgullosas, veía que sus espaldas se enderezaban y sus ojos brillaban. Se dio cuenta de que nunca nadie les había preguntado sobre sus vidas de ese modo; de que nadie se había interesado genuinamente en escuchar sus historias.

Cuando uno de sus documentales radiofónicos, que trataba sobre los últimos albergues para personas sin techo, acabó convirtiéndose en un libro, llevó las galeradas a las personas a las que había entrevistado. «Uno de los hombres, al ver su historia, tomó en sus manos el libro y, literalmente, se puso a bailar por los pasillos del viejo hotel gritando: "¡Existo! ¡Existo!"» Isay no daba crédito a lo que veían sus ojos. «Me di cuenta, como nunca me había sucedido hasta entonces, de cuántas personas hay a nuestro alrededor que se consideran invisibles, que creen que su vida no le importa a nadie y que tienen miedo de ser olvidadas algún día.» Isay comprendió que escuchar era un «acto de amor», una forma de hacer que las personas sintieran que su historia y ellas eran importantes. Las investigaciones[50] confirman que compartir historias refuerza el vínculo entre el oyente y el narrador y hace que las personas sientan que sus vidas tienen sentido, que tienen dignidad y que valen la pena.

Isay fundó StoryCorps en 2003 para que las personas corrientes tuvieran la oportunidad de contar sus historias y ser escuchadas. En el Story-Booth ['Cabina para las Historias'], creó un espacio privado donde dos personas podían reunirse y honrarse la una a la otra a través del acto de escuchar. Abrió su primer Story-Booth en la Grand Central Terminal de Nueva York. Aunque la cabina de la Grand Central Terminal cerró en 2008, actualmente hay otras cabinas en Nueva York, Atlanta, Chicago y San Francisco, así como cabinas móviles que viajan por todo el país grabando historias. Lo que sucede en su interior hoy en día es lo mismo que sucedió cuando se creó. Dos personas que se preocupan la una de la otra se reúnen en la cabina, que parece una cápsula de metal, y mantienen una conversación íntima y sin interrupciones durante cuarenta minutos. Una de las personas asume el papel de entrevistadora, mientras que la otra habla sobre algún aspecto de su vida. En la cabina hay un facilitador que graba la entrevista.

---

50. Véase Greg J. Stephens, Lauren J. Silbert y Uri Hasson, «Speaker-Listener Neural Coupling Underlies Successful Communication», *Proceedings of the National Academy of Sciences* 107, n.º 32, 2010, pp. 14425-14430; y Harvey Max Chochinov, Thomas Hack, Thomas Hassard, Linda J. Kristjanson, Susan McClement y Mike Harlos, «Dignity Therapy: A Novel Psychotherapeutic Intervention for Patients Near the End of Life», *Journal of Clinical Oncology* 23, n.º 24, 2005, pp. 5520-5525.

Después de la entrevista, los participantes reciben una grabación de la conversación. Con el permiso del participante, se envía una copia de la grabación al American Folklife Centre de la Biblioteca del Congreso, donde es archivada, y esto ayuda a que los participantes, hasta cierto punto, se sientan inmortales. Las sesiones son gratuitas: cualquiera puede concertar una cita para grabar una, miles de personas lo han hecho. Isay, mediante la recopilación de esta extensa gama de historias de personas de todo Estados Unidos, espera que StoryCorps pueda preservar la «sabiduría de la humanidad».

Pero StoryCorps también tiene una finalidad más revolucionaria. Esta institución considera que contar historias es una manera de combatir ciertos aspectos nocivos de nuestra cultura, como el materialismo, que gracias a las investigaciones se ha demostrado que hace que las personas sean más egocéntricas y se asocia a que la vida tenga menos sentido.[51] En 2008, StoryCorps propuso una iniciativa a la que llamó National Day of Listening ['Día Nacional de la Escucha'], en la que animaba a los estadounidenses a grabar historias con su familia, amigos y seres queridos en Black Friday, la precampaña de compras navideñas que tiene lugar al día siguiente del Día de Acción de Gracias. Este acto de resistencia contra la cultura de consumo, en 2015, fue rebautizado como el Great Thanksgiving Listen ['El Gran Día de Acción de Gracias de Escuchar']. StoryCorps trabajó con centros de enseñanza a lo ancho y largo del país y pidió a los alumnos que grabaran la historia de algún pariente mayor con una aplicación en su móvil; es decir, usando una tecnología que puede separar y aislar a las personas para propiciar la conexión humana.

—Queremos llamar la atención de las personas y recordarles lo que es importante —dijo Isay.

---

51. Véase Kathleen D. Vohs, Nicole L. Mead y Miranda R. Goode, «Merely Activating the Concept of Money Changes Personal and Interpersonal Behavior», *Current Directions in Psychological Science* 17, n.º 3, 2008, pp. 208-212; y Todd B. Kashdan y William E. Breen, «Materialism and Diminished Well-Being: Experiential Avoidance as a Mediating Mechanism», *Journal of Social and Clinical Psychology* 26, n.º 5, 2007, pp. 521-539.

En octubre de 2015 fui a la oficina de StoryCorps en Chicago, para hablar con algunas personas sobre su experiencia de compartir sus historias. Mientras esperaba a que saliera una pareja de la cabina, una facilitadora llamada Yvette se me acercó para decirme que había una mujer que había pedido cita y que necesitaba una pareja para la entrevista. A la amiga de esta mujer que había accedido a venir le había surgido un imprevisto y me preguntó si me importaría ocupar su lugar.

La mujer se llamaba Mary Anna Elsey,[52] tenía cincuenta y un años, era maestra de escuela en Carolina del Sur y ese fin de semana estaba visitando Chicago. Mary Anna y yo nos dimos la mano y hablamos durante unos minutos antes de entrar en la cabina y sentarnos la una frente a la otra con una pequeña mesa en medio. Yvette colocó el micrófono delante de nosotras y cerró la puerta de la cabina, dejándonos dentro de una silenciosa habitación chapada en madera, alejadas de los ruidos y las distracciones del mundo exterior. Las luces eran tenues y la habitación estaba desnuda. Apagamos nuestros móviles. En lo único que Mary Anna y yo teníamos que concentrarnos en ese espacio casi sagrado era la una en la otra. Yvette hizo algunas pruebas de sonido con el equipo de grabación. Luego, cuando fue el momento de iniciar la conversación, nos dio la entrada en silencio.

Antes de entrar, Mary Anna me había dicho que había sido adoptada de bebé. Cuando estábamos dentro de la cabina le pedí que me contara la historia de su adopción.

—Mis padres se dieron cuenta de que no podían concebir hijos juntos —empezó diciendo con su deje sureño—. Eso fue a finales de la década de los cincuenta y principios de los sesenta. Su médico les dijo que, si querían divorciarse por esa causa, sería una razón aceptable. Pero le dijeron que no, que preferían adoptar.

Primero adoptaron a los que ahora son el hermano y la hermana mayores de Mary Anna y luego la acogieron a ella en 1964, cuando tenía sólo dieciocho días.

---

52. Entrevista de la autora, dentro y fuera de la cabina, el 24 de octubre de 2015.

—Hay dos formas de tomarte lo de ser adoptada. O te sientes agradecida porque tus padres adoptivos te han querido, o estás enfadada porque tus padres biológicos no te han querido. —Ella era de las que se lo tomaban de la primera forma—. Nunca me cuestioné nada sobre mi adopción porque adoraba a mis padres.

No obstante, a medida que fue haciéndose mayor empezó a querer saber más sobre sus padres biológicos. Aunque tiene recuerdos muy agradables de su infancia, también recuerda que a veces se encerraba en sí misma y se sentía un poco sola. Siempre tuvo muchos amigos en la escuela, pero, a pesar de todo, se sentía aislada. También era depresiva. Así que pensó que intentar averiguar algo sobre sus verdaderos padres podría ayudarla a entenderse mejor a sí misma y su malestar emocional.

Cuando dio a luz a su segundo hijo, escribió a las autoridades estatales pertinentes para pedir toda la información que tuvieran sobre sus padres biológicos. A la semana ya conocía el nombre de su madre. Se enteró de que Effie había sido la *salutatorian* [estudiante encargada de hacer de maestra de ceremonias] de su clase el día de la graduación en el instituto. Se enteró de que trabajaba de enfermera y que no estaba casada cuando se quedó embarazada de Mary Anna en 1963. Y también supo que, en el transcurso de sus vidas, habían coincidido en una boda y un funeral sin saberlo.

Igualmente, pudo enterarse de que ahora vivía en Charleston. Cuando se lo explicó a su marido, éste le dijo que podía llamar a su tío Donald, un psicólogo infantil que vivía en Charleston y que le preguntaría si la conocía.

—Y le llamó —dijo Mary Anna—. «Donald ¿Por casualidad conoces a una enfermera llamada Effie?», le preguntó. «Sí, está aquí junto a mí, ¿quieres hablar con ella?», le respondió. «Donald, es la madre de Mary Anna», le dijo mi esposo. «¿Effie?», preguntó Donald. Effie se giró y le miró.

Conoció a Effie unas semanas más tarde en Charleston. Tuvieron una comida cordial. Mary Anna le aseguró que había vivido bien. Effie le habló de sus dos hijos. También le explicó que la había dado en adopción porque pensó que tendría una vida mejor. Después de ese día, se separaron y no volvieron a verse.

Ese encuentro le ayudó a desarrollar una nueva perspectiva sobre ella misma y su relación con sus tres hijas.

—Puedes imaginarte lo que es estar embarazada de un hijo que sabes que no te vas a quedar, que has tomado la decisión de entregarlo en adopción. ¿Hasta qué extremo mi personalidad —mi carácter— puede estar afectada por esta experiencia intrauterina?

Se preguntaba si el haber pasado sus primeros diecisiete días en este mundo en una casa de acogida, sin ningún vínculo estable y fuerte con un cuidador, podía haber contribuido a su soledad y depresión. Reflexionó sobre la «dura» y «valiente» decisión que tomó Effie de entregarla en adopción para que pudiera vivir mejor. Se dio cuenta de que era una decisión que ella jamás habría sido capaz de tomar.

La maternidad estaba muy presente en la mente de Mary Anna. Su esposo y ella estaban a punto de quedarse con el nido vacío. Una de sus hijas estaba estudiando farmacia. Otra iba a estudiar derecho. Y la más joven estaba a punto de graduarse en el instituto. Para una mujer que definía su identidad básicamente por su función de madre, en gran parte, porque no había conocido a su madre biológica, desapegarse de sus hijas era un proceso extremadamente doloroso.

—¿Qué significa para ti ser madre? —le pregunté.

Mary Anna apretó los labios y empezó a abanicarse la cara con las manos.

—¡Me vas a hacer llorar, Emily! —dijo riendo—. La meta de una madre es preparar a sus hijos para que sepan enfrentarse al mundo ellos solos.

Su mayor logro en esta vida ha sido cumplir ese objetivo: junto con su esposo ha educado a tres chicas fuertes e independientes que ya no la necesitan.

—Esto también es lo más difícil de ser madre —dijo echándose a llorar.

Apenas podía pronunciar las siguientes palabras con su rostro lleno de lágrimas: «Ya no te necesitan».

—¿Qué es lo que va a dar sentido y propósito a mi vida, ahora que ya he cumplido mi función más importante y difícil en la vida? —me preguntó.

Terminó la entrevista. Mary Anna y yo salimos de la cabina y seguimos con nuestra conversación. Le pregunté cómo había sido para ella la experiencia de contar su historia en la cabina. Fue catártica:

—Me he sentido escuchada, que alguien estaba interesado en escucharme.

Me dijo que había dicho cosas en la cabina que no contaría jamás en una conversación ordinaria en su casa con sus amigos y seres queridos. La cabina tenía algo que la ayudó a abrirse, y eso le sirvió para crear sentido.

Para ella, esos cuarenta minutos en la cabina le sirvieron para reflexionar más a fondo sobre sus experiencias del pasado y sus relaciones del presente.

—En parte, la razón de mi sentimiento de soledad es que no le cuento las cosas a la gente. Me guardo para mí mis pensamientos y sentimientos. Esta experiencia me ha enseñado que tengo que comunicarme más con los demás, y no sólo por mí, sino por ellos. Cuando contamos nuestra historia suceden dos cosas. Nos entendemos mejor y ofrecemos apoyo a otras personas que también están pasando por lo mismo que nosotros.

También dejamos un legado. La razón por la que Mary Anna acudió a StoryCorps fue porque se sintió atraída por la idea de dejar grabada su historia para que sus nietos y biznietos pudieran oírla.

—Vivimos en un mundo en el que parecemos muy insignificantes en comparación con todo lo que está sucediendo. Tras un par de generaciones, nadie recordará quién eras. Ésta es una forma de dejar algo permanente detrás de nosotros —dijo Mary Anna.

Conclusión

La muerte, como insinuaba Mary Anna, plantea una grave dificultad para la habilidad de vivir con sentido. Si nuestra vida va a terminar de todos modos y pronto seremos olvidados, ¿qué sentido tiene todo lo que hacemos? Éste es el problema que incitó a Will Durant a escribir esa carta a sus amigos. Al no encontrar una creencia convincente en la vida después de la muerte, el filósofo buscó un «sentido que no desapareciera con la muerte».

¿Existe alguno?

William Breitbart,[1] director del Departamento de Psiquiatría y Ciencias de la Conducta del Centro Oncológico Memorial Sloan Kettering de Nueva York, está especializado en cuidados paliativos para pacientes terminales de cáncer. Ha dedicado la mayor parte de su vida a responder al desafío del sentido que plantea la muerte. Sus investigaciones pioneras demuestran que, aunque el fantasma de la muerte suele conducir a las personas a la idea de que la vida no tiene sentido, también puede ser un catalizador para que éstas busquen el sentido de su vida como nunca lo habían hecho antes. Reflexionar sobre la muerte, si lo hacemos con la actitud correcta, puede ayudarnos a que nuestra vida tenga sentido y a estar en paz cuando llegue nuestra hora final en esta Tierra.

El sentido y la muerte, según Breitbart, son las dos caras de la misma moneda: los dos problemas fundamentales de la condición

---

1. Entrevista de la autora, el 30 de mayo de 2014; y William Breitbart, «It's Beautiful», *Palliative and Supportive Care* 9, n.º 3, 2011, pp. 331-333.

humana. ¿Cómo debería vivir el ser humano su vida finita? ¿Cómo podemos afrontar la muerte con dignidad en vez de desesperarnos? ¿Qué es lo que nos exime del hecho de que hemos de morir? Éstas son las preguntas que rondan por su cabeza todos los días, mientras trabaja con pacientes que se enfrentan al desenlace final de su vida. Breitbart nació en 1951 y se crió en el Lower East Side de Manhattan. Sus padres eran judíos del este de Polonia, que consiguieron escapar de los campos de la muerte de Hitler. Durante la guerra se escondieron de los nazis en los bosques y su padre combatió secretamente en la Resistencia. Al final de la guerra, los dos se conocieron en un campo de desplazados y fue allí donde se casaron. Cuando se marcharon a Estados Unidos también se llevaron sus recuerdos de la guerra. La infancia de Breitbart estuvo impregnada de ese trágico pasado. Cada mañana, cuando estaba sentado en la mesa para desayunar, su madre se preguntaba: «¿Por qué estoy aquí?» Se preguntaba por qué había sobrevivido cuando tantos otros habían muerto.

—Crecí con la responsabilidad de tener que justificar la supervivencia de mis padres y crear algo en el mundo que fuera lo bastante importante como para que mi vida valiera la pena. No acabé en el Sloan Kettering, donde las personas van vestidas con batas de hospital abiertas y se enfrentan a la muerte, por casualidad —dijo riéndose.

Breitbart llegó al Sloan Kettering en 1984 porque quería vivir «al filo de la vida y la muerte». Era el momento álgido de la epidemia del sida y todos los días morían muchos hombres jóvenes de su misma edad.

—Siempre me pedían que les ayudara a morir —me dijo.

También trabajaba con enfermos de cáncer terminales.

—Cuando entraban en la consulta, me decían: «Sólo me quedan tres meses de vida. Si eso es lo único que tengo, no le veo valor o sentido a mi vida». Era un comentario bastante típico. Me decían: «Si de verdad quiere ayudarme, máteme».

«Todo el mundo me dice lo importante que es tener una actitud positiva. Pero yo no soy Lance Armstrong. Quería irme directa a la tumba»,[2] dijo una mujer que había sido ejecutiva en IBM y a la que le habían diagnosticado cáncer de colon. El razonamiento de los pacientes de Breitbart era el siguiente: si la muerte significa no existencia, ¿qué sentido puede tener la vida? Y, si la vida no tiene sentido, tampoco lo tiene aguantar el sufrimiento del cáncer.

En la década de 1990, el suicidio asistido era un tema candente tanto en los círculos que frecuentaba Breitbart como fuera de los mismos. En 1990, el doctor Jack Kevorkian,[3] conocido por aquel entonces como el doctor Muerte, ayudó por primera vez a una paciente a poner fin a su vida. Posteriormente, manifestaría haber ayudado a otros 130 pacientes a terminar con su vida en el transcurso de ocho años. Mientras Estados Unidos debatía la ética del suicidio asistido, otros países estaban dando pasos para regularizar esta práctica. En 1996, El Territorio Norte de Australia lo legalizó, pero luego anuló dicha ley. Posteriormente, en 2000, los Países Bajos se convirtieron en el primer país en legalizar el suicidio asistido por un médico.[4] En 2006, Estados Unidos dio un gran paso en ese sentido, con la resolución del Tribunal Supremo en el caso Gonzales v. Oregón, en la que se autorizaba a los distintos estados a tomar sus propias decisiones respecto al mismo. Actualmente, esta práctica es legal en California, Vermont, Montana, Washington y Oregón.[5] En 2014, el *Journal of Medical Ethics*[6] publicó un informe sobre el aumento del «turismo suicida». En-

---

2. Citado en Melinda Beck, «A New View, After Diagnosis», *Wall Street Journal*, 15 de julio de 2009. Tanto ésta como otras citas varias son del artículo de Beck.

3. Dennis McLellan, «Dr. Jack Kevorkian Dies at 83; "Dr. Death" Was Advocate, Practitioner of Physician-Assisted Suicide», *Los Angeles Times*, 4 de junio de 2011.

4. Marlise Simons, «Dutch Becoming First Nation to Legalize Assisted Suicide», *New York Times*, 29 de noviembre de 2000.

5. Ian Lovett, «California Legislature Approves Assisted Suicide», *New York Times*, 11 de septiembre de 2015.

6. Saskia Gauthier, Julian Mausbach, Thomas Reisch y Christine Bartsch, «Suicide Tourism: A Pilot Study on the Swiss Phenomenon», *Journal of Medical Ethics* 41, n.º 8, 2015, pp. 611-617.

EL ARTE DE CULTIVAR UNA VIDA CON SENTIDO

tre 2009 y 2012 se duplicó el número de personas que viajaron a Zú-
rich, Suiza, donde el suicidio asistido es legal, para poner fin a sus vidas.

A medida que Breitbart se iba enterando de más casos de suicidio asistido, empezó a preguntarse qué era específicamente lo que
incitaba a los enfermos terminales a acabar con su vida. Por aquel
entonces estaba realizando una serie de estudios sobre el dolor y la
fatiga al final de la vida, así que introdujo en los mismos algunas
preguntas en las que planteaba a los pacientes si deseaban una
muerte rápida. Los resultados le sorprendieron. Él partía del supuesto de que los enfermos terminales elegían poner fin a sus vidas
porque tenían dolores insoportables. No obstante, Breitbart y sus
colaboradores descubrieron que no siempre era así. Los que deseaban acelerar su muerte presentaban signos de falta de sentido, depresión y desesperanza. Vivían en un «vacío existencial».[7] Cuando
les preguntaba a los pacientes por qué querían una receta para el
suicidio asistido, muchos respondían que era porque su vida ya no
tenía sentido.

Breitbart sabía que podía tratar la depresión —había medica-
mentos y psicoterapias eficaces para ello—, pero no sabía qué hacer
para tratar la falta de sentido. En 1995, empezó a vislumbrar una
posible salida. Recibió una invitación para participar en el Proyect
on Death in America ['Proyecto sobre la Muerte en América'],
destinado a mejorar la experiencia de morir. Breitbart y sus colaboradores en el proyecto —entre los que se incluían filósofos, un
monje y otros médicos— mantuvieron largas conversaciones sobre
la muerte y el sentido de la vida, «aderezadas con referencias a per-
sonajes como Nietzsche, Kierkegaard y Schopenhauer», según sus
propias palabras.

---

7. Colleen S. McClain, Barry Rosenfeld y William Breitbart, «Effect of Spiritual Well-Being on
End-of-Life Despair in Terminally-Ill Cancer Patients», *The Lancet* 361, n.º 9369, 2003, pp. 1603-
1607; y William Breitbart, Barry Rosenfeld, Hayley Pessin, Monique Kaim, Julie Funesti-Esch, Michele Galietta, Christian J. Nelson y Robert Brescia, «Depression, Hopelessness, and Desire for Has-
tened Death in Terminally Ill Patients with Cancer», *JAMA* 284, n.º 22, 2000, pp. 2907-2911.

—De pronto, lo que descubrí fue la importancia del sentido (la búsqueda del sentido, la necesidad de crearlo, la capacidad para experimentarlo), que éste era una fuerza motivadora básica de la conducta humana. ¡No nos enseñan eso en la facultad de Medicina!

Breitbart estaba convencido de que, si podía ayudar a sus pacientes a crear sentido, podría reducir sus pensamientos e impulsos suicidas, protegerles de la depresión, mejorar su calidad de vida y ayudarles a ser más optimistas respecto al futuro. Resumiendo, creía que podía hacer que sus vidas valieran la pena hasta su último día.

Así que desarrolló un programa de grupos de terapia de ocho sesiones,[8] en el que se reunían unos seis u ocho pacientes de cáncer para participar en un taller de asesoramiento. Cada sesión está destinada a crear, de un modo u otro, la actitud del sentido. En la primera sesión les piden que reflexionen sobre «una o dos experiencias o momentos, en los que su vida había tenido un sentido especial para ellos, tanto si les parece que es algo importante como cotidiano».

La segunda sesión trata de su identidad «aC y dC»,[9] es decir, quiénes eran *antes del diagnóstico de cáncer* y quiénes son *después del mismo*. Se les anima a que respondan a la pregunta «¿Quién soy yo?» para que conecten con la identidad que les ha aportado más sentido. Una mujer respondió diciendo: «Soy hija, madre, abuela, hermana, amiga y vecina... Soy una persona que puede ser muy cerrada y que no siempre manifiesta sus necesidades y preocupaciones. También he estado trabajando en saber aceptar el amor, el afecto y los otros regalos que nos hacen los demás». Reflexionó sobre cómo la enfermedad estaba cambiando su identidad: «No me

8. Para una descripción de cada etapa, véase William Breitbart y Allison Applebaum, «Meaning-Centered Group Psychotherapy», en Maggie Watson y David W. Kissane (editores), *Handbook of Psychotherapy in Cancer Care*, Chichester, Reino Unido, John Wiley & Sons, 2011.

9. Citado en Beck, «A New View, after Diagnosis».

gusta recibir cuidados, pero está empezando a gustarme…, de hecho… puede que ésta sea la razón por la que mi enfermedad me ha hecho reflexionar. Ahora acepto mejor que las demás personas quieran hacer algo por mí».

En la tercera y cuarta sesión, comparten la historia de su vida con el grupo. «Cuando retrocedéis en vuestra vida y recordáis vuestra educación, ¿cuáles son los recuerdos, las relaciones, las tradiciones, etcétera, más importantes, que han influido más en cómo sois ahora?» También hablan de sus logros, de aquello de lo que se sienten orgullosos y de lo que todavía les queda por hacer. Piensan en las lecciones que les gustaría transmitir a los demás. Como tareas, se les pide que compartan su historia con algún ser querido.

La quinta sesión es una de las más difíciles. En ésta tienen que confrontar las limitaciones de la vida; la mayor limitación de todas es la muerte. Hablan entre ellos sobre lo que consideran una «buena» muerte: si prefieren morir en casa o en el hospital, sobre cómo será su funeral, cómo esperan que se adapten sus familiares a su ausencia y cómo quieren ser recordados por sus seres queridos.

En las dos sesiones siguientes, hablan de sus fuentes «creativa» y «experiencial» de sentido, es decir, de las personas, los lugares, los proyectos y las ideas que les han ayudado a expresar sus valores más importantes y a «conectar con la vida». Hablan de sus responsabilidades, de sus «proyectos inacabados» y de lo que les impide alcanzar esas metas. También se les pide que piensen sobre el papel que desempeñan en su vida el amor, la belleza y el humor. Aquí es cuando muchas personas mencionan a su familia. Otras hablan de su trabajo o aficiones, como la jardinería. La exejecutiva de IBM mencionó que vio la victoria alada, la Victoria de Samotracia, en el museo del Louvre, en París, cuando era joven.

En la última sesión, los pacientes reflexionan sobre sus esperanzas para el futuro y su legado, de esa parte que sobrevivirá a pesar de su muerte. Presentan un «proyecto de legado» al grupo, que generalmente es algo que hacen o crean que representa cómo quieren ser recordados. Un hombre trajo una talla en madera de un corazón convertido en una triqueta céltica. «Esto es lo que enseñaré a mis hijos, que existe el amor eterno y que seguiré estando con ellos, mucho más allá de mi muerte»,[10] dijo un hombre.

Breitbart realizó tres experimentos controlados al azar[11] sobre la psicoterapia orientada al sentido, aplicándola a varios centenares de pacientes. Al analizarla con sus colaboradores descubrió que la terapia había sido transformadora. Al final de las ocho sesiones, las actitudes de los pacientes sobre la vida y la muerte habían cambiado. Estaban menos desesperados y angustiados respecto a la idea de la muerte. Ya no querían morir. Su bienestar espiritual mejoró. Dijeron que había mejorado su calidad de vida. Y, por supuesto, le encontraron más sentido a la misma. Estos efectos no sólo perduraron, sino que se hicieron más fuertes. Breitbart hizo un seguimiento a un grupo de pacientes a los dos meses de haber concluido la terapia y observó que habían aumentado sus comentarios sobre el sentido y el bienestar espiritual, mientras que su ansiedad, desesperación y deseo de morir habían disminuido. Comprobó que el tiempo que transcurre entre el diagnóstico y el fallecimiento es una oportunidad para experimentar un «crecimiento extraordinario».[12] La exejecutiva de IBM que he mencionado, por ejemplo, al principio estaba desolada por su diagnóstico, pero después de haber participado en el programa de terapia se dio cuenta de que «no he tenido que trabajar tanto

---

10. Ibídem.

11. William Breitbart, Barry Rosenfeld, Christopher Gibson, Hayley Pessin, Shannon Poppito, Christian Nelson, Alexis Tomarken y col., «Meaning-Centered Group Psychotherapy for Patients with Advanced Cancer: A Pilot Randomized Controlled Trial», *Psycho-Oncology* 19, n.º 1, 2010, pp. 21-28; William Breitbart, Shannon Poppito, Barry Rosenfeld, Andrew J. Vickers, Yuelin Li, Jennifer Abbey, Megan Olden y col., «Pilot Randomized Controlled Trial of Individual Meaning-Centered Psychotherapy for Patients with Advanced Cancer», *Journal of Clinical Oncology* 30, n.º 12, 2012, pp. 1304-1309; y William Breitbart, Barry Rosenfeld, Hayley Pessin, Allison Applebaum, Julia Kulikowski y Wendy G. Lichtenthal, «Meaning-Centered Group Psychotherapy: An Effective Intervention for Improving Psychological Well-Being in Patients with Advanced Cancer», *Journal of Clinical Oncology* 33, n.º 7, 2015, pp. 749-754.

12. Citado en Beck, «A New View, after Diagnosis».

para encontrar el sentido de la vida. Éste se me ha ido manifestando por todas partes».[13]

Las ideas de Breitbart están empezando a calar. Médicos de Italia, Canadá, Alemania, Dinamarca y otros países están usando sus métodos terapéuticos para infundir sentido en la vida de los pacientes desahuciados y desesperados.

—La reacción en nuestro campo ha sido impresionante. Antes nadie le había prestado atención, pero ahora todos, incluidas las ramas afines, de pronto han empezado a descubrir el sentido —dijo Breitbart.

Breitbart desarrolló su psicoterapia orientada al sentido para los enfermos terminales, pero las lecciones que surgieron de la misma pueden ayudar a cualquier persona a mejorar su vida. No importa lo lejos o lo cerca que estemos de la muerte en estos momentos; pensar en ella nos obliga a reflexionar sobre nuestra vida tal como es ahora y sobre qué es lo que nos gustaría cambiar para que tuviera más sentido. Los psicólogos lo llaman el «test del lecho de muerte».[14] Imagina que te queda poco. Quizás un terrible accidente o el diagnóstico de una enfermedad han acortado de pronto tu vida, o quizás has tenido una vida larga y con salud, pero ya tienes ochenta o noventa años de edad. Estás en tu lecho de muerte y sabes que te quedan sólo unos pocos días, estás reflexionando sobre cómo has vivido, sobre lo que has hecho y lo que no has hecho, ¿estás satisfecho con lo que ves? ¿Consideras que tu vida ha sido buena y satisfactoria? ¿Estás contento de haber tenido esta vida? Si pudieras volver a vivirla, ¿qué cambiarías?

Hay muchas personas que cuando se encuentran en esa etapa final de su existencia tienen miedo de que su vida no haya tenido suficiente sentido. Bronnie Ware, que había sido enfermera en cuida-

---

13. Ibídem.

14. En Peterson y Seligman, *Character Strengths and Virtues: A Handbook and Classification*, aparece una versión del test del lecho de muerte.

dos paliativos, observó que, cuando los pacientes llegaban al final de su vida, sus lamentaciones siempre se podían clasificar en las mismas categorías básicas. Entre lo que más lamentaban[15] se incluía el no haber seguido sus verdaderas aspiraciones y propósitos, haber dedicado demasiado tiempo a su profesión, en vez de dedicárselo más a sus hijos y parejas, y no haber mantenido relaciones más estrechas con sus amigos. Les hubiera gustado dedicar más tiempo a construir los pilares del sentido.

Breitbart ha reflexionado mucho sobre el reto que planteó la muerte a otro grupo de personas: las víctimas y los supervivientes del Holocausto. Después de incorporarse en el Project on Death in America leyó el libro *El hombre en busca de sentido*, del superviviente del Holocausto Viktor Frankl, donde narra sus experiencias en los campos de concentración. Ese libro le impresionó mucho, como les ha sucedido a millones de personas, y a raíz del mismo desarrolló su terapia orientada al sentido. Todos los pacientes que participan en su terapia reciben un ejemplar del libro de Frankl, con la esperanza de que, aunque sus circunstancias sean distintas, puedan hallar en la lucha de un hombre contra el sufrimiento una fuente de sabiduría y consuelo.

En septiembre de 1942,[16] Frankl, un psiquiatra y neurólogo judío vienés, fue arrestado y trasladado a un campo de concentración nazi junto con su esposa y sus padres. Tres años después, cuando el cam-

---

15. Bronnie Ware, *The Top Five Regrets of the Dying: A Life Transformed by the Dearly Departing*, Londres, Hay House, 2012.

16. He recurrido a las siguientes fuentes para la historia de Frankl: Viktor Frankl, *Man's Search for Meaning* (Edición en castellano: *El hombre en busca de sentido*, Barcelona, Herder, 2004); Frankl, *Recollections: An Autobiography*, Cambridge, Massachusetts, Basic Books, 2000; Anna Redsand, *Viktor Frankl: A Life Worth Living*, Nueva York, Clarion Books, 2006; y Haddon Klingberg Jr., *When Love Calls Out to Us: The Love and Lifework of Viktor and Elly Frankl*, Nueva York, Doubleday, 2002 (Edición en castellano: *La llamada de la vida: la vida y la obra de Viktor Frankl*, Barcelona, RBA Libros, 2002.)

po fue liberado, había perecido la mayor parte de su familia, incluida su esposa, pero él, el prisionero número 119.104, había logrado sobrevivir.

En *El hombre en busca de sentido*, Frankl describe la importancia de hallar sentido en el sufrimiento. Los prisioneros del campo de concentración lo habían perdido todo: sus familias, su libertad, sus antiguas identidades y sus posesiones. Muchos, a raíz de ello, consideraron que ya no les quedaba nada por lo que vivir y abandonaron toda esperanza, mientras que otros siguieron creyendo que su vida tenía sentido. Frankl observó que los prisioneros que encontraron o mantuvieron la actitud del sentido, aun en las más atroces circunstancias, tenían mucha más resiliencia al sufrimiento que los que no veían ningún sentido a todo aquello. Los que tenían una razón para vivir incluso eran más «aptos para sobrevivir» a la inanición, la enfermedad, el agotamiento y la degradación general de la vida en el campo.

Frankl trabajó de terapeuta en los campos, y en su libro cuenta la historia de dos prisioneros suicidas a los que trató. Al igual que muchas de las personas que había allí, estos dos hombres creían que ya no les quedaba razón alguna para seguir viviendo. «En ambos casos, se trataba de hacerles comprender que la vida todavía esperaba algo de ellos; que el futuro tenía algo reservado para ellos», escribe Frankl. Para uno de los hombres, era su joven hijo, que todavía estaba vivo. Para el otro, que era un científico, eran una serie de libros que esperaba terminar de escribir. Cuantos más prisioneros observaba Frankl, más claro tenía que los hombres y las mujeres que conocían el «porqué» de su existencia, como dijo Nietzsche, eran los que podían soportar prácticamente cualquier «cómo».

También le fascinaba ver cómo algunas personas eran capaces de conservar su dignidad, a pesar de las condiciones infrahumanas, eligiendo cómo responder al sufrimiento al que se enfrentaban y viendo a otros soportarlo. «Los que estuvimos en campos de concentración recordamos a los hombres que iban de barracón en barracón consolando a los demás, dándoles el último trozo de pan que les quedaba. Puede que fueran pocos, pero ofrecían pruebas suficientes de que al hombre se le puede arrebatar todo salvo una cosa: la última de las libertades humanas —la elección de la actitud personal ante un conjunto de circunstancias— para decidir su propio camino», escribió.

Frankl, antes de su arresto, era uno de los mejores psiquiatras de Viena. Siempre había tenido un interés precoz e intenso por la psicología y el sentido. Cuando tendría unos trece años, uno de sus profesores de ciencias dijo a su clase: «La vida no es más que un proceso de combustión, un proceso de oxidación». Pero a Frankl no le convenció. «Señor, si esto es así, entonces, ¿cuál puede ser el sentido de la vida?», replicó levantándose de un salto de su silla. Un par de años más tarde, empezó a cartearse con Sigmund Freud y le envió un ensayo que había escrito. Freud quedó impresionado por su talento y envió el ensayo al *International Journal of Psychoanalysis* para su publicación. («Espero que te parezca bien», le escribió Freud al adolescente.)

Durante sus estudios de medicina y tras la finalización de los mismos destacó todavía más. No sólo creó centros de prevención del suicidio para los adolescentes —un precursor del trabajo que realizaría en los campos—, sino que también desarrolló su contribución más destacada al campo de la psicología: la logoterapia. Estaba convencido de que las personas están «predispuestas al sentido» y que su anhelo de encontrar sentido a la vida es la «fuerza motivadora primordial en el ser humano». El propósito de la logoterapia era tratar la angustia y el sufrimiento de sus pacientes ayudándoles a encontrar sentido a su vida. Hacia 1941, las teorías de Frankl ya habían traspasado las fronteras de su país y él trabajaba de director del departamento de neurología del Hospital Rothschild de Viena, donde se jugó la vida dando falsos diagnósticos a los pacientes que tenían alguna enfermedad mental para evitar que murieran a manos de los nazis.

Ese mismo año tuvo que enfrentarse a una decisión que cambiaría su vida. Con una carrera prometedora y la amenaza de los nazis planeando sobre su cabeza, había solicitado un visado para ir a Estados Unidos, y se lo concedieron. Por aquel entonces, los nazis ya habían empezado a trasladar a los judíos a los campos de concentración, empezando por los ancianos. Frankl sabía que sólo era cuestión de tiempo que se llevaran a sus padres. También sabía que, cuando lo hicieran, tendría la responsabilidad de estar con ellos para ayudarles. No obstante, sentía la tentación de marcharse a Estados Unidos, donde estaría a salvo y tendría éxito en su carrera.

Tenía muchas dudas sobre lo que debía hacer, así que salió a la calle y se dirigió a la catedral de San Esteban, en Viena, para aclarar sus ideas. Mientras escuchaba la música de órgano se preguntaba repetidamente: «¿Debería dejar aquí a mis padres?... ¿Debería despedirme de ellos y dejarlos a su suerte?» ¿Cuál era su responsabilidad? Estaba buscando una «señal del cielo».

Cuando regresó a casa, la recibió. Había un trozo de mármol sobre la mesa. Su padre le explicó que era de las ruinas de una de las sinagogas que habían destruido los nazis. Ese trozo contenía un fragmento de uno de los Diez Mandamientos; el que habla de honrar a tu padre y a tu madre. Eso fue lo que le hizo decidirse a quedarse en Viena, y dejó correr todas las oportunidades de seguridad y éxito profesional que le aguardaban en Estados Unidos. Renunció a una vida cómoda para servir a su familia y, posteriormente, a otros prisioneros de los campos de concentración.

Durante los tres años que estuvo en los campos de concentración, muchos de sus días empezaban más o menos de la misma manera. Se levantaba antes de que saliera el sol y tenía que andar algunos kilómetros para llegar a un deprimente lugar de trabajo, donde él y sus compañeros tenían que cavar zanjas en el suelo helado mientras los guardias les vigilaban con rifles y látigos. Durante la marcha, el frío penetraba a través de sus ropas raídas.

Tenían hambre, estaban agotados, y los que estaban demasiado débiles para caminar por sí solos se apoyaban en los que tenían al lado. En la oscuridad, tenían que ir con mucho cuidado para no tropezar con las piedras del camino, pues los nazis les empujaban con las culatas de sus rifles. Si se salían de la fila, les golpeaban y les daban patadas.

Un día, Frankl consiguió trascender la indignidad de esta rutina matinal. Mientras caminaba, uno de sus compañeros se giró y le dijo susurrando: «¡Si nos vieran nuestras esposas ahora! Espero que ellas estén mejor en sus campos y no sepan lo que nos sucede». Ese comentario le hizo pensar en su esposa, Tilly, a la que habían enviado a otro campo. No sabía dónde estaba, ni si estaba viva o muerta, pero esa mañana la tuvo presente en su mente y eso le dio esperanza. «Oí que me respondía, vi su sonrisa, su mirada franca y alentadora. Real o no, su mirada era más luminosa que el sol del amanecer», recordaría después.

Entonces tuvo una epifanía: esa gélida y lúgubre mañana, sin nada más que el cálido recuerdo de Tilly para reconfortarle, se dio cuenta de que había comprendido el sentido de la vida. «Por primera vez en mi vida, comprendí la verdad de la que tantos poetas hablan en sus canciones, la sabiduría final que proclaman tantos pensadores. Esa verdad era que el amor es la meta última y la más elevada a la que puede aspirar el ser humano. Entonces entendí el sentido del mayor de los secretos que la poesía, el pensamiento y la fe humanos han de transmitir: *La salvación del ser humano es a través del amor y en el amor.*

Mientras estaba con estos pensamientos en su mente se produjo una escena desagradable delante de él. Un hombre tropezó y se cayó, provocando que los que venían detrás cayeran sobre él como fichas de dominó. Uno de los guardias corrió hacia él y empezó a darle latigazos. Pero ni siquiera la imagen de esta crueldad, ni cualquier otro de los horrores que había experimentado hasta aquel momento o que experimentaría hasta ser liberado, podría quebrantar la fe que ahora tenía de que el sentido de la vida reside en el amor.

«Comprendí que un hombre desposeído de todo en este mundo todavía puede conocer la felicidad, aunque sea sólo un momento, al contemplar a su ser querido. En una situación de absoluta desolación, en la que un hombre no puede expresarse a través de ninguna acción positiva, cuando su única finalidad consiste en soportar sus sufrimientos correctamente —con dignidad—, en semejante situación, puede realizarse a través de la amorosa contemplación de la imagen de su ser querido que lleva consigo. Por primera vez en mi vida conseguí entender el significado de las palabras: "Los ángeles se pierden en la contemplación perpetua de la gloria infinita"».

El amor, por supuesto, es el centro de una vida que tiene sentido. El amor está presente en cada uno de los pilares del sentido y aparece una y otra vez en las historias de las personas que he mencionado en este libro. Recordemos cuando los miembros de la Sociedad para el Anacronismo Creativo hicieron una recolecta para su amigo enfermo. O cuando Ashley Richmond mejoraba las vidas de las jirafas del zoo de Detroit. O cuando Emeka Nnaka superó su accidente para servir a otros. O cuando Jeff Ashby se dedicó a ayudar a las personas a experimentar el Efecto Perspectiva. O cuando Shibvon se propuso hacer que las vidas de los niños vulnerables fueran mejores que la suya.

El acto de amor empieza con la definición de sentido: comienza saliendo de uno mismo para conectarse con algo más grande y contribuir al mismo. Frankl escribió: «El hecho de ser humano siempre apunta, y está dirigido, hacia algo o alguien diferente a él mismo, ya sea cumplir algo que aporte sentido o conectar con otro ser humano. Cuanto más se olvida de sí mismo —entregándose a una causa a la que servir o a otra persona a la que amar—, más humano es.»

Éste es el poder del sentido. No es una gran revelación. Es pararse un momento a saludar al quiosquero y acercarte a alguien en el trabajo que te parece que está deprimido. Es ayudar a la gente a estar en mejor forma física, a ser un buen padre o mentor para un niño. Es sentarse a contemplar anonadado un cielo estrellado e ir un servicio eclesiástico de oraciones medievales con unos amigos. Es abrir una cafetería para los veteranos que luchan contra sus adicciones. Es escuchar con atención la historia de un ser querido. Es cuidar de una planta. Esto pueden parecer cosas muy sencillas por sí solas. Pero, en conjunto, son las que iluminan el mundo.

Agradecimientos

Este libro es una prueba de la generosidad de las personas que he tenido la suerte de poder llamar familia, amigas y compañeras a lo largo de mi vida. Me han mantenido, apoyado e inspirado, y si este libro tiene algo importante que decir es gracias a la guía que me han proporcionado.

Mis padres han sido un ejemplo de lo que significa vivir con sentido, me han enseñado la importancia que tienen el amor y la compasión en una vida que importa, y me han ayudado a ver la belleza y la bondad en las cosas ordinarias: en esos pequeños momentos de sentido que iluminan el mundo. También les estaré eternamente agradecida por todos los sacrificios que han hecho por mí, por sus consejos y su apoyo durante toda mi vida, y por alimentar mi curiosidad y animarme a que fuera creativa e independiente en mi manera de pensar. Me conocen mejor que yo misma, y cuando me he perdido me han ayudado a encontrar mi camino. También le estoy tremendamente agradecida a mi hermano Tristan, que siempre ha estado dispuesto a ayudarme respondiendo a mis muchas (a veces molestas) preguntas: «¿Tienes un propósito?», «¿Qué da sentido a tu vida?», «¿Piensas alguna vez en tu legado?», y a compartir sus valiosas reflexiones sobre el sentido. Él me ha inspirado gran parte del capítulo sobre el propósito y me ha dado la perspectiva sobre la búsqueda del sentido de una persona que se está convirtiendo en adulta.

Este libro no habría sido posible sin mis increíbles agentes, Bridget Wagner Matzie y Todd Shuster. Bridget y Todd vieron potencial donde yo no lo había visto, y me ayudaron a traducir mi amasijo de ideas en una propuesta coherente para un libro. No sólo me guiaron a través de proceso de publicación, sino que siempre estuvieron presentes aportando ideas, respondiendo preguntas y haciendo comentarios en las numerosas propuestas y borradores del libro que les presenté. No podía haber encontrado unos agentes más entusiastas o unos amigos que me apoyaran más.

Rachel Klayman es la editora de mis sueños: brillante, creativa, implicada y amable. Ha puesto todo su amor y esmero en este libro con entusiasmo y destreza, y ha sido la gran campeona de este libro en muchos aspectos. Las meditadas cartas, comentarios y sugerencias de correcciones de la editora asociada Emma Berry han ayudado a que este libro suba de nivel. Ha sido un privilegio trabajar con ambas.

El equipo de Crown trabajó sin descanso en la publicación de este libro, y mi más sincero agradecimiento a la directora de publicidad Rachel Rokicki, a la directora asociada de *marketing* Lisa Erickson, al director artístico y asistente editorial Jon Darga. Gracias también a Kevin Callahan, Lauren Dong, Lance Fitzgerald, Wade Lucas, Mark McCauslin, Sarah Pekdemir, Annsley Rosner, Courtney Snyder, Molly Stern y Heather Williamson. Judith Kendra, Nicole Winstanley, Nick Garrison y Regine Dugardyn y a mis otros editores internacionales, que han conseguido que este libro llegue al público de otros países.

Jonathan Haidt y Martin Seligman, no sólo han sido mis mentores en el proceso de escribir este libro, sino también mis guías intelectuales y mi inspiración. Jon me enseñó a renovar mi visión sobre los temas clásicos. Marty defendió este libro desde el principio y siempre estuvo dispuesto a responder cualquier correo electrónico, a leer borradores o a corregir cualquiera de mis razonamientos equivocados. También estoy en deuda con Adam Grant, quien no sólo me enseñó sobre las funciones del sentido y del propósito en las organizaciones y fuera de ellas, sino que me introdujo a una serie de fascinantes modelos del sentido, uno de los cuales aparece en este libro. Y no habría tenido el valor de lanzarme a escribir profesionalmente de no haber sido por Jeffrey Hart, Marlene Heck y David Wykes. Gracias también a Julia Annas, Roy Baumeister, Paul Bloom, William Damon, Ed Diener, Angela Duckworth, Jane Dutton, Barbara Fredrickson, Emily Garbinsky, Veronika Huta, Scott Barry Kaufman, Laura King, Anthony Kronman, Matt Lieberman, Dan McAdams, Darrin McMahon, Russell Muirhead, Andrew Newberg, Ken Pargament, James Pawelski, Judy Saltzberg, Michael Steger, Roger Ulrich, Kathleen Vohs, Susan Wolf, Paul Wong y Amy Wrzesniewski por sus conocimientos y su tiempo.

En mi vida he tenido compañeros que me han animado e inspirado. James Panero me ofreció mi primer trabajo de escritora, fue un mentor comprometido y es un amigo generoso. Tunku Varadarajan me enseñó el valor de una mentalidad idiosincrásica y de las cosas más sutiles de la vida. Chris Dauer ha tenido la gentileza de apoyar mi proyecto y mis ideas. Roger Kimball me ofreció un hogar e instrucción de educación superior en *The New Criterion*. David Yezzi, Cricket Farnsworth, Eric Simpson, Brian Kelly, Rebecca Hecht, Mary Ross y Rebecca Litt hicieron que el día a día fuera más divertido y estimulante. Susan Arellano, Melanie Kirkpatrick, Eric Kraus, Paul y Emma Simpson y Marisa Smith, todos me habéis abierto las puertas y facilitado mi carrera como escritora. Y James Hamblin de *The Atlantic* fue el que ayudó a que prendiera la llama de este libro, que surgió de un artículo que escribí para él titulado «La vida es algo más que ser feliz».

Mis amigos me han animado en todo el proceso y siempre han estado dispuestos a hablar del sentido, especialmente Jennifer Aaker, Catherine Amble, Dan Bowling, Anne Brafford, Leona Brandwene, Eleanor Brenner, Emily Brolsma, Lauren Caracciola, Meghan Danton, Taylor Dryman, Jordan y Samara Hirsch, Kian y Lexi Hudson, Liz Kahane, Willie Kalema, Zak Kelm, Taylor Kreiss, Amita Kulkarni, Emily Larson, Cory Muscara, Emma Palley, Lucy

Randall, Mike Schmidt, Bit Smith, Carol Szurkowski, Ali Tanara, Layli Tanara, Paolo Terni, Dan Tomasulo, Emily Ulrich, Marcy Van Arnam, Christine Wells y David Yaden. Toda mi familia extendida me ha aportado cariño y apoyo y me ha animado a seguir adelante con este proyecto.

Jennifer Aaker, Adam Grant, Charlie Hill, Roger Kimball, Darrin McMahon, James Panero, Lucy Randall, Reb Rebele, Judy Saltzberg, Martin Seligman y David Yaden, todos dedicaron parte de su tiempo a leer los borradores de este libro. Sus comentarios me han hecho mejor escritora y pensadora.

El capítulo de la trascendencia no habría sido el mismo sin Ginny y Mark Dameron, que me dijeron que encontraría misterio y belleza en el Observatorio McDonald y en Marfa, Texas, y tenían razón. Nuestras conversaciones me ayudaron a reflexionar más a fondo sobre las culturas del sentido, y su apoyo, entusiasmo y alegría por este proyecto me han ayudado a llevarlo a buen término. Me tocó la lotería con mis suegros.

También quisiera mencionar a las muchas personas que me abrieron su corazón para hablarme de su vida, de su vida laboral, de sus fuentes de sentido; desde investigadores en laboratorios de psicología hasta personas corrientes con vidas extraordinarias. No todas aparecen en este libro con sus nombres, pero todas han dado forma e inspirado algún aspecto del mismo. Lo mejor de escribir este libro ha sido encontrarlas, conocerlas y aprender de ellas. Muchas también dedicaron parte de su tiempo a confirmar hechos de sus vidas e investigaciones. Asumo la responsabilidad de cualquier error u omisión.

Por último, quiero mencionar a Charlie Dameron. Charlie ha sido el ángel que ha estado detrás de mí desde el principio hasta el final. Se ha leído todos los borradores, ha comentado cada uno de ellos y ha estado conmigo en Fort Davis, Tangier, Cleveland y otros lugares. Hemos ido en busca del sentido juntos por todo el mundo, pero lo más significativo que he hecho mientras escribía este libro ha sido casarme con este increíble y extraordinario hombre. Me ha incitado a crecer como escritora y como persona, me ha enseñado a amarme más y mejor, y me ha dado confianza cuando estaba llena de dudas. Cada día que paso con él es más enriquecedor y pleno que el anterior.

Sobre la autora

EMILY ESFAHANI SMITH escribe sobre cultura, psicología y relaciones. Ha escrito artículos para *Wall Street Journal, New York Times, The Atlantic* y otros medios. También es columnista en *The New Criterion* y editora en el Instituto Hoover de la Universidad de Standford, donde dirige el proyecto Ben Franklin Circles, que es una colaboración con el Y de la Calle 92 y la Universidad de los Ciudadanos para crear comunidad y propósito por todo el país. Estudió filosofía en el Dartmouth College y tiene un máster en psicología positiva por la Universidad de Pensilvania. Vive en Washington con su esposo.

EmilyEsfahaniSmith.com

ECOSISTEMA DIGITAL